목민심서,
청렴을 넘어 공정을 말하다

# 목민심서,
## 청렴을 넘어 공정을 말하다

하종삼 지음

심산

# 머리말

맨 처음 《목민심서》를 읽을 때만 해도 이와 연관된 책을 저술할 생각은 없었다. 단지, 공직자의 한 사람이고 또 평소 고전에 관심을 두고 있던 터라 《목민심서》를 한 번 읽어 볼 생각이 있었을 뿐이다. 그래서 부족한 한자 실력에도 번역본을 참고해 가며 원문(原文)으로 겨우겨우 한 번 읽었다. 언젠가는 다시 보겠다고 생각했지만 바로 다시 볼 생각은 없었다.

이즈음 공무원들의 교육 자료로 나온 '공직자를 위한 신목민심서'를 우연히 접할 기회가 있었다. 《목민심서》를 한 번 읽은 내가 보더라도 사실과 다른 부분이 많았는데, 오류야 있을 수 있겠지만 관련 내용이 그야말로 대한민국의 엘리트라 할 수 있는 공직자들이 받는 교육 자료라 하기에는 걸맞지 않은 부실투성이였다.

더 정확한 이해를 위해 《목민심서》의 원문과 이에 관한 다른 자료를 같이 살펴봤는데 사실은 좀 곤혹스러웠다고 해야 할 듯하다. 목민심서에 관한 책, 논문, 동영상, 블로그도 많지만 대부분의 자료들이 부임, 율기, 봉공, 애민까지만 얘기하고 다산이 말한 백성을 구제하는 방법이 들어있는 육전(六典)에 관한 설명을 하는 자료는 거의 볼 수 없었다. 육전에 관한 설명이 있다 하더라도 공평하게 세금을 부과해야 한다는 식의 '항상 옳은 말만 하는' 수준이지 《목민심서》에서 다산이 말한 공평한 과세를 위해 목민관이 어떻게 해야 하는지, 어떤 제도적 개혁을 말하고 있는지 설명하는 자료는 찾아볼 수가 없었다.

자료를 보며 정말 놀랐던 것은 모든 사람들이 참고하는 한국학중앙연구원의 《민족문화대백과사전》에 나와 있는 《목민심서》에 대한 설명이었다. 이 책의 후미에 별도로 서술했지만 한국학의 중심이라는 국가기관에서 설명한 자료라고 하기에는 너무나 부끄러운 내용이었다. 한자의 해석이 틀린 것부터 시작해서 다산과는 정반대의 주장을 버젓이 실어 놓고 있는 것도 한둘이 아니다. 한국학중앙연구원은 국가기관이고 권위가 인정되는 기관이다. 여기에 실려 있는 내용들이 그대로 많은 사람들이 참조하는 다음백과나 위키백과에 실려 있다.

내가 잘못 이해할 수도 있는 문제이기에 정확성을 기하기 위해 몇 차례 더 읽을 수밖에 없었다. 지금까지 최소 열댓 번은 원문으로 읽었다. 또한 《목민심서》는 다산 한 사람의 저작이 아닌 실학을 집대성하고 동양사회 목민(牧民)에 대한 총화의 결과물인 만큼 다른 실학자들의 견해를 다산의 논리와 비교하지 않을 수 없었다. 기본적으로 다산의 《목민심서》뿐만 아니라 《경세유표》에서 말한 다산의 논리, 다산의 다른 저작에 나와 있는 각종의 의(議), 론(論) 등을 참고하지 않을 수 없었고, 유수원의 《우서(迂書)》나 유형원의 《반계수록(磻溪隨錄)》, 그리고 《만기요람(萬機要覽)》이나 《조선왕조실록》, 당시의 법전인 《대전통편》 등에 나와 있는 토지제도, 세법, 관료제, 양역, 환곡, 신분제 등을 최대한 비교하고 참고해야 다산이 말한 바를 정확하게 이해할 수 있었다.

이런 이유로 이 책의 내용도 그동안 다른 분들도 많이 거론했고 대중들에게도 익숙한, 부임(赴任), 율기(律己), 봉공(奉公), 애민(愛民), 이전(吏典)편은 일반적으로 알려진 사실에 대한 정확한 해석(청렴과 목민관의 도리 등)과 다산이 강조했지만 전혀 알려지지 않은 사실(무보수인 향리와 수령의 고적법)을 중심으로 기술하였다. 이후 호전(戶典)부터는 《목민심서》의 원래 순서대로 편집하였다. 다산이 《목민심서》에서 가장 강조하고 심혈을 기울여 쓴 것이 호전(戶典) 편인데 필자 역시 다산과 마찬가지로 책의 5분의 1을 호전을 설명하는 데 할애하였다.

이 책은 《목민심서》의 해석에 있어 새로운 시작이라고 생각한다. 그렇지만 다산이 《목민심서》를 통해 알리고자 했던 것을 충분하게 담아내고 있다기에는 부족하다. 이렇게 생각하면서도 출판을 결심하게 된 것은 우리가 《목민심서》를 위대한 고전이라고 말하지만 다산이 말한 바와 정반대의 해석이 난무하는 것에 조금이라도 문제 제기하고자 하는 의도이다.

내용에 문제가 있거나 오류가 있는 것을 발견하고 지적해 주시는 분이 계신다면 정말 감사드리고 싶다.

2022년 5월
목민심서연구소 소장 하 종 삼

---

* 참조: 이 책의 내용은 필자의 견해라기보다 다산의 견해를 중심으로 동시대 학자들의 주장을 편집했다고 봐도 무방하다. 그래서 원고를 작성하면서 모든 출처에 대해서 밝혔지만 책으로 출판하면서는 첨부하지 않았다. 더 명확한 근거가 필요하신 분은 필자인 블로그인 '목민심서연구소'에 공지사항으로 등록해 놓을 예정이니 참고하길 바란다.

# 목차

# 들어가는 말
## | 목민심서의 핵심주제가 청렴인가?

### 《목민심서》의 일반적 평가에 대한 문제 제기

아마 대한민국 국민으로 다산 정약용의 《경세유표》나 《목민심서》를 들어보지 못한 사람은 거의 없을 것이다. 더불어 《경세유표》가 국가 전반의 개혁을 얘기한 것이라면 《목민심서》는 법의 테두리 내에서 백성을 구제하는 방안을 제시한 책이라는 것이 일반적으로 알고 있는 내용일 것이다.

그렇지만 딱 한 걸음만 나가서 "그런데 《목민심서》의 내용이 뭐지?"라는 질문에 답변할 수 있는 사람은 그리 많지 않을 듯하다. 답변하더라도 "'청렴'이 그 중심 내용이라든가 '목민관'이 지녀야 할 기본적인 도리(道理)를 기술한 것이다."라는 답변이 그동안 우리가 《목민심서》를 이해한 일반적인 답변이 아닐까 한다.

틀린 말은 아니지만 두 가지 답변으로 《목민심서》를 표현하기에는 많은 아쉬움이 남는다. 다산이 《경세유표》 서문에서 밝혔듯이 '털 한 조각도 병들지 않은 것이 없는데, 지금 고치지 않는다면 나라가 망한 후에야 그칠 것이다'라고 당시대를 진단한다. 그러나 자신의 처지로서는 털끝 하나 고칠 현실적 힘이 없다.

그래서 나온 책이《목민심서》다. 다산은 〈자찬묘지명〉에서 나라를 뜯어고치기는 어렵지만, 제도라는 틀 안에서나마 도탄에 빠진 백성들을 구해보자고 쓴 글이 바로《목민심서》라고 밝히고 있다.

그렇다면, 다산이 말한 백성을 구제하는 구체적 방법은 무엇인가? 현재 일반적으로《목민심서》최고의 가치로 꼽고 있는 것이 청렴과 목민관의 도리다. 그렇다면 '청렴과 목민관의 도리로 백성을 구제할 수 있는가?'라는 질문에 긍정적으로 답변할 수 있다면《목민심서》의 중심적인 가치가 청렴과 목민관의 도리일 것이다. 그러나 그렇지 않다면,《목민심서》의 가치는 다른 것에 있다고 판단하는 게 합리적이라 생각한다.

다산이《경세유표》와《목민심서》를 저술하던 시기는 국가재정의 대부분이 군비(軍備)로 쓰여 관리의 녹봉(祿俸)도 제대로 지급하지 못하던 시절이다. 더구나 각 지방의 실무를 담당하는 아전인 향리(鄕吏)들은 애초에 급료가 없었다. 급료를 제대로 받지 못하는 수령과 향리들이 백성을 수탈하는 주범이다. 권력을 쥐고 있으나 녹봉이 없는 관료들에게 청렴하게 행정을 처리하라는 것이 현실적으로 가능한 일일까? 이에 대한 답변 역시 긍정적이어야 할 것이다.

《목민심서》는 첫째, 다산이 부친 정재원의 목민 시절을 두 눈으로 지켜봤고 둘째, 곡산부사 시절의 경험 그리고 셋째, 먼 변방에서 귀양살이를 경험한 18년 동안에 사서오경(四書五經)을 연구하며 수기(修己)의 학을 공부한 것을 토대로 집필하였다. 다시 '백성을 다스림은 학문의 반이라 하여, 이에 23사(史)와 우리나라의 여러 역사 및 자집(子集) 등 여러 서적을 가져다가 옛날 사목이 목민한 유적을 골라서 세밀하게 고찰한 후 이를 분류한 다음, 차례로 편집하였다'라고 서문(序文)에서 밝히고 있다.

즉, 동양사회 목민(牧民)의 모든 총화(總和)가 이 책에 담겨 있다는 의미다. 책의 분량도 방대하다. 무려 40만 자에 이르는 분량이다. 권(券)수로만 48권이다. 이러한 방대한 분량의 책을 집필한 목적이 '청렴과 목민관의 도리'를 설명하는 데 그친다면 너무 비효율적이라 생각한다. 또 청렴과 목민관의 도리를 위해 이런 각고의 노력을 기울여야 할 만큼 당시대에 청렴과 목민관의 도리를 설명한 책이 충분치 않았는지, 아니면 청렴과 목민관의 도리를 설명한 책 중에 《목민심서》가 최고의 가치를 지니고 있는지에 대한 궁금증이 들 수밖에 없다.

이상의 내용이 필자가 《목민심서》를 읽어 나가면서 품은 의문이다. 이와 같은 질문에 긍정적으로 답할 수 있다면 이 책의 중심 가치는 청렴과 공직자의 도리라는 도덕적 가치가 맞을 것이다. 그러나 그렇지 않다면 우리는 다시 《목민심서》의 가치가 무엇인지 깊이 생각해야 한다.


## 백성을 구제하는 방법: 적극행정과 공정

《목민심서》 저술 당시의 가장 큰 병폐는 '삼정(三政)의 문란(紊亂)'이다. 그러므로 《목민심서》의 내용은 삼정의 문란으로 신음하는 백성들을 구제하는 구체적 방법이라 할 수 있다. 다산은 《목민심서》에 나와 있는 대로만 해도 백성들의 삶이 그나마 나아질 것이라는 결론을 내린다.

그러나 당시의 목민관은 위로는 법령도 엉망이고 아래로는 별도의 도움을 받을 수 있는 보좌진도 없다. 더구나 상부(감사, 흔히 관찰사)에서 백성들에게 해악을 끼치는 부당한 지시가 내려오고, 수족인 수십, 수백 명 향리는 백성들을 수탈하는 데 혈안이 되어 있다. 혈혈단신으로 부임한 수령이 이에 맞서서 백성들의 이익을 지켜내야 한다. 일개 수령의 제한적 권한으로는 한계가 너무 많다. 이 제한적 권한 내에서 백성을 구제하는 적극적인 방법이 《목민심서》 12편 72조이다.

당시 백성들의 가장 큰 고통은 '과중한 세금'이다. 그러나, 해당 고을 백성들에게 부과된 총액을 일개 수령이 바꿀 수 없다. 다만, 공평하게 해서 억울한 백성을 최소한으로 만들 뿐이다. '공평하게 한다'고 표현하면 그 효과가 미미한 듯 보이지만 백성들이 입는 혜택은 미미하지 않다. 만약, 백성들이 입는 혜택이 미미하다면 다산이 이 책을 쓸 이유가 없을 것이다.

이렇게 공정하게 세금을 부과하게 만드는 방법이 호전(戶典) 편을 비롯한 육전(六典)의 내용이다. 여기에는 율기(律己) 편이나 봉공(奉公) 편에서 말한 '청렴'과 '목민관의 기본적 도리'에 어긋나는 많은 사례가 등장한다. 아전의 은결(隱結)을 눈감아 주고, 공문서는 대강대강 숫자만 맞춰서 보고하라고 하고, 또 다산 자신도 매년 뇌물로 청탁을 했다고 기록하고 있다. 일부 특정한 사안에만 그런 것이 아니라 육전(六典)의 전편(全篇)에 걸쳐 이런 사례가 등장한다. 육전(六典)의 구체적 내용은 원론적인 청렴과 목민관의 도리라는 도덕적 지침으로는 절대로 설명할 수 없는 내용이 많이 들어 있다.

다산이 《목민심서》를 저술한 목적은 백성을 구제하기 위함이다.

청렴은 일반적 도덕적 권장 사항일 뿐, 백성을 구제하는 방법으로는 부족하다. 다산이 제시하는 백성을 구제하는 방법은 도덕적 권장 사항이 아니라 구체적인 시스템이다. '한 고을을 책임진 수령들에게 깨끗하게 정사(政事)를 해 달라고 부탁하는 것이 아니라 여기 나온 대로 해야만 승진이 가능하다'라고 제도적으로 강제하는 내용이다. 그 내용이 12편 72조이고, 책 전체가 관리의 고적평가 방법이라는 형식으로 되어 있다.

## 《목민심서》의 기본 구성

《목민심서》의 내용은 목민관이 부임할 때부터 그만두기까지 해야 할 일을 정리한 것이다.

제1편 '부임(赴任)'은 임지에 도착하기 전까지 준비해야 하는 내용으로부터 시작한다.

제2편 '율기(律己)'는 목민관으로서 청렴, 근검, 절약, 청탁의 방지 등 자신과 주변을 다스리는 내용이다. 《목민심서》에서 가장 유명하다고 할 수 있는 청심(淸心) 조항이 여기에 있다.

제3편 '봉공(奉公)'은 수령으로서 마땅히 해야 할 기본적인 사항인 법령의 반포, 문서 정리 등을 말한 위임사무의 범위다.

제4편 '애민(愛民)'은 백성을 보호하고 사랑하는 일을 기록한 것이다.

제5편부터 제10편까지는 이(吏)·호(戶)·예(禮)·형(刑)·병(兵)·공(工) 등 육전(六典)의 내용이다.

제11편 '진황(賑荒)'은 재난에 백성을 구제하는 방안이다.

제12편 '해관(解官)'은 벼슬을 마칠 때의 기본자세에 관한 내용이다.

각 편 6개 조씩 총 72개 조로 구성되어 있다.

## 수령의 고과평가방법 54개 조

이 열두 편을 크게 두 가지 주제로 나눌 수 있다.

다산은 〈자찬묘지명〉에서 '율기(律己)·봉공(奉公)·애민(愛民)을 기(紀)로 삼고, 이전(吏典)·호전(戶典)·예전(禮典)·병전(兵典)·형전(刑典)·공전(工典)을 육전(六典)으로 삼고, 진황(振荒) 1목(目)으로 끝맺음하였다'라고 표현한 바가 있다.

여기에는 1편 부임(赴任)과 12편 해관(解官)이 빠져 있다. 다산이 왜 이런 분류를 했을까? 이는 12편 72조 중에서 부임과 해관 그리고 진황을 제외한 나머지 아홉 편이 수령의 고과평가 54조이기 때문이다.

즉,《목민심서》72개 조의 내용은 백성을 구제하는 구체적인 방법이지만, 형식을 보면 이 중 54개 조는 '관리 즉, 수령의 고적법(考績法: 관리의 성적을 평가하는 방법)'이다. 이 '54개 조로 관리의 고과평가를 해야 태평의 치세를 기대할 수 있으리라 나는 생각한다'라는 것이 다산의 진단이다.

이 54개 조를 다시 분류하면 다산이 기(紀)로 삼은 율기 6조는 스스로를 단속하는 데 주안점이 있고, 봉공 6조는 위임사무의 내용이며, 애민 6조는 백성을 사랑하라는 관료의 자세를 말하는 일반적 내용이다. 또 봉공 편에 있는 공납(貢納)이나 구재(救災) 등 백성의 생활과 밀접한 관련이 있는 내용은 육전(六典)에 자세하게 서술하고 있다. 즉 율기, 봉공, 애민의 내용은 구체적 실무의 범위라기보다는 일반적이고 도덕적 성격이 강하다. 그러므로《목민심서》의 실내용인 백성을 구제하는 구체적 방법은 수령의 고적평가 54개 조 중 36개 조에 해당하는 육전에 있다고 보아야 할 것이다.

### 기존《목민심서》관련 책자들의 한계

우리 역사에서 가장 위대한 고전이라 불리는 만큼《목민심서》에 관한 책은 많이 있다. 그럼에도 그 많은 책 중 40만 자 전체를 제대로 해석하고 해설하는 책을 찾아보기 어렵다. 처음《목민심서》를 읽어야겠다는 결심하고 여러 책을 봤지만, 다산의 주장을 제대로 이해하고 있는 도서를 찾아보기 힘들었다. 그래서 필자가 선택한 방법은 창작과 비평사의《목민심서》완역본과 한국고전번역원의 원문과 해석본을 비교하며 보는 방법이었다. 즉, 해설서를 참고하는 것이 아닌 직접 원문(原文)을 보며 이해하는 방법을 택할 수밖에 없었다는 의미다.

《목민심서》를 가장 심도 있게 번역한 것은 창작과 비평사에서 1985년에 완역 출간한 다산연구회의《역주 목민심서》다. 어느 책도 이 책의 번역 수준을 뛰어넘는 책은 단연코 없었다고 자신한다. 이 다산연구회의 열여섯 명 전문가들이 10년에 걸쳐《목민심서》를 번역하여 출판한 것이 1985년이었으니 40년 가까이 되어 간다. 이 열여섯 선생들은 한학, 국문학, 경제사, 사회학 등을 전공하신 분들이며 해당 분야의 석학들이다. 이 선생들께서 최선을 다해 최고의 해석을 세상에 선보였다. 이제 제대로 쓰는 것〔使用〕은 후학들의 몫이다.

번역본이라고 해도 읽기가 수월한 것은 아니다. 현시대의 책이라도 지방행정을 세금 문제를 중심으로 서술된 책을 쉽게 읽을 수 있는 사람은 많지가 않다. 하물며《목민심서》는 200년 전의 세금 문제가 중심인 책이다. 훌륭한 번역본이 있더라도 내용을 쉽게 이해할 수 없는 이유다.

가장 어렵다는 전정(田政)을 보면 당장 첫 마디에 결부법(結負法)이 나오는데, 결부법에 대한 이해가 없으면 당대의 토지제도나 전정을 이해할 수 없다. 또 다산이 책을 집필한 당시에 토지의 경계를 측량하는 양전(量田)에 적용하는 법이 효종 때 반포된 준수책(遵守册)인데 이에 대한 이해 없이는 왜 다산이 양전을 하지 말라는 지 이해하기가 쉽지 않다. 또 세금

제도에 있어 공법(貢法)이 왜 나쁜 제도이고 조법(租法)과 철법(徹法)이 좋은 제도인지 이해하지 못하면 토지제도의 기본인 전분 6등과 연분 9등을 이해할 수 없다. 다른 육전의 내용도 사정이 별반 다르지 않다. 부임, 율기, 봉공, 애민, 해관 편과 다른 육전의 특징 중 하나다.

이런 연유로 육전의 구체적 내용은 대중에게 잘 알려져 있지 않다. 알려졌다고 하더라도 원론적인 수준이거나 다산의 주장을 이해하지 못하는 논거들이 많이 있다.

이런 한계를 조금이나마 고쳐보자는 것이 필자가 《목민심서》를 재해석하게 된 계기이고, 이 책이 그 길의 시작이라고 생각한다.

**제1편**

# 부임
## 赴任

　부임(赴任)은 목민관에 임명받은 후부터 임지에 도착하여 첫 업무를 개시하기까지의 내용이다.

　1조 제배(除拜): 수령에 임명됨, 2조 치장(治裝): 부임할 때의 행장, 3조 사조(辭朝): 임금에게 하직 인사를 함, 4조 계행(啓行): 부임 행차, 5조 상관(上官): 임지에 부임함, 6조 이사(莅事): 일을 시작함으로 구성돼 있다. 내용상 구체적인 정책이나 폐단 등이 아닌 도덕적 권장 사항이 중심 내용이다. 읽기에 큰 어려움이 없다.

## 1. 제배(除拜)

### 목민관을 함부로 구하면 안 되는 이유

《목민심서》 40여만 자의 시작은 '다른 관직은 구해도 되지만, 목민관은 구해서는 안 된다'로 시작한다. 다산은 그 이유로 세 가지를 제시한다.

첫째, 수령이란 나라를 다스리는 것과 같아서 크고 작음이 다를 뿐 그 처지는 실로 같음이다.

둘째, 주나라 시대의 봉건 제후는 백관이 갖추어져 있어 제후 노릇 하기가 어렵지 않았는데 수령은 이와 다르다는 것이다.

셋째, 능력이 없는 자가 수령이 되면 그 피해를 백성이 입기 때문이다.

첫 번째, 나라를 다스리는 것과 처지가 실로 같음은 수령의 업무 범위에 관해서이다. 현재 중앙정부의 지방청으로 되어 있는 법원, 경찰, 노동청, 병무청, 세무서 등등 모든 권한이 당시 수령에게 있었다. 업무가 광범위하다는 것은 수령에게 요구하는 해당 분야의 지식도 광범위해야 한다는 의미다. 또 권한이 막중하다. 한 나라에 있어 세종 같은 성군(聖君)이 나오면 백성이 편안해지고 연산군 같은 폭군(暴君)이 등장하면 민생이 피폐해진다. 한 지방도 이와 같아서 명리(明吏: 현명한 관리)를 만나면 백성의 생활이 안정되고 혹리(酷吏: 혹독한 관리)를 만나면 민생이 피폐해진다. 고을 백성들 목숨이 수령에게 달려 있다는 뜻이다. 당시 이런 환경에서 좋은 수령이란 그야말로 구세주나 다름 아니다. 그래서 다산은 말한다. 나라를 다스릴 자신이 없으면 목민관을 구하지 말라.

두 번째, 예전 제후들과 다르다는 것은 보좌 인력과 임기에 대한 문제다. 여기서 제후는 주나라 시대 제후의 등급인 공(公)·후(侯)·백(伯)·자(子)·남(男)을 말한다. 공작, 백작의 직위가 여기서 유래한다. 주나라 시대의 제후와 신하인 가신 모두 세습(世襲)이다. 명령과 위계질서가 명백하다. 수령은 이와 달라서 홀로 부임하여 아전 100여 인의 보좌를 받는다. 임기도 길어야 2년이고 짧으면 몇 개월 만에 교체되는 경우가 있으니 수령은 과객(過客)일 뿐이다. 더구나 저 100여 명의 아전들은 대대손손 그 고을에 뿌리박고 있는 주인들이다. 그럼에도 수령이 개인적으로 임명할 수 있는 인원이 없다. 《경국대전》 등 법에서는 오히려 수령이 동행할 수 있는 인원을 제한한다. 요즘 식으로 어공(정무직)은 한 명도 없고 늘공과 일을 함께해야 한다, 결국, 100여 명의 향리들이 고을의 정사를 맡아서 할 수밖에 없는데, 저 100여 명이 서로 짜고 문서를 농간하고 백성을 약탈하는 상황에서 함부로 목민관 직을 구할 수 있겠느냐는 말이다.

## 생계형 정치에 대한 경계

그래서 나오는 것이 마지막 세 번째이다. 능력이 없으면 목민관을 구하지 말라고 당부한다. 전정(田政)도 어렵고 곡부(穀簿)도 복잡하고, 세금을 회피하는 방식인 은결(隱結)과 방결(防結)도 난해하며 고을마다 백성을 수탈하는 방식도 다양하다. 이를 잘 알아도 홀로 부임하는 목민관이 감당하기 수월치 않은 일이다. 더구나 간사한 아전 100명이 서로 짜고 수령의 눈을 가리는데, 능력도 없이 고을을 맡으면 그 피해는 고스란히 백성들에게 돌아갈 수밖에 없지 않겠는가?

그럼에도 불구하고 당시 부모 봉양이나 가난을 핑계로 걸군(乞郡: 시종신이 부모 봉양을 위해 수령 자리를 청함)을 청하는 풍습이 있었는데 당시에는 아름답게 여겼지만, 다산은 단호하다. '만민에게 거두어다가 내 부모 봉양하기를 바라는 것은 이치에 당치 않은 일이요' 라고.

《목민심서》에 등장하는 목민관이 요즘 선출직 단체장들, 또 걸군(乞郡) 같은 경우를 '생계형 정치에 견줄 수 있겠지만, 저 시대는 양반만이 벼슬을 할 수 있는 시대였으므로 현시대 공직 전반으로 보아도 무리는 없다. 다산이 말한 목민관을 흔히 어공 중 선출직으로 한정해서 보는 경향이 있다. 형식면에서는 맞을지 모르겠으나 내용 면에서는 아니다. 오히려 다산의 뜻대로 목민의 뜻이 있는지를 기준으로 삼는 게 훨씬 실질에 부합한다고 본다.

결국, 다산이 《목민심서》에서 공직자에게 가장 먼저 말하는 내용은 이것이다.

하나, 백성을 편하게 할 능력이 없으면 벼슬하지 말라.
둘, (능력이 부족한데도) 만에 하나 벼슬을 하더라도 높은 자리는 사양해라. 굶주림만 면하면 된다.

## 2. 치장(治裝), 사조(辭朝), 계행(啓行)

### 수령의 임명 절차

당시 수령으로 나가고자 하는 자는 추천이 있어야 가능한 일이었다. 문관으로 3품 이상, 무관은 2품 이상인 사람의 천거를 받아야 했다. 추천을 받지 못했다 하더라도 수령으로 합당하다고 여겨지면 이조당상이 천거할 수 있었고, 또한 수령의 고과는 1년에 두 번 상, 중, 하로 평가하는데, 이 고과에서 10번의 상을 받거나 5번의 상을 받는 수령은 추천하는 사람이 없더라도 수령의 자격이 주어졌다.(높은 품계의 수령으로 갈 수 있는 자격을 준다는 말이다.)

이렇게 추천된 자들을 대상으로 현대의 청문회라 할 수 있는 서경(署經)의 절차가 진행된다. 서경은 내외사조(內外四祖) 즉 아버지 · 조부 · 증조부 · 외조부(外祖父)와 처(妻)의 사조(四祖)도 고찰한다. 서경의 내용은 흠의 유무를 고찰하는 것인데 당시 중요한 흠으로서는 관리가 불법으로 재물을 취득하거나 뇌물을 받은 장오(贓汚)의 죄나 윤리에 관한 것인 패상(敗常)의 죄가 주요 대상이 되고, 역적과 연루되어 있는지 또 천첩의 자식인지도 고찰의 대상이 된다. 천첩의 자식은 부(父)의 품계에 따라 벼슬의 한도가 정해져 있다. 한품서용(限品敍用)이라 한다.

서경을 통과했다고 하더라도 하나의 절차가 또 남아 있다. 강(講)이라 불리는 일종의 목민관 자격시험이다. 이 시험은 두 가지 방식으로 진행되는데 하나는 사서일경 즉 《논어》, 《맹자》, 《대학》, 《중용》의 사서와 《시경》,《서경》,《주역》,《예기》,《춘추》의 경서 중 하나를 강송하는 것이고 다른 하나는 치민방략, 즉 지금으로 치면 업무계획서를 제출하도록 되어 있다. 치민방략의 경우는《경국대전》에는 있으나《속대전》을 편찬하면서 삭제된 내용이다. 이와 더불어《대명률》과《경국대전》역시 강송해야 한다. 사서와 일경,《대명률》과《경국대전》총 7개 과목이라 할 수 있고 이 중 3개 과목에서 불통한 자 등은 임명하지 않는 것이 취재(取才)의 내용이다.

제도는 이렇게 촘촘히 훌륭하게 되어 있으나 모두 형식에 불과하다는 것이《목민심서》에서 다산이 진단하는 바이고 그래서 무식하고 용렬한 자도 수령으로 나가게 됐다고 다산은 한탄한다.

### 국가사무에 대한 대처: 궐내행하

지방관에 임명되면 조정에 하직 인사를 해야 하는데 이를 사조(辭朝)라 한다. 이때 '궐내행하(闕內行下)' 라는 게 있다. 대전별감, 정원사령(승정원에서 심부름하던 벼슬) 등이 전례에 따라 신임 목민관을 대상으로 '무리한 금품을 요구(토색질)' 하는 그릇된 관행인데, 많으면 수백 냥이요 적어도 50~60냥이 넘는다. 그렇다고 해서 하직 인사를 안 할 수도 없다. 하직 인사는《대전통편》에 나와 있는 법적 절차다. 추천과 서경(署經)이라는 청문제도를 통해 수령의 흠결을 걸러내지만, 미처 걸러내지 못한 흠결을 걸러내는 청문회의 보충 기능도 있고 또 고을을 다스리는 법을 선배들에게 배우라는 뜻도 있다. 실제 이 과정에서 수령 자격이 박탈되는 일이 실록(實錄)에 기록되어 있으니 수령 인사행정의 마지막 절차라고도 할 수 있다.

　이 과정에서 중앙관서의 실무자들이 부당하게 요구하는 돈이 궐내행하다. 이 돈을 개인이 부담하기도 하지만 대개는 해당 고을 백성에게 그 부담을 전가한다. 당연히 금지해야 하지만 사정이 그렇지 않다. 이는 조정에서 일어나는 일이다. 당연히 조정의 명령이 있어야 금지할 수 있는 내용이지 일개 지방관이 할 수 있는 일이 아니다. 조정에서도 문제점을 알기에 없애려고 하지만 완전히 없애지는 못하고 심하게 하지 못하도록 한도를 정할 따름이다. 그래서 다산도 궐내행하가 백성에게 부담이 되는 것을 알지만, 목민관 권한의 한계를 절감할 뿐이다. 그래서 목민관으로 나가는 자는 예에 따라 응할 뿐이기 때문에 어쩌겠는가?라고 한탄한다.

### 자치사무에 대한 대처: 신영쇄마전

　목민관이 부임할 때 신영쇄마전(新迎刷馬錢: 부임 시 관용의 말을 타고 감)이 있다. 거리에 따라 돈으로 차등 지급하는데 많게는 400냥에 달하고, 적어도 300냥에 이른다. 이렇게 조정에서 공식 비용을 지급함에도 이를 핑계로 또 백성들에게 더 많이 혹은 비슷하게 거둬들이는 것이 당시에 일반적 관행이었다. 그래서 다산이 목민관으로 임명된 후 해당 고을에 첫 번째로 내리는 명령 중 하나가 신영쇄마전을 거두지 말라는 것이다. 그런데도 이미 거뒀다면 백성에게 반환해야만 하는데, 이 대목에서 다산의 세심함이 더욱 빛난다. 돌려주라는 지시를 내려도 중간에서 없어질 게 십중팔구이기에 아주 구체적으로 명령한다. '각 고을의 부역 중 군전(軍錢), 세전(稅錢)을 막론하고 수개월 내에 내야 할 것이 있을 것이니' 여기서 공제하라는 명령이다.

더불어 다산이 말한다. '새 관리가 부임하면 백성들은 어떤 수령일까 상상하는데, 이 명령이 내려가면 환호성이 먼저 일어난다. 위엄은 청렴에서 생기므로 간사한 서리가 두려워하고, 따르지 않을 백성이 없을 것이다. 300냥으로 백성들의 기쁨과 바꾼다면 좋은 일이 아닌가? 상하 수백 년이요, 종횡 사천 리인데 부임 전 이런 명령을 내린 적이 없었던 것은 사람이 청렴하지 않아서가 아니다. 경험이 없어 몰랐을 뿐이다. 부임해서는 당연히 여겼으므로 행한 사람이 없었는데, 나부터 먼저 이 의로운 명령을 내린다면 어찌 통쾌하지 않겠는가.'

궐내행하는 목민관인 내가 어쩔 수 없는 일이다. 국가사무의 범위라, 조정의 명령이 있어야 고칠 수 있다. 어쩔 수 없다면 그저 예(例)에 따를 뿐이다. 반면, 아전들이 고을에서 걷은 신영쇄마전은 수령이 고칠 수 있는 자치사무의 범위다. 신영쇄마전은 당시의 풍습이기도 하거니와 또 부임하는 내가 아닌 전임자나 향리가 거둔 것이다. 죄가 후임자인 나에게 있지 않다. 그러나 돌려주지 않는 것은 후임자인 나의 죄가 된다고 다산은 주장한다.

《목민심서》를 읽어 나가면서 해당 사항이 수령의 자치권에 속하는가 아닌가는 중요한 사안이다. 다산은 책의 곳곳에서 개혁의 면모와는 어울리지 않는 표현을 많이 사용한다. '어찌하겠는가', '이것은 일개 수령이 할 수 있는 일이 아니다', '나만 범(犯)하지 않으면 된다' 등등. 개혁적이라기에는 전혀 어울리지 않는 모습이다. 심지어는 허위 보고나 조정의 명령을 감추고 반포하지 말라고 말하고 있는데 이런 일은 모두 일개 수령이 어쩔 수 없어 그 피해가 백성들에게 고스란히 돌아가는 경우다. 자치권의 범주가 아닌 경우다. 반면, 자치권에 대한 대처는 단호하다. 앞에서도 궐내행하를 어찌하라는 결론은 어정쩡하지만, 신영쇄마전을 어떻게 처리하라는 것은 자세하고 명확하게 명령을 내리고 있다. 수령의 자치권인가 아닌가의 문제는《목민심서》에서 대단히 중요하다. 이에 대한 구분을 제대로 하지 못한다면 다산이 말하는 백성을 구제하는 다양한 방법이나 한탄은 기회주의자의 자포자기적 넋두리로 전락할 가능성이 크다.

위의 권내행하와 신영쇄마전, 즉 국가사무인지 아니면 자치사무인지에 따른 일의 대처 방식이 다산이《목민심서》에서 일관되게 견지하는 원칙이다.


## 3. 상관(上官), 이사(莅事)

### 비리의 집합체 〈읍총기〉

목민관이 임명되면 해당 고을에서 모시러 아전들이 우르르 올라온다.

아전과 수령 사이 첫 대면이다. 이들이 몰려오면서 '읍총기(邑總記)'라는 문서를 지니고 온다고 다산은 말한다. 읍총기란 해당 고을에서 백성을 수탈하는 방법을 정리해 기록한 책자이다. 며칠 눈치를 보는 것도 아니고 으레(例有: 예에 있다) 처음 대면하는 자리에서 공공연하게(?) 이런 책자

를 바친다고 다산이 개탄하고 있으니 19세기 초 당시 목민관과 향리들의
백성 수탈이 어느 지경까지 이르렀는지 알 수 있다.

여기서 의문이 드는 것은 〈읍총기〉를 받아 든 수령의 태도에 대한 다
산의 서술이다. 수령이 횡령할 수 있는 방법이 담긴 자료를 아전이 바치
는데, 당장 호통을 치고 훈계를 해도 모자랄 판에 그냥 돌려주고 묵묵히
다른 말을 하지 않는다는 것이다. 이러한 다산의 태도에서 적폐를 고쳐나
가는 진면목을 볼 수 있다.

《목민심서》의 모든 내용은 저 〈읍총기〉에 들어있는 백성을 수탈하는
방법을 낱낱이 없애는 일이다. 백성을 수탈하는 것은 동일하지만 그 방법
은 해당 고을에 따라서 각양각색이다. 또 같은 아전이라도 누가 양심적이
고 누가 적폐의 원흉인지를 모르는 상태다. 즉, 일의 전모를 아직 파악하
지 못한 단계다. 부임해서 모든 전모를 파악하고 대처해도 되는 일이다.
서울에서 괜히 호통치고, 훈계해 봤자 아전들 경계심만 더 부추겨서 오히
려 일을 더 어렵게 만들 뿐이다.

신영쇄마전의 경우와 비교하면 왜 이렇게 묵묵히 다른 말을 하지 않는
지 알 수 있다. 신영쇄마전은 이미 벌어진 일이거나 예측이 가능한 일이
기에 그 처리가 구체적인 것이고 읍총기의 경우는 이 자리에서 호통쳐 봤
자 기분 풀이에 불과하고 고쳐지는 건 아무것도 없기 때문이다.

이어 아전에게 당부하는 말을 보면 다산의 대처 방식이 얼마나 현실적
인지를 알 수 있다. 고위직에 있는 대감들에게 하직 인사를 다닐 때 아전

이름을 들어 부탁하는 일이 있으면, 해임하거나 제적한다는 것이다. 아전들이 기를 쓰고 수령을 모시러 오는 이유가 먼저 눈에 들어 좋은 보직을 받는 것이고, 또 중앙권력자와 트고 지내는 일인데 수령이 이렇게 대처하면 아전들의 목적이 물거품이 돼 버린다.

이렇듯 다산의 개혁방식은 말을 앞세우는 것이 아니라 철저하게 일의 선후관계를 파악해서 실질적 혜택이 백성에게 돌아가게 만드는 방식이다.

### 수령이 일을 대하는 원칙

고을에 부임하여 처음 일을 시작할 때 다산이 강조하는 지침이 있다. '상사에 올리는 문서는 전례에 따라 서명하더라도 민간에 내리는 명령은 일자반구(一字半句)도 함부로 서명하면 안 된다. 반드시 다음에 나오는 육전(六典) 36조(條)를 참고하여 하나하나 검사하고 그 안에 털끝만큼도 간계와 허위가 있지 않음을 분명히 안 뒤에 서명하는 것이 옳다'고 말한다. 혹시 문서에 의심할 만한 내용이 있다면 아랫사람에게 묻는 것을 부끄러워하지 말고[勿恥下問], 담당 아전을 불러 자세히 물어서 본말을 명확히 한 후에 서명해야 한다고 아울러 당부한다. 그는 가장 어리석은 수령들이 마치 일에 밝은 것처럼 꾸며 아랫사람에게 물어보는 것을 부끄러워하는 탓에 의심스러운 게 있어도 말미에 서명하는 것만을 착실히 하다가 아전들의 수중에 놀아나는 경우가 많음을 걱정한다.

당시 유학 위주의 과거시험 과목과 고을을 다스리는 실무 간에는 엄청난 괴리가 있음을 다산은 《목민심서》 곳곳에서 말하고 있다. 처음 일을 대하면 생소한 내용이 많을 수밖에 없는 현실에서 물치하문은 목민관이 백성의 이익을 지키기 위한 기본적 원리라고 할 수 있다. 당시뿐만 아니라 현대에서도 마찬가지이다. 선출직 공무원 중 '아는 것처럼' 말하는, 그래서 서명 잘하는 어리석은 사람들이 많다. 본인의 부끄러움 때문에 만 백성에게 피해가 미칠 수 있는데도 어떻게 물어보는 것을 부끄러워할 수 있느냐는 게 다산의 일갈(一喝)이다. 이는 현대의 선출직뿐만 아니라, 모든 공직자가 가져야 할 가장 기본적 태도들 가운데 하나일 것이다.

## 관내도 제작

수령으로 부임하여 아전에게 내리는 첫 번째 일이 고을의 사경도(四境圖), 곧 지도를 만드는 일이다. 이사(莅事) 조에서는 지도를 만드는 중요성을 설명하고 있고, 자세한 내용은 호전(戶典)의 호적(戶籍) 조에 나와 있다. 다소 길지만 왜 지도를 만들어야 하는지를 다산처럼 설득력 있게 말할 재간이 없어서 원문을 인용한다.

"수령이 부임한 지 이미 10일이 경과되었거든 노숙한 아전으로서 글 잘하는 자 몇 명을 불러 본 고을의 지도를 작성하게 하되, 주척(周尺) 1척의 길이를 10리로 삼을 것이다. 가령 본 고을이 남북 100리, 동서 80리일 것 같으면 지도의 지면이 길이 10척, 너비 8척이어야 쓸 수 있을 것이다. 먼저 읍성(邑城)을 그리고 나서, 산림(山林)·구릉(丘陵)·천택(川澤)·계거(溪渠)의 형세를 모사하고 그다음 촌리(村里)를 그린다. 100가구가 사는 마을은 △표 100개를 그리고, ─ 삼각형은 지붕을 상징한 것이다. ─ 10가구가 사는 마을은 △표 10개를 그리고, 3가구가 사는 마을은 △표 3개를 그린다. 비록 산 아래의 외딴 마을에 단지 1가구만이 있더라도 역시 △표 1개를 그릴 것이다. 도로의 구비까지도 각기 본 형태에 따라 그릴 것이다. 지도에 엷은 채색을 사용하되 기와집은 푸른색, 초가집은 누런색을 칠할 것이며, 산은 초록색, 물은 청색을 칠하고 도로는 붉은색을 입힐 것이다. 이 지도를 정당(政堂)의 벽에 걸어 놓고 늘 눈여겨본다면 온 고을 백성들의 주거가 바로 안중에 있는 듯할 것이며, 공문서를 띄우거나 심부름꾼을 보내게 될 적에도 그 멀고 가까움과 가고 돌아옴을 모두 손바닥을 들여다보듯 할 것이니, 지도는 만들지 않아서는 아니 될 것이다. 지면이 널찍해야만 기재를 자세하게 할 수 있으니, 그래서 주척 1척으로 10리를 삼는 것이다.

이 지도를 만들려고 할 적에는 이렇게 신칙할 것이다. 내가 이 지도를 만드는 것은 겸하여 민호(民戶)의 성쇠를 알려고 함이니, 기와집이 몇 채, 초가집이 몇 채인가를 너희는 자세히 탐지하여 한 채라도 혹 틀리는 일이 없어야 너희에게 죄가 없을 것이다. 그중 큰 마을로서 파악하기 어려운 곳은 저졸(邸卒) —면주인(面主人)이다— 에게도 물어보고 마을 사람에게도 물어보고 아는 사람에게도 물어보아서 기필코 그 실제 숫자를 알아낼 것이며, 감히 방심하거나 소홀히 해서는 아니 될 것이다.” 〈호전 호적〉

일종의 관내 현황 파악이라고 할 수 있다. 지도는 객관적이고 속일 수 있는 것이 아니다. 만일 아전들의 보고로만 현황 파악을 한다면 자신의 입맛에 맞게 보고할 것은 자명한 일이다. 그래서 지도를 그리는 일은 신신당부하고 있고, 몇 번에 걸쳐서 사경도의 기록이 실제와 맞는지를 점검해 나간다.

## 개혁을 대하는 다산의 원칙

수령이 일을 대하는 첫날 처음으로 민간에 순막구언(詢瘼求言)의 명령을 내린다. 민폐(民弊)가 되는 것을 묻고 백성의 의견을 청취하는 일이다. 다산은 기본적으로 백성의 호소를 보면, 내가 잘 다스리는지 아닌지 알 수 있다고 했다. '군포에 대한 호소가 있으면 나의 군정(軍政)이 잘못된 것이요, 전세에 대한 호소가 있으면 나의 전정이 잘못된 것이요, 요역(徭役)에 대한 호소가 있으면 나의 부역이 공평하지 못한 것'이라고 진단한다. 백성들의 호소를 접수하되 백성들의 호소 대부분이 아전들과 관련돼 있으므로 아전들의 방해를 걱정하지 않을 수 없다. 모든 고을이 동시다발적으로 관아에 와서 호소문을 수령이 직접 보는 앞에서 올리도록 하는 등 아전의 훼방을 방지하는 다양한 방안 역시 다산은 제시한다. 이어 호소를 접수하고 백성에게 당부한다.

"민폐를 물어 알기는 쉬우나 개혁하기는 극히 어려운 일이다. 고칠 만한 것은 고치고 고칠 수 없는 일은 그대로 둘 수밖에 없다. 오늘에 너무 떠들지 말고 후일에 실망함이 없도록 하라."

개혁이란 예나 지금이나 매우 어려운 일이다.

오죽하면 성호 이익이 기뻐하는 사람이 백 명이고 싫어하는 사람이 한 명이라도 안 된다고 했을까? 선출직의 시대인 지금은 너무나 많은 '순막구언은 있는데, 혹 실망함이 없도록 하라고 타이르는 선출직을 과연 만날 수 있을까?

다산은 헛된 공명심만 앞세워 일의 전모를 파악하지 못하고 고치겠다고 요란하게 시작만 하고 끝내지 못하는 병폐를 아울러 지적하고 있다.

**제2편**

# 율기
律己

　율기는 칙궁(飭躬), 청심(淸心), 제가(齊家), 병객(屛客), 절용(節用), 낙시(樂施) 6조로 구성되어 있다.

　칙궁은 관리의 바른 몸가짐을 말하고, 제가와 병객의 주 내용은 청탁의 방지라고 할 수 있고, 절용은 청렴의 기본이며, 낙시는 절용과 청렴으로 생긴 재물을 어떻게 써야 하는지를 서술한 내용이라 보면 된다. 모든 조항이 2조 청심과 밀접한 연관성이 있느니만큼 별도의 구분 없이 세 편으로 나누어 청렴을 중심으로 내용을 서술코자 한다.

## 1. 청렴의 목적

### 청렴은 목민관의 기본

이 율기 편에는 현재까지도 대부분 연구자가 《목민심서》의 최고 가치라고 누누이 강조하고 있는 '청심' 조가 있다. 다음 두 문장은 대한민국 공직자라면, 아니 《목민심서》에 조금이라도 관심이 있는 사람이라면 누구라도 들어본 가장 유명한 문장일 것이다.

1. 청렴은 수령의 본질적 임무이다. 모든 선(善)의 근원이요 모든 덕(德)의 뿌리이니, 청렴하지 않고서 수령 노릇을 할 수 있는 자는 없다.
2. 청렴은 천하의 큰 장사다. 그러므로 크게 탐하는 자는 반드시 청렴하려고 한다. 사람이 청렴하지 않은 것은 그 지혜가 부족하기 때문이다.

그러나 같은 율기 편에 있는 다음 문장을 들어본 사람은 많지 않을 것이다.

"'상관(上官)이 탐욕스러우면 백성들은 오히려 살길이 있으나, 청렴하고 각박하면 바로 살길이 끊어진다'고 하였다. 고금을 통해서 청백리(淸吏)의 자손이 흔히 떨치지 못하는 것은 바로 그 각박함 때문이다."

## 청렴의 목적

이렇듯 다산이 청렴을 강조한 것은 맞다. 동시에 청렴에만 매몰되면 안되는 이유 또한 말하고 있다. 청렴하기 위해선 반드시 검소해야 한다. 검소하게 절약해서 쓰면 관아의 경비가 남게 된다. 이 남는 경비를 백성을 위해 쓰라는 것이 다산이 청렴을 말하는 본뜻이다. 청렴 자체가 최종 목적이 아니다. 다산이 《목민심서》에서 행하는 모든 행위 ―정책적 대안이나 문서작성, 상부보고, 유생과의 약속, 아전의 단속 등 모든 행위를 말한다― 의 목적은 백성에게 도움이 되느냐 아니냐의 여부다. 즉, 청렴이 목적이 아니라 청렴도 어려운 백성을 돕는 하나의 수단일 뿐이다.

청렴하지만 치밀하지 못한 경우를 다산은 이렇게 말하고 있다.

"청렴한 수령으로서 청렴하면서도 치밀하지 못하여 오직 재물을 내놓는 것에만 힘쓰며, 쓰는 방법을 몰라 혹 기생이나 광대에게 뿌리고 혹은 절간에나 시주하니 이는 본디 잘못이다. 그러나 스스로 실효 있게 쓰려고 생각하는 자는 또한 소를 사서 백성에게 나누어 주거나 빚을 주어서 부역에 도움이 되게 하지만, 돌아가는 행차가 문밖에만 나가면 약조(約條)는 뒤따라 무너져서, 소를 산 돈은 모두 토호(土豪)들에게 돌아가서 아전들과 그것을 나누어 먹고, 빚진 돈은 가난뱅이들에게 억지로 배정하니 백성들이 그 때문에 살림을 망치게 됨을 모른다. 신관(新官)이 듣고는 매가 고기를 만난 듯, 범이 땅을 허비 듯, 이미 없어진 물건을 다시 더 긁어 들여서 한없는 욕심을 채우니, 약조(約條)가 모두 허물어져서 학정(虐政)이 제거된 것 같지만 이처럼 천하에 의리도 없고 슬기도 없는 일은 없다."

목민관은 청렴하게 재물을 아껴 이것을 가지고 소를 사고, 빚을 주어 백성들 부역에 도움을 주고자 했지만, 이것 역시 관의 비용을 지출한 것이다. 아전과 후임(後任)에게 있어서는 회수해야할 '빚' 이상도 이하도 아니다. 목민관은 청렴하게 재물을 아껴 백성들을 도와주고자 했지만, 결과적으로 백성들 살 길을 막아 버린다. 청렴하기는 하지만 백성들 살 길을 막아버리는 여러 가지 중 하나의 경우다. 청렴하되 베풀 줄 모르면 오히려 '백성들의 살길이 끊어진다' 라고 말하는 이유 중 하나이다. 아낀 재물을 어떻게 써야 하는지 구체적인 예를 들고 있다. 아낀 재물로 전장(田莊: 일종의 公田)을 두고서 백성들 노역 부담도 덜어준다. 그렇지 못할 경우는 어른을 봉양하고 어린 애를 키우며 결혼이나 장례를 거들며, 폐질(廢疾: 장애인)을 돕거나 늙고 병든 이를 구호해 주되 눈앞에서 행해야 한다고 말한다.

## 흑자예산 운영을 하면 안 되는 이유

눈앞에서 행해야 한다고 강조하는 것에는 이유가 있다. 아전의 장난질이 그 첫째 이유이고, 현대에서야 공공의 재물을 아끼면 회계연도가 이월되어 다음 해 수입으로 넘기지만, 다산 당시 상황에서 재물을 아껴 후임자에게 넘기면 어찌 될지 뻔한 일이었으니 후임자에게 남기지 말라는 얘기다. 목민관이 실천한 청렴의 혜택이 백성에게 돌아갈 수 있도록 제도적 장치를 최대한 강구 하되, 만약 그것이 여의치 않다면 눈앞에 보이는 어려운 백성을 도우라는 뜻이 청심 조의 결론이라고 할 수 있다.

청렴해야 한다는 당연한 말만 하고 그 후에 어떻게 하라는 다산의 후속 조치를 얘기하는 사람이 거의 없다. 이런 탓에 다산은 '항상 바른말만 하는 선비'의 이미지로 굳어져 있다. 그래서 재미없는 사람, 재미없는 책, 여기에서 더 나아가지 못하고 있다. 왜 이런 일이 반복되고 고쳐지지 않을까? 위에서 예를 든 '청렴은 수령의 본분이요'와 '청렴은 천하의 큰 장사다'라는 문장이 각 72조에 딸린 소제목이다, 뒤에 나오는 '상관이 탐욕스러우면'과 '목전에서 행하라'라는 내용은 본문에 나와 있다. 소제목은 그저 옳은 말이다. 구체적인 내용은 대부분 본문에 있다.

더구나 《목민심서》는 소제목의 주장과 본문의 주장이 일치하지 않는 경우가 상당히 많이 있을 뿐 아니라, 심지어는 제목과 본문의 주장이 서로 반대되는 경우도 상당히 있다. 반드시 전문(全文)을 봐야 잘못 해석하는 오류를 피할 수 있다. 한 예로 율기 칙궁 조에 '정당(政堂: 시골 관아)에서 글 읽는 소리가 나면 이는 맑은 선비라고 할 수 있다'는 소제목이 있는데, 본문의 내용은 제목과 정반대이다. 본문의 결론은 이렇게 쓰여 있다. '글만 읽고 일을 처리하지 않는 자는 진실로 폄하(貶下)되어야 하는 것이다. 내가 말하는 것은 때때로 성현의 책에서 한두 장(章)씩 읽고 그것이 폐부(肺腑)에 젖어 들게 하여 착한 마음이 감발(感發)되게 하려는 것뿐이다.' 제목만 보고 따라 했다가는 쫓겨나기 십상이다. 책을 읽고 말고 여부는 수령의 개인 신상 문제이니 백성들 삶과는 큰 영향이 없다. 그러나 백성들 삶에 절대적 영향을 끼치는 전정에서 양전(量田)의 문제, 군정에서 첨정(簽丁)의 문제를 설명하면서도 다산은 이런 서술방식을 취한다. 그래서 《목민심서》를 해설하는 일부의 책을 보면 다산의 주장과는 정반대의 것을 《목민심서》의 내용으로 서술하고 있기도 하다. 이런 서술방식에 대해서는 뒤의 봉공 수법 조에서 자세하게 설명할 것이다.

청렴의 문제는 다음 글에 자세한 내용이 있다.《목민심서》라고 하면 으레 청렴을 떠올리는데, 다산이 말한 청렴의 진정한 가치가 무엇인지 제대로 살펴보고자 한다.

## 2. 청렴의 조건

### 청렴하되 무능한 수령

청렴(淸廉) 자체가 목적이 될 수 없다는 것은 다음의 예에도 잘 나타나 있다. 다산은 청렴한 중국과 조선의 관리 두 명을 예로 들고 있다. 본인은 청렴하다는 명성을 얻었지만, 백성들 삶이 어떻게 됐는지 그 내용을 살펴보자.

"고적사문(庫狄士文: 수나라 고조 때 사람)은 성품이 청고(淸苦: 꼿꼿할 정도로 맑음)하여 공료(公料: 국가 봉급)도 받지 않았다. 그의 아들이 관주(官廚: 관아 주방)의 음식을 먹었다고 해서 칼을 씌워 옥에 여러 날 가두고 곤장 200대를 때린 후 걸려서 서울로 돌려보냈다. 간사하고 아첨하는 자를 적발하여, 베 한 자나 쌀 한 말 받은 장죄(贓罪: 장물죄)도 관대하게 봐주는 일 없이 탄핵해서 영남(嶺南)으로 귀양 보낸 자가 1,000명이나 되었는데, 모두가 풍토병으로 죽으니, 그의 가족들이 울부짖었다. 고적사문(庫狄士文)이 그들을 잡아다 매를 때리니 때리는 매가 그 앞에 가득하였으나 울부짖는 소리는 더욱 심해 갈 뿐이었다. 임금이 이를 전해 듣고, '사문의 포악함이 맹수(猛獸)보다 더하다.' 라고 하였다. 이로 인해 그는 죄를 받아 파면되었다."

"남창(南牕) 김현성(金玄成)이 여러 차례 주군(州郡)을 맡아 다스렸는데, 깨끗하게 직무에 봉사하여 청렴한 명성이 세상에 자자했다. 그러나 성품이 매우 소탈하고 담백하여 사무 처리에 익숙하지 못하고, 죄인 다스리는 것을 일삼지 않고 담담하게 관아에 앉아서 종일토록 시만 읊조렸다. 일벌이기 좋아하는 자들이 그를 두고 말하기를, '남창(南牕)은 백성 아끼기를 자신처럼 하는데도 온 경내가 원망하고, 털끝만큼도 범하는 일이 없는데도 관청 곳간은 바닥이 나버렸다.' 하여 한때의 웃음거리가 되었다."

다산이 거론한 위 두 사례는 청렴한 것은 동일하다. 그렇지만 고적사문의 경우 이를 주변으로까지 확대한 그야말로 각박한 정사를 말하는 것이고, 김현성의 경우 중국 경우처럼 대놓고 말하지는 않지만 청렴하되 무능한 관리를 말하고 있다.

앞의 고적사문은 중국 북제(北齊) 시대의 사람이다. 뒤의 인용문은 조선시대 관리인 김현성의 경우다. 다산이《목민심서》에서 말한 청렴한 관리의 세 가지 기준에 따르면 고적사문과 김현성 모두 최고등급인 1급에 위치하는 관리이다. 청렴을 기준으로 한다면 당연히 최고의 관리에 선정되어야 마땅하다. 그러나 본인들은 청렴함에도 불구하고 한 명은 파면되고 또 다른 한 명은 세상의 웃음거리가 되었다. 청렴이《목민심서》가 말하는 최고의 가치라면 이런 인용은 책의 본뜻과도 맞지 않는다.

두 경우 모두 그 피해가 백성에게 미친다는 결론은 동일하다.

조선시대 수령이 고적사문처럼 청렴하고 각박하게 고을을 다스린다고 생각해 보자. 결론부터 말하자면 현실적으로 불가능하다. 당시의 향리는 공식적인 봉록이 없다. 따라서 그들이 먹고사는 모든 것이 불법이다. 한 고을만 그런 게 아니라 온 나라가 똑같다. 혁명적 변화가 전제되지 않는 한 불가능한 일이다. 청렴하지만 무능한 김현성의 경우는 어떤가? 청렴함은 온 세상에 드러났지만, 고을 백성들이 원망하고 관청의 창고가 텅 비었다. 실무적 능력이 없으니 서리들이 백성을 수탈하지 못하도록 방지책을 못 만든 결과다. 결국, 이 아전들을 다스릴 능력이 없으면 아무리 당대에 청렴하다고 소문난 학자라도 목민관이 되어서는 안 된다는 것이다.

### 경신대기근에서도 백성을 구제한 수령

능력 있는 목민관이 백성의 삶에 어떤 영향을 끼치는지 살펴보자.

"홍처량(洪處亮)이 청풍부사(淸風府使)로 있을 때였다. 이 고을은 궁벽한 산골이어서 세입(歲入)이 본디 적었다. 공은 비용을 절약하여 재물을 저축했더니, 3년이 되자 곡식 수천 곡(斛)이 되었다. 이것을 다른 창고에 꼭 봉해두고서 흉년이 들 때를 대비하였다. 공이 돌아간 뒤 경신(庚辛)의 큰 흉년을 당하였으되 온 경내가 이를 힘입어 구제되었다."

다산이 여기서 말하는 '경신의 큰 흉년'은 우리 역사에서 가장 가혹한 재해로 알려진 '경신대기근(1670~71년)'이다. 왜란, 호란 때보다 더 어려웠으며, 사람고기를 먹고, 인구의 10분의 1, 즉 100만여 명이 죽었다는 가혹한 재앙이다. 이 단군 이래 최악의 재앙을 '세입도 적은 궁벽한 시골에서, 재물을 절약하여 흉년을 당했지만 온 경내가 이를 힘입어 구제되었다' 라고 한다. 전 지구적 대재앙에서도 능력 있는 목민관은 자신의 백성을 지켜냈다.

청렴이 《목민심서》의 모든 가치를 대변하는 것으로 인식해서 우리가 이 책에서 놓치는 부분이 많이 있다. 오직 청렴하다고 거론된 몇몇 사람만 선정, 소개되는 영광(?)을 누린다. 청렴하고 능력 있는 목민관이 실시한 백성을 구제하는 진짜 귀하고 좋은 정책들이 빛을 보지 못하고 있다. 이 정책에는 지방자치의 원리가 있고, 백성의 의견을 수렴하는 다양한 방법이 있고, 법을 고치는 원칙이 있고 무엇보다 공정하게 하는 것이 얼마만큼 위대한 결과를 초래하는지의 내용이 있다. 현시점에서 우리가 추구해야 하는 가치이기도 하다. 청렴을 일방적으로 강조하다 보니 의도치 않게 얻은 불행이다.

늘 옳은 말만 하는 사람처럼 피곤한 인간은 없다. 지금 다산이 이렇게 인식되고 있다. 그러나 다산은 그렇게 경직되지도, 교조적이지도 않았다. 그렇게 해서는 아전을 다스릴 수 없고 백성을 살릴 수 없음을 알았기 때문이다.

## 3. 다산이 말하는 청렴

### 청렴의 세 가지 등급

다산은 율기 청심 조에서 청렴을 세 등급으로 나누고 있다.

"청렴에도 세 등급이 있다. 최상은 봉급 외에는 아무것도 먹지 않고, 먹고 남는 게 있더라도 가지고 돌아가지 않는 것이다. 이것이 옛날의 이른바 염리(廉吏: 청렴하고 바른 관리)이다. 그다음은 봉급 말고도 명분이 바른 것은 먹고, 바르지 않은 건 먹지 않으며, 먹고 남는 게 있으면 집으로 보내는 것이다. 이것이 중고(中古)시대의 염리이다. 최하로는 무릇 이미 규례(規例: 일정한 규칙)가 된 것은 명분이 바르지 않더라도 먹되, 아직 규례로 정착되지 않은 것은 자신이 먼저 시작하지 않는 것이다, 이것이 오늘날의 염리이다. 최상이 되는 건 본디 좋지만, 만약 그렇게 할 수 없다면 그다음 순서라도 좋다. 최하의 것은 옛날 같았으면 반드시 팽형(烹刑: 삶아 죽임)을 당하였을 터이니, 무릇 선을 즐기고 악을 부끄럽게 여기는 사람은 결코 이를 자행하지 않을 것이다."

다산이 정한 세 가지 잣대에 근거해 다산의 주장을 평가해보자.

그가 《목민심서》에서 목민관이 해야 한다고 권장한 일들이 다산 스스로 정한 청렴의 기준에서는 어떤 등급에 해당하는지를 평가해보자는 의미이다. 만일 다산이 백성을 구제하고자 목민관들에게 권하는 구체적 지침들이 위에서 언급된 청렴의 최상급이나 최상급은 아니더라도 차기의 등급에 해당한다면《목민심서》최고의 가치는 청렴이라고 할 수 있다. 그러나 그렇지 않다면 다산이 힘주어 말하고자 하는 게 과연 무엇인지 심사숙고해야 할 필요가 있다.

## 다산이 권하는 청렴의 등급

수령의 업무 중 가장 중요한 업무인 전정(田政)을 예로 들어 보자.

은결(隱結)이라는 개념이 있다. 이는 숨겨진 결(結: 1결이 약 3000평 정도)이라는 뜻으로, 깊은 심산유곡 같은 데 숨겨둔 땅이 아니라 세액 장부에 등재되지 않은 전지(田地: 논밭)를 가리킨다. 장부를 관리하는 아전이 기름진 땅을 본인들이 태연히 차지하고, 가난한 자들의 척박한 토지를 세액 장부에 올려놓는다.《경세유표》를 보면 전라도 나주의 경우 총 3만 결의 전답(田畓)에서 무려 3분의 1에 달하는 1만 결이 은결로 기록될 지경으로 그 피해가 막심했다. 조정에서도 은결의 피해에 대해서는 인식하고 있다. 그래서《경국대전》에서도 은결에 관한 처벌 조항이 상세하게 나와 있다. 이 은결의 처리에 대해 다산이 말한 내용 중 일부를 살펴보자.

당시의 법에 의해 각 고을의 수령은 해마다 진전을 조사해서 보고하는데, 진전(陳田)이란 농사짓지 않는 땅이니 면세(免稅) 대상이다. 그런데 아전이 묵히지 않은 땅을 묵혔다고 보고하거나 묵혔다가 다시 농사짓는 땅을 보고하지 않으면 이것도 결국 은결이 된다. 다산은 진전을 진사, 위사로 나누고 있는 데 진사든 위사든 결론적으로 아전이 착복한다. 이 진전에 대한 1, 2차 실태보고서가 올라오면 수리(首吏: 아전의 우두머리)를 불러 당부한다.

"진결(陳結)이 많으면 장차 은결(隱結)이 무너질 것이니, —장차 은결로써 이 진결(陳結)을 충당할 것을 이른 말이다— 너희들의 손해이다. ……진짜 진전이 이와 같으니 법에 따라 보충해야 마땅할 것이다. 만약 묵은 전지로써 다시 경작된 것이 적으면 장차 은결이 무너질 것이니 이 또한 너희들의 손해이다."

진전이 많다는 것은 세액부과 대상이 그만큼 줄어든다는 의미이다. 세입(稅入)이 줄어들게 된다. 세입은 줄지만, 관청의 지출은 줄어들지 않고 나라에 바치는 물량도 변동이 없다. 결국, 세액부과 대상은 줄어들지만 거둬들이는 걸 줄일 수 없다. 백성들 세금이 더 편중되고 증가할 수밖에 없다. 다산의 말은 아전들이 진전의 조사를 철저하지 않으면 줄어드는 세입을 아전이 갖고 있는 은결로 충당하겠다는 엄포다. 결국 아전이 은결을 갖고 있는 걸 용인하고 있다는 뜻이다.

이뿐만 아니라 은결을 이렇게 처리하라고 세세한 지침까지 하달한다.

"부잣집 기름진 전지는 1파 1속이라도 이 책자(진전 조사보고서)에서 누락하면 너는 형률대로 처벌될 것이다. 그 나머지 가난한 집 척박한 전지는 여결(餘結: 은결과 같은 의미)로 돌리더라도 나는 관여하지 않겠다."

'아전들이 여결로 돌리더라도 나는 관여하지 않겠다'고 말하고 있다. 이 지시는 은결의 은폐를 금지하고 있는 《대전통편》 호전 수세법에 정면으로 위배되는 발언이다. 또 아전의 부정을 근절시키지도 않고 용인하고 있다. 그렇지만 결과는 어떠한가? 진전의 실질적 조사는 세금을 더 공평하게 거두고, 부자들의 기름진 땅은 세액 장부에 등재되며, 가난한 집의 척박한 전지가 여결(餘結)로 편입되면 가난한 백성들의 부담이 훨씬 줄어든다.

은결의 총 결수는 변동이 없지만, 그동안 은결로 이득을 보아온 부잣집과 아전들은 손해를 보고 어려운 백성이 혜택을 입는다. 그러나 이는 법대로 처리하거나 아전들에게 청렴을 강요한다면 절대로 나올 수 없는 결론이다.

다산이 청탁을 하고 뇌물을 바친 이유는?

이뿐만 아니라 다산은 병전 첨정(簽丁) 조에서 다산 자신이 뇌물을 써서 청탁한 일을 자세히 밝혔다.

군리(郡吏: 군 소속 아전)가 포목을 가지고 한양으로 올라가는 날에는 목민관이 마땅히 수십 냥의 돈을 마련하여 진수(珍羞: 진귀한 음식)와 기물(奇物: 기이한 물건)을 사서 삼영문(三營門)의 대장(大將) 및 병조(兵曹)의 군색랑(軍色郎) —1군색(一軍色) 2군색(二軍色)— 들에게 친서와 함께 보내되 그 친서 내용에,

" '지금 보내는 군포(軍布)는 모두 내가 직접 받아서 정확한 자로 재었는데, 그 품질과 그 척도가 납품에 합당합니다. 바라건대 은념(恩念)을 내

리시어 하리(下吏)들을 타일러 물리치는 일이 없게 하여 백성에게 피해가 없도록 해주시면 다시없는 다행이겠습니다.' 라고 한다. 장신(將臣: 영문의 장수)과 낭관(郎官: 실무 관원)들이 이 청탁을 받으면 삼가 경계하지 않을 수 없고, 따라서 모두 수납하게 되어 일이 순조롭고 무사하게 될 것이다. 비록 한양에서 주선한 일이라서 백성들은 그 은혜를 알지 못한다 하더라도 아전들에게 칭송이 자자하고 원망이 없어질 것이다. 내가 서읍(西邑)에 있을 때 항상 이 방법을 썼다."

곡산부사 다산이 이렇게 하지 않았다면 과연 어찌 되었을까? 포목을 받는 당사자가 그 물건의 넓고 좁은 것, 길고 짧은 것, 굵고 가는 것, 두껍고 얇은 것이 있다고 트집을 잡으려면 못할 것도 없다. 일부러 퇴짜를 놓고 본인들이 소개하는 상인에게 구입하라 요구하는 짓을 서슴없이 한다. 그래서 한 고을 백성들이 손해 보는 것이 근 1천 냥에 달하는 경우가 허다한 것이 당시 일반적인 일이었다. 이를 단돈 수십 냥으로 막았으니 거꾸로 백성들에게 선정을 베푼 게 아닌가?

전정과 군포는 국가의 수입에 있어 가장 핵심적인 업무다. 이 업무 처리에 있어 다산은 근본적으로 잘못된 제도를 고치지도 못한다. 위에서 다산이 취한 조치는 오히려 당시 법령에 비춰 보더라도 처벌 대상이다. 다산이 청심 조에서 말한 청렴의 기준으로 본다면 최하 등급에도 속하지 못한다, 오히려 팽형(烹刑)에 해당한다. 이것이 다산이 《목민심서》에서 선택한 목민관의 길이다. 올바른 원론적 말만 항상 해대는 꽉 막힌 고루한 선비가 아니라 상황에 맞게 융통성을 발휘함으로써 그 이익이 백성에게 돌아가도록 한다. 쓸데없는 명분에 사로잡혀 속수무책으로 아전들에게 당하지 말고, 백성들에게 혜택이 돌아가는 구체적 실천에 나서라는 주문이다.

그래서 한마디 덧붙인다.

"비록 청렴하더라도 아전을 단속할 줄 모르면 목민을 할 수 없다." 〈이전 속리〉

이상에서 살펴본 바와 같이 다산이 청렴을 강조한 것은 맞지만 청렴이 《목민심서》 전체를 관통하는 주제라기에는 한계가 많다. 청렴은 도덕적 권장사항이다. 백성을 구할 수 있는 제도적 방법으로는 부족하다. 백성을 구제할 수 있는 방안은 호전(戶典)을 비롯한 육전(六典)에 그 내용이 나와 있다.

그럼에도 불구하고 다산이 말한 청렴은 현대의 시기 더 강조되어야 하는 덕목임이 분명하다. 다산이 스스로 말한 청렴의 3등급 중 최하의 등급을 기준으로 《목민심서》를 집필한 것은 나라의 법도 엉망이고, 수령들 월급도 제대로 주지 못하고, 향리는 애초 월급도 없었던 사정이 있었기 때문이다. 현대의 공직사회는 다산이 《목민심서》를 집필하던 시기와는 완전 딴판이다. 인사혁신처의 자료에 따르면 2021년 공무원의 평균 연봉은 6,420만 원이다. 월급도 제대로 받지 못하던 수령과 아전에 비할 바가 아니다. 당연히 청렴의 등급도 다산이 말한 최상의 등급을 적용해야 마땅하다. 더구나 관료사회의 역사가 우리에 비해 뒤쳐진 일본보다 국가청렴도가 한참 뒤쳐져 있는 우리 공직사회가 가장 명심해야 하는 실천의 덕목이다.

제3편

# 봉공
奉公

봉공 6조의 내용은 수령이 해야 하는 기본업무가 주요 내용이다.

1. 선화(宣化): 임금의 교화를 폄, 2. 수법(守法): 법을 지키는 일, 3. 예제(禮際): 예의로 상대함, 4. 문보(文報): 제반의 공문서, 5. 공납(貢納): 각종 세금을 바치는 일, 6. 왕역(往役): 일상 업무 이외의 차출로 구성되어 있다.

현대로 치자면 자치사무의 범주가 아닌 위임사무의 범주다. 그러니만큼 원론적이고 일반적인 '옳은 말'들이다. 또 예제, 문보, 공납, 왕역 등과 관련해서는 뒤의 육전에 각각 그 내용들이 녹아 있다. 별도의 주제로 다루지 않더라도 전체적인 구성상 큰 무리가 없다. 때문에 봉공 편에서는 선화, 수법을 중심으로 다산의 법에 관한 견해를 살펴보고자 한다.

## 1. 법에 관한 다산의 견해

### 법에 관한 조선시대의 일반적 견해

선화(宣化)와 수법(守法)에는 다산의 법에 관한 기본적 사고가 들어있다. 당시의 법이란 '지켜야 하는 것'이었지 '고친다는 것'은 대단히 조심스러운 일이었다. 당시 사대부들은 대부분 호를 쓴다. 호를 쓰는 이유가 '이름은 부모가 주신 것'이기 때문이다. 이름을 부르는 건 동무 사이에서도 대단히 불경스러운 일이었다. 부모가 주신 이름도 함부로 부르지 못하는데 조상이 주신 다른 귀한 것은 더 말할 바 없다. 조상이 주신 최고의 존엄이 '법'이다.

그래서 법을 논할 때 항상 등장하는 말이 있다. 조종지법((祖宗之法: 조상들이 정한 법)과 정유구(政由舊: 정치는 옛것을 따른다)다. 그래서 법은 '옛 법보다 열 배 이상의 이익이 없으면 법을 고치지 않는다'라는 말이 정설처럼 통용되던 사회였다. 더구나 서학(西學)으로 인해 집안이 풍비박산이 나고, 본인도 변방에서 귀양살이하게 된 다산이다. 법을 고치자는 말을 조심하고 또 조심할 수밖에 없었다.

이런 분위기는 《경세유표》 서문(序文)에 잘 나타나 있다.

"죄에 연루된 신하로서 감히 나라의 법[邦禮]을 논하겠는가. 그렇기는 하다. 그러나 반계(磻溪) 유형원(柳馨遠)이 법을 고치자고 논의했어도 벌을 받지 않았고, 그의 글도 나라 안에 간행되었으니 다만 이용되지 않았을 뿐이었으며, 그가 말한 것은 죄가 되지 않았다."

이런 분위기는 고스란히 《목민심서》에도 적용된다.

수법 조에서 다산이 말하는 바를 살펴보자, 여기에는 모두 여섯 개의 소주제가 있다. 각각 다음과 같다.

1. 법이란 임금의 명령이다. 법을 지키지 않음은 임금의 명령을 따르지 않는 것이 된다. 남의 신하로서 감히 그럴 수가 있겠는가.
2. 법을 굳게 지켜서, 굽히지도 흔들리지도 않으면 인욕(人慾)이 물러가고 천리(天理)가 유행(流行)하게 될 것이다.
3. 무릇 국법이 금하는 것과 형률(刑律)에 실려 있는 것은 몹시 두려워하며 감히 범하는 일이 없도록 해야 한다.
4. 이익에 유혹되지 않고 위협에 굴복하지 않는 것이 법을 지키는 도리이다. 비록 상사가 독촉하더라도 받아들이지 않음이 있어야 한다.
5. 해가 없는 법은 지키어 변경하지 말고, 사리에 맞는 관례는 따라서 없어지지 않도록 해야 한다.
6. 읍례(邑例)란 한 고을의 법이다. 그것이 사리에 맞지 않을 때는 수정하여 이를 지켜야 한다.

위의 여섯 주제에서 다섯 번째까지는 법을 지키라는 뜻이다. 고치라는 건 마지막 한 주제에 불과하다. 권한으로 분류하면 위의 다섯 개는 중앙 정부의 사무(事務)에 속하고 마지막 하나만 수령의 자치권에 해당한다. 요즘 식으로 분류하면 '법'과 '조례'의 범주다. 위의 여섯 가지 제목만으로 봤을 때는 수령의 권한에 속하는 읍례는 잘못된 것은 고치되 조정의 법은 굳게 지켜야 하는 것으로 비친다.

## 법 해석의 융통성

그러나 본문의 내용을 같이 검토한다면 위와 같은 결론을 내릴 수 없는 것이 다산의 법에 대한 태도다.

위의 세 번째 주제를 보면 '무릇 국법에 금하는 것과 형률에 실려 있는 것은 몹시 두려워하며 감히 범하는 일이 없도록 해야 한다'고 서술하고 있다. 이 문장만 보면 소크라테스가 말한 '악법도 법이다'라는 말과 같게 들릴 수 있다. 그러나 이어지는 본문의 내용을 보자.

"일체 법만 지킨다면 때에 따라서는 너무 구애받게 된다. 다소 융통성을 두더라도 백성들을 이롭게 할 수 있는 것은 옛사람들도 변통하여 처리하는 수가 있었다. 요컨대, 자기 마음이 천리(天理)의 공정에서 나왔다면 법이라고 해서 고집스럽게 지킬 필요는 없으며 자기 마음이 인욕(人慾)의 사정에서 나왔다면 조금이라도 법을 범해서는 안 된다. 법을 범하고 죄받는 날, 위로 하늘에 부끄럽지 않고 아래로 사람에게 부끄럽지 않다면, 법을 범했더라도 반드시 백성에게 이롭고 편한 일일 것이니, 그런 경우에는 다소 융통성이 있더라도 괜찮을 것이다."

제목은 '범하지 말아야 한다' 고 해 놓고 실내용은 정반대이다. 결론적으로 다산이 법에 대해 말하고자 하는 건 백성에게 해가 되는 것은 지키지 말고 법을 어겨서라도 백성들에게 이득이 돌아가게 하라는 내용이다. 뒤편 육전(六典)의 실무에 속하는 내용이 모두 이렇게 구성되어 있다. 대놓고 법이 나쁘다고 말만 하지 않을 뿐이다. '악법도 법이다' 라는 결론이 결코 아니다.

다산이 조심하고 조심하는 모습이 이렇게《목민심서》의 서술에 나타나 있다. 그래서《목민심서》는 본문의 내용을 다 읽지 않으면 다산의 진정한 뜻을 파악할 수 없다.

### 유학 경전과 중국의 사례가 많이 등장하는 이유

《목민심서》는 12편 72조의 주제가 있고, 각 조별로 작게는 하나의 주제에서 많게는 24개의 소주제가 있는데 총 664개의 소주제가 있다. 이 소주제 본문의 내용은 대체로 세 가지로 분류할 수 있는데 여기서도 다산이 조심하고 조심하는 모습을 볼 수 있다.

첫째, 경서나 성현의 말을 인용한 부분이다. 둘째 역대 중국과 조선의 모범 사례나 실례(實例)의 내용이고, 셋째는 다산 본인의 의견이다.

《경세유표》와《목민심서》의 많은 분량을 차지하는 것이 경서와 중국의 사례다. 이는 당시 개혁을 논할 때 정당성을 확보하기 위한 일반적 풍토이기는 하다. 그럼에도 불구하고 같은 국가개혁을 논하는 유형원의《반계수록》이나 유서준의《우서》에 비해서도 경서와 중국 고사의 인용이 과다

하다 싶은 정도로 많다. 근거를 명확하기 위한 조치였다고 설명할 수도 있지만, 조심할 수밖에 없었던 자신의 처지에서 이런 서술방식이 비롯됐음을 고려하지 않는다면 그 이유를 설명하기 어렵다.

이런 서술방식은 구체적 사례를 드는 것에도 나타난다. 구체적 사례로 등장하는 나쁜 목민관으로 예시된 인물은 모두 중국 고사에서 인용하고, 우리 역사에서 나쁜 목민관은 고려시대 제주목사 몇 명을 예로 든 것 이외에는 찾아볼 수 없다. 시기적으로 가깝거나 동시대 인물 중에서 부정적 사례로 출현하는 목민관은 없다(청렴하나 무능한 목민관의 예로 든 이세정과 김현성도 시기적으로 조선 전기, 중기의 인물이다. 반역죄를 범한 인물은 구체적으로 기록하였다). 반면, 청백리나 좋은 정책으로 백성을 구제한 인물들의 이름은 정확하게 밝히고 있다.

대개 이런 과정을 거쳐 본인의 주장을 서술하고 있다. 또 자신 주장을 함에도 일정한 형식이 없다. 곧바로 자신의 견해를 밝히는 경우도 있고, 사례를 드는 중간에 자신의 견해를 밝히는 경우, 끝부분에 서술하는 경우도 있다. 살펴건대(案), 매양 보면(每見), 무릇(凡), 총괄해 보건대(總之) 등의 표현으로 문장이 시작하면 다산의 의견이라고 보면 된다. 물론 이런 표현이 없이 곧바로 의견을 말하는 경우도 많다. 이렇게 일정한 양식이 없이 본인의 의견을 서술하기에 앞뒤의 문장을 다 읽어야 다산의 의견을 파악할 수 있다. 본문을 반드시 읽어야 하는 또 다른 이유이다.

봉공 6조는 현대적 용법으로 표현하면 자치사무가 아닌 위임사무이다. 목민관이 스스로 결정할 수 있는 범위가 《목민심서》 12편 중 가장 작다.

그래서 법을 지켜야 한다는 원론적인 주장을 하고 있지만, 실제 내용은 자신의 역량으로는 불가항력적 상황이 닥치면 벼슬을 버리고 떠나라는 당부가 빈번하게 등장한다. 조정이나 상관의 부당한 지시에 언제든지 과감하게 항명하고 거역할 마음가짐을 지녀야 백성들의 복리와 안위를 위해 벼슬살이를 제대로 할 수 있다고 다산은 설명한다.

"사대부로서 벼슬살이하는 법은 마땅히 버릴 기(棄)자 한 자를 벽에 써 붙여 놓고 아침저녁으로 눈여겨보아, 행동에 장애가 있으면 벼슬을 버리며, 마음에 거리끼면 벼슬을 버리며, 상사가 무례하면 벼슬을 버리며, 내 뜻이 행해지지 않으면 벼슬을 버리어, 감사는 내가 벼슬을 가벼이 버릴 수 있는 사람으로 알아, 쉽게 건드릴 수 없는 사람으로 여긴 뒤에야 수령 노릇을 할 수 있는 것이다."

만약 부들부들 떨면서 행여나 자리를 잃을까 염려하여 황송하고 두려운 말씨와 얼굴빛이 표정에 나타나면, 상관이 나를 업신여겨 독촉과 꾸중이 잇따를 터이니 참으로 그 직책에 오래 있을 수 없는 것은 필연의 이치이다.

법에 관한 다산의 주장

다산이 말하는 목민관이 지켜야 할 법에 관한 태도는 근본적으로 두 가지다. 국법은 자신의 통제범위 밖이다. 백성에게 이득이 되는 것은 확연하게 지키고, 그렇지 못한 경우는 융통성을 발휘하거나 이마저도 어렵다면 벼슬을 버리고 떠나야 한다는 것이다. 반면, 읍례는 수령이 결정할 수 있는 사항이다. 마땅히 백성에게 이익이 되도록 바꿔야 한다.

읍례에 해당하는 대표적인 것이 호전 세법 조에 있는 민고절목의 내용이고, 다른 육전(六典) 의 내용은 거의 국법의 범주에 해당한다. 그러므로 육전의 내용은 수령이 지켜야 할 것보다는 어떻게 융통성을 발휘해서 백성의 이익을 지킬 것인가에 관한 내용이 대부분이다. 원래 국법이 좋지 못한 까닭이다.


## 2. 입법과 집행에 관한 다산의 견해

### 법을 집행하는 방법

수령이 해야 하는 기본업무 중 조정으로부터 내려오는 명령을 집행하고 세금을 걷어 상납하는 일은 그때나 지금이나 국가를 지탱시키는 가장 중요한 업무다. 윤음(綸音: 임금의 말씀)이 내려오면 백성들에게 알려야 하며, 세금을 제때 걷어 기한에 맞춰 납부해야 한다. 이는 모든 지방관이 수행하는 업무들이다. 여기에서 다산이 강조하는 바는 결론이 아닌 과정이다. 그는 과정에도 백성들을 참여시켜야 한다는 원칙을 제시하고 있다.

조정에서 내려오는 윤음은 대개 백성들의 고통을 줄여주는 것이 많다. 대동미(大同米) 납부 기한을 늦추고, 환곡(還穀)을 탕감하며, 세곡 징수 기한을 늦추는 등의 명령이다. 조정에서 내려온 명령대로 집행하면 당장 아전들이 챙길 몫이 줄어든다. 당연히 아전들은 이걸 달가워하지 않는다.

그럼에도 세상 물정 모르는 목민관은 아전들에게 이 일을 위임하는데, 그 결과 조정에서 내려오는 윤음이 열에 아홉은 백성들에게 알려지지 않는다고 다산은 개탄한다. 더구나 서리들은 재상(災傷: 자연재해로 농사가 피해를 봄)을 당했음에도 '조정에서 명부를 삭제하였다'는 구실로 중간에서 재물을 가로채고, 굶주린 백성을 구호 대상에서 제외하고는 '조정에서 어렵게 여긴다'라며 속인다. 또 병역이 면제된 장애인이 민원을 내면 '조정의 명이 지엄하다'고 우김으로써 목민관이 백성들로부터 조정을 원망하는 소리를 듣게 한다. 그래서 다산은 '수령의 여러 가지 죄 가운데서도 이 죄가 가장 큰 것이니 죽임을 당하더라도 변명의 여지가 없다'고 일갈하고 있다. 다산이 이렇게 강하게 법을 집행하라는 이유는 앞서 본 바와 같이 백성의 이익이 되는 내용이기 때문이다.

이러한 법을 집행하는 방법은 '친구선론(親口宣諭: 친히 백성들에게 알림)'이다.

이는 윤음이 내려올 때마다 수령이 직접 백성들에게 윤음을 알려 백성들이 스스로 깨닫도록 이끌어야 한다는 의미이다. 백성들이 글을 모르는 까닭에 친히 알려야 하며, 사면령을 한글로 번역하라는 뜻도 이와 일맥상통한다. '친구선론'의 이유는 단 하나다. 백성이 법을 알아야 서리의 농간을 차단할 수 있기 때문이다.

이와 더불어 다산은 따르기 어려운 조정의 명령이 내려왔을 때는 '병을 핑계로 벼슬을 버리라'고 말한다. 그때 벼슬을 버리는 기준은 '민심불열(民心弗悅: 백성이 싫어한다)'이다. 맹자도 아니고, 주자도 아닌 '백성이 기뻐하지 않는다'가 벼슬을 버리는 기준인 셈이다. 이것이 백성에 대한 다산의 인식이다. 《목민심서》나 《경세유표》 여기저기서 백성을 우매하다고 표현하지만(이를 근거로 다산이 민본주의자가 아니라고 강하게 주장하는 분들도 있다) 이는 백성에 대한 그의 본심이 아니라 단순한 표현에 불과하다는 것을 웅변하는 대표적 사례라 하겠다. 백성이 우매한 자들이라면 선비의 평생 꿈인 벼슬자리를 우매한 자들 때문에 버리라고 종용할 수 있겠는가? 선비의 평생 꿈을 버리라고 할 만큼 백성의 찬반 여부가 중요하다는 것이다.

### 법을 고치는 방법

법을 고치는 방법은 의론(議論)이다.

읍례(邑例: 현대 지방자치단체의 조례)를 고치는 과정에서도 백성의 의견을 적극적으로 반영해야 한다고 다산은 주장한다. '물가가 전에는 헐했는데 요즈음 와서 비싸진 것은 의논하여 올려주고, 전에는 비쌌는데 지금 와서 헐해진 것은 그대로 후하게 해주며, 민호(民戶)가 전에는 번성하였는데 지금 와서 쇠퇴한 것은 의론하여 감해주며, 전에는 적었는데 지금 와서 늘어난 것은 옮겨주어 고르게 만들어주어야 한다.' 즉 의논하여 증가시키기도 하고, 의논하여 덜어주기도 한다고 주장한다.

"사리에 맞지 않는 것으로 관가에만 이롭게 하는 것은 고쳐서 제거하도록 하여야 하며, 법에도 없는 것이 섞여서 나와 있는 것은 한계를 분명히 하여야 할 것이다. 곰곰이 생각하고 샅샅이 살피며, 널리 묻고 과감히 결단하되, 후폐를 염려하여 막아버리며, 여론에 의하여 순응하며, 입법하되 금석(金石)의 법전처럼 하고, 지키되 관화(關和)의 법처럼 하면, 영을 내리는 것이 조금도 마음에 부끄러움이 없을 것이다."

이것이 법을 고칠 때 지켜야 하는 목민관의 기본원칙이다.

누구와 의논하여 결정하는가? 관에만 유리한 조목을 계속 증가시켜온 아전이나 기존의 마을 대표(풍헌, 약정)와 머리를 맞댈 이유는 없다. 새로운 의논 상대가 필요하다. 더구나 민호(民戶)의 번성과 쇠퇴는 세금 부과의 기본이 되는 사안이다. 어느 한 고을의 부담이 줄어들면 또 다른 고을은 늘어난다. 한 고을만 의논할 수 있는 문제가 아니다. 민주적 의견수렴 절차와 누구나 수긍할 수 있는 객관적 자료가 없으면 분란만 가중될 뿐이기 때문이다. 이것이 '議而增之, 議而蠲之'에 담겨 있는 기본 취지라고 할 수 있다(자세한 것은 뒷글 호전 6조 등에서 서술함).

## 좋은 법을 지키는 방법

다산이 이렇게 친구선론(親口宣論)하며 의론(議論)하는 이유는 백성의 이익을 지키기 위함이다. 그는 본인이 재임하는 때만 아니라 떠난 후까지도 걱정하고 있다. 떠난 후에도 백성을 위해 읍례를 존속시키고자 다산이 하는 일이 두 가지다. 하나는 예전의 못된 법례를 거두어 불살라 없애거나, 영구히 그 근본을 끊어버리는 일이다. 만약 한 장이라도 남아 있으면, 뒤에 오는 자가 전례를 빙자해 폐단을 다시 일으킬 것이기 때문이다. 다른 하나는 요즘 용어로 복사본(副本)을 여러 장 만드는 것이다. 복사본을 각 고을에 나눠주고 엄격히 준수하도록 지시한다. 그래야 후임 목민관이 고치고자 해도 백성들이 다퉈서 바꿀 수 없게 된다는 게 다산의 진단이다.

백성에게 설명하고 동의를 얻어 읍례를 정해 지키라는 것이다. 이는 윤음의 선포, 읍례의 개정뿐만 아니라 국가 운영시스템의 가장 중요한 요소인 세금 납부에서도 동일하게 적용해야 한다고 다산은 말한다. 용어를 살짝 바꿔보자. 친구선론(親口宣諭)은 지역별 설명회로 바꿔 쓸 수 있고, 의론(議論)은 공청회나 의견수렴 절차로 해석할 수 있다. 각 마을의 대표자와 더불어 주요한 정책적 결정을 한다. 자문기구나 의회라는 직접적 표현은 없지만, 현대 지방자치단체의 정책 결정 과정과 하등 다를 게 없다. 형식에서 차이는 있겠지만 민주주의의 실질적 내용을 담보한다. 이렇게 해서 결정된 좋은 정책은 온 나라에 실시하도록 건의한다.

법을 집행하고 고치는 다산의 기준은 명확하다.
백성에게 알려야 하고 백성에게 의견을 물어야 한다는 것이다. 그 결과 백성이 기뻐하면 하고 백성이 싫어하면 하지 마라. 봉공 6조 아니,《목민심서》에 담긴 다산의 참뜻이다.

**제4편**

# 애민
## 愛民

《목민심서》에서 가장 어려운 게 호전(戶典) 6조라면, 애민(愛民) 6조는 다른 편에 비해 비교적 쉽게 접근할 수 있다.

양로(養老)·자유(慈幼)·진궁(振窮)·애상(哀喪)·관질(寬疾)·구재(救災) 6조가 여기에 해당한다. 제목 그대로 노인을 봉양하고, 어린아이를 돌보고, 곤궁한 자를 도와주고, 초상을 지원하고, 질병 혹은 장애인을 위문하며, 재난에서 백성을 구제한다는 내용이다. 오늘날 행정 분야로 풀이하자면 사회복지의 영역이다. 다만 어려운 백성을 돕는 건 똑같지만 현대적 관점에서 보면 충격적 내용이 다수 포함되어 있고, 더욱이 다산이 말했다고 보기에는 불편한 부분마저 등장한다.

## 1. 양로(養老): 걸언(乞言)과 하정상통(下情上通)

양로(養老)의 예절은 예나 지금이나 별반 차이가 없다. 생계가 어려운 노인을 굳이 세분하지 않고 노인 일반이 대상이다. 자유(慈幼) 등 다른 조항은 특정인이 대상이지만 양로는 나이 외에 다른 기준은 없다. 여기에는 효로써 백성을 가르친다는 유교적 통치이념이 근본에 자리하고 있다. 하지만 다산은 효를 강조하는 데만 그치지 않고 목민관이 양로를 행하는 일에서 걸언(乞言)과 하정상통(下情上通: 아래의 정이 위와 통한다)을 강조한다. '양로의 예에서는 반드시 걸언이 있어야 한다' 걸언은 묻는다는 뜻이다. 즉 노인들에게 고을의 병폐와 잘못된 부조리를 묻고 보완하여 바로잡는다는 의미이다. 일종의 자문회의 역할이다. 이를 통해 하정상통을 꾀할 수 있다. 수령이 양로의 예를 반드시 갖춰야 하는 이유의 하나라 하겠다.


## 2. 자유(慈幼): 너무 쉽게 버려지는 아이들

자유(慈幼)는 어린이 전체가 대상이 아니다. 흉년에 버려진 아이들이 대상이라고 생각하면 큰 무리가 없다. 옛날에는 흉년이 들면 버릴 뿐만 아니라 낳자마자 죽이기까지 했다. 현재의 시각에서 보자면 충격적인 내용이다. 더 놀라운 건 이것이 특수한 경우가 아니라는 점에 있다. 자식을 죽이는 경우 대부분은 중국 고사(古事)에 해당하고 조선의 경우는 별반 없지만, 흉년에 아이를 버리는 행위는 조선에서도 일상적으로 일어난 일로 보인다. 그래서 법을 만들어 버려진 아이를 키워서 자식으로 삼든지 노비로 삼는 조례가 상세하다고 기록하고 있다. 실제로《속대전(續大典)》예전(禮典) 혜휼(惠恤)에는 이렇게 규정되어 있다. "흉년에 유기된 어린애를 다른 사람이 거두어 자식으로 삼거나 종으로 삼는 것은 허락하되, 어린애의 연령 한도는 일체 임시사목(臨時事目)을 따른다."라고 되어 있는데, 조정에서 이와 관련해 내리는 명령도 자세히 나와 있다. 여기에서 다산은 버려진 아이를 길러 노비로 삼는 것을 거론하며 별다른 문제를 제기하지 않는다. 다산에게서 가장 불편한 부분으로 이는 다산을 비판하는 측에서 공격을 집중하는 내용이기도 하다. 신분제에 관한 일은 뒤편 예전(禮典)에서 별도로 다룰 것이다.


## 3. 진궁(振窮): 가장 어려운 백성 사궁(四窮)

진궁(振窮) 조는 어려운 사람이 그 대상이다. 생활이 지극히 곤란한 사람을 가리켜 사궁(四窮), 즉 환(鰥)·과(寡)·고(孤)·독(獨)이라고 한다. 늙은 홀아비(鰥), 늙은 홀어미(寡), 부모 없는 아이(孤), 자식 없는 늙은이(獨)를 통틀어 이르는 말이다.《맹자》에 등장하는 용어로 옛 문헌에서 상당히 자주 사용하는 편이다. 사궁이라고 관에서 무조건 지원해주지는 않는다. 기준이 있다. 먼저 나이를 보고, 친척을 보고, 재산 유무를 본다. 이세 가지 관찰하는 바가 다 극도에 달하여 참으로 의탁할 데 없는 궁한 사람이라야 관에서 돌본다. 선발 기준이 현재와 별반 다를 게 없지만, 친(親)의 범위는 단순히 친척이라기보다는 이웃(隣)을 포함하는 마을공동체의 테두리에 가깝다. 지금도 이 친(親)의 범위가 직계존비속으로 남아 있다.

## 4. 애상(哀喪), 관질(寬疾): 조선시대 장애인 정책

애상(哀喪) 조는 흉년이나 전염병이 창궐했을 때나 혹은 극빈자 가족이 사망했을 때에 관에서 장례를 도와주어야 한다는 내용이다. 뒤의 진황 편에 자세하게 소개하고 있다.

관질(寬疾) 조항은 장애인이나 전염병이 창궐했을 때를 대상으로 한다. 장애인(廢疾)에게는 조세와 요역을 면제하고, 친척을 계도하고, 관에서 도와줘서 그들이 살 수 있도록 이끌어야 한다. 마을에 돌봐줄 사람이 없는 사고무친(四顧無親)의 경우에는 관에서 덕망 있는 사람을 지정해 대신 보살펴주도록 하되, 돌봄 노동을 담당한 사람의 요역 등을 면제하는 조치를 하기도 한다. 즉 장애인을 돌보는 자에게는 면세 혜택을 부여한다는 뜻이다.

## 5. 구재(救災): 조선시대 사회적 거리두기

더불어 다산은 전염병에 대한 대처방법도 자세히 서술하고 있다. 먼저 전염병이 유행하면 백성의 어리석은 풍속 —기도나 굿— 과 꺼리는 것이 많으므로 돌보고 치료하고 약을 지급해주며, 백성이 무서워하지 않도록 위무해야 한다고 말하고 있다. 또 염병을 피하는 방법을 제시하는데, '무릇 염병이 전염하는 것은 모두 콧구멍으로 그 병 기운을 들이마셨기 때문이다. 염병을 피하는 방법은 마땅히 병의 기운을 들이마시지 않도록 환자와 일정한 거리를 지켜야 할 것이다. 무릇 환자를 문병할 때는 마땅히 바람을 등져야 한다.' 지금 정부에서도 권장하는 일종의 사회적 거리두기다. 또한, 다산은 《마과회통》이라는 의학서를 저술할 만큼 의학에도 일가견이 있는 학자였다. 실제 《목민심서》에 있는 기록을 보면 순조 21년 가을(1821년) 원인 모를 병이 유행하여 열흘 동안 평양에서는 수만 명, 한양에서는 13만 명의 사망자를 내고 상강(霜降) 이후에야 수그러들었다고 한다. 이에 대한 구체적인 처방전 두 종류를 다산은 소개하고 있다. 병이 유행하고 난 후 겨울에 북경을 통해 겨우 구한 처방전이다. 처방전에 들어있는 박하 2돈, 감초 2돈에서 백성의 삶을 걱정하는 다산의 섬세함과 인자함을 느낄 수 있다.(이 부분은 다산이 목민심서를 완성한 후 추가한 내용이다. 목민심서는 1818년 편찬했는데 이 사건은 1821년의 일을 기록한 것이다. 즉, 굳이 추가하지 않아도 되는 사항을 백성들에 조금이라도 더 혜택을 볼 수 있도록 추가한 내용이다)

제5편

# 이전
## 吏典

부임, 율기, 봉공, 애민 네 편은 목민관의 마음가짐과 봉사 정신 및 애민 정신에 관한 내용이다. 백성의 삶과 연관된 구체적 업무는 이·호·예·병·형·공전의 여섯 편에 실려 있다. 세금을 부과하고, 형벌을 집행하는 등의 국가를 지탱하는 기본 기능이 이 육전(六典)에 담긴 셈이다.

다산은 목민관을 가리켜 "하루에 만 가지 일을 처리함이 마치 천하 국가를 다스리는 군왕과도 같고, 크고 작음만 다를 뿐 그 처지는 실로 같다."라고 정의했다. 이 '만 가지 일'의 실무를 향리(지방 아전은 鄕吏, 중앙관서 아전은 書吏)가 처리한다. 이전(吏典) 6조는 이러한 실무를 담당한 향리를 단속하고 통제하는 방법을 서술한 조항이다.

1. 속리(束吏: 아전을 단속함), 2. 어중(御衆: 부하를 통솔함), 3. 용인(用人: 적격자를 선발함), 4. 거현(擧賢: 인재를 천거함), 5. 찰물(察物: 민정을 살핌), 6. 고공(考功: 고과를 평가함)의 여섯 조로 구성되어 있다. 지방자치단체에서는 총무과, 중앙정부는 행정안전부의 업무다. 이전(吏典)에는

《목민심서》를 이해하는 데 있어 가장 중요한 두 가지 문제가 있다. 지방 행정 실무자인 향리의 급료가 없다는 것과 《목민심서》 책 자체가 수령의 고과평가 항목이라는 것이다. 이 두 가지 주제를 이해해야 《목민심서》를 제대로 이해할 수 있다고 생각한다. 이런 이유로 이전(吏典) 편은 각 조별로 설명하지 않고 두 가지 주제를 중심으로 설명하고자 한다.

# 1. 월급 없는 아전인 향리 1

## 향리 녹봉에 대한 동시대 학자들의 견해

많은 사람들이 목민심서에 대한 저술을 하고 강연을 하지만 지금까지 아무도 주목하지 않거나 설명하지 않은 중요한 내용이 이전(吏典)에 있다. 바로, '향리는 녹봉(祿俸)이 없다' 라는 사실이다. 다산은 《목민심서》에서 향리의 녹봉이 없음을 분명히 밝히며 그 해결책으로는 《경세유표》나 또 다른 저작인 〈전제고(田制考)〉를 참조하라고 안내한다. 다산과 마찬가지로 국가 개혁서를 저술한 유형원과 유수원도 이 문제를 심도 있게 논하고 있다. 필자의 견문이 짧은 탓이겠지만, 많은 사람이 《목민심서》를 거론하지만, 그들 중 향리의 녹봉이 없는 문제를 중요하게 다룬 것을 본 기억이 거의 없다. 단지 지나가는 말로 거론하는 이가 간혹 있었을 뿐이다.

월급 없는 공무원인 향리가 어떤 태도로 나올지는 분명하다!

전세(田稅)를 더 거둬들이고, 갓 태어난 아기에게도 군포를 징수하며, 나눠주지도 않은 환곡을 악착같이 짜낸다. 이것이 이른바 삼정의 문란이다. 조선이 임진왜란, 병자호란 이후 군비증강에만 혈안이 된 바람에 나라 재정의 대부분이 군비로 지출된다. 백관(百官)의 녹봉도 제대로 못 주고, 향리의 녹봉은 애초에 아예 없으니 위아래가 백성의 고혈을 빨아댄다. 그러니 법에서 부과한 세금은 땅 1결에 30두(斗) 남짓에 불과함에도 백성이 실제로 내는 건 100두가 훨씬 넘는다.

## 향리의 녹봉 문제가 주목받지 못한 이유

향리의 녹봉 문제가 국가 안위에 중요한 문제이고, 이를 해결해야 한다는 논의는 다산 이전에도 많이 있었다. 다산보다 200년 전에 태어나 의병장으로 활약했던 중봉 조헌의 상소도 있었고, 율곡(栗谷)도 《동호문답》에서 지방 아전의 급료를 주어야 한다는 주장을 폈으며, 150년 전 유형원의 《반계수록》과 한 세대 앞선 유수원의 《우서》에서도 반드시 고쳐야 할 폐단으로 이 문제를 지목하며 해결책을 제시한 바 있다.

그런데도 다산은 이를 그렇게 심각하게 다루고 있지 않은 듯하다.

《경세유표》에서 향리 녹봉에 대한 다산의 해결책은 정전제(井田制)를 기반으로 한 제도 개혁을 전제하고 있다. 별도의 주제나 소제목으로 다루지 않고 정전제를 설명하는 일환으로 거론할 따름이다. 《목민심서》에서 해결책으로 제시하는 방법은 은결의 반을 찾아 향리의 녹봉으로 삼아도 여유가 있을 것이라는 주장인데, 역시 별도의 주제로 다루지 않고서 향리의 정원을 설명하는 항목에 약간 삽입된 정도의 형태일 뿐이다.

이러다 보니 《목민심서》를 많이 읽었다는 사람들조차 향리의 봉록이 없다는 문제를 그냥 지나치기 일쑤다. 진지한 문제의식을 바탕으로 자세히 살펴보지 않으면 눈에 띄지 않는 수준이니, 이는 후학을 탓할 문제가 아닐 것이다. 책임은 오히려 다산에게 더 많아 보인다. 아래에 서술된 유수원의 향리 녹봉에 관한 문제의식과 비교하면, 다산의 인식이 선배들의 사유에 비해 부족하다는 사실을 알 수 있다.

"사대부(士大夫)는 대대로 국은(國恩)을 받아 높은 관작에 오르고 후한 녹을 먹어서 그 은혜와 영광이 더할 것이 없는데도 임금을 속이고 백성을 침학(侵虐)하는 사람이 많다. 그런데 아전에게는 그 무슨 잊어서는 아니 될 은휼(恩恤)이 있고, 잃어버려서는 아니 될 염치가 있다고 한결같은 마음으로 봉공하고 범하는 바가 없어야 하는가? 대저 주현에 이례(吏隸)를 두는 것은 실로 국사를 위한 것이다. 그런데 오늘날 한 톨의 요식(料食)도 주지 않고서 그들이 도적질하고 뇌물 받는 것만을 책망하니, 그것이 옳은가?"(유수원의 《우서》 중)

사실 이 부분이 다산과, 《목민심서》에서 불편하게 여겨지는 점들 가운데 하나다. 《목민심서》에서 향리를 지칭하는 대표적 용어가 간리(奸吏), 완리(頑吏) 그리고 활리(猾吏)다. 유수원이 우려하는 바처럼 '한 톨의 요식도 주지 않고 도적질하고 뇌물 받는 것만을 책망' 한다. 실제로 《목민심서》 40만 자에서 좋은 향리는 단 한 명도 등장하지 않는다. 등장하는 모든 향리가 간리이고 완리이며 활리이다. 중앙 부처의 괜찮은 서리 하나만 나올 뿐이다. 반면, 좋은 목민관은 수없이 등장한다.

육전(六典)의 대부분은 향리들이 백성의 고혈을 어떻게 빨아먹는가와 이를 방지하는 내용이 주를 이룬다. 목민관이나 관찰사의 비리는 일부분에 불과하다. 사례가 적다는 것이지 해 먹는 양이 적다거나 하는 말이 아니다. 수령이 하나를 먹으면 향리가 훔치는 것이 백이나 되는 현실적 상황의 반영인 터라 이해할 여지도 있지만, 그럼에도 녹봉이 없는 향리를 대하는 다산의 태도가 그리 개운치만은 않다.

### 조선시대 지방 아전인 향리의 수(數)

《대전통편》과《경세유표》의 기록에 따르면 당시 가장 작은 양천(800호)부터 가장 큰 평양(39,000호)까지 330개의 고을(현 지방자치단체)이 존재했다. 다산이 〈향리론〉에서 제시한 대로 1,000호의 읍에 향리 10인을 두고 매 1,000호가 증가할 때마다 2인을 두면, 330개 고을 호수(戶數) 대비하면 당시의 적정 아전 숫자는 6,400여 명 정도로 산출된다. 그리고《목민심서》에서 거론한 대로 '많은 곳은 수백에 가깝고(안동, 나주 등), 작은 곳도 60명이 넘으니' 라는 수치를 330개 고을에 대입하면 당시 향리의 수는 다산이 말한 적정 아전 인원의 무려 6배인 38,300여 명에 달한다. 최소(最小) 4만에 가까운 월급 없는 공무원이 전세를 거두고, 호포를 징수하고, 환곡을 나눠주고 있다.

그들에게 과연 도둑질하지 말고, 법을 지키며, 청렴을 유지하라고 말할 수 있을까? 그 나라가 과연 제대로 지탱이나 할 수 있을까?

## 2. 월급 없는 아전인 향리 2

앞글에서 얘기한 향리의 녹봉이 없다는 것을 이해해야 《목민심서》와 다산을 이해할 수 있다. 향리 녹봉에 대한 이해 없이 《목민심서》를 보면 다산이 정말 이상한 사람이 돼 버린다. 나라 재정에 막대한 손실을 끼치는 은결(隱結)을 용인하고, 백성에게 분명히 해가 됨에도 큰 해가 되지 않는다고 눈감아 주며, 수령 혼자 어쩔 수 없는 것이라 회피하는 무능력하고 게으르고 우유부단한 목민관이 돼 버린다.

### 《목민심서》를 관통하는 기본원칙

백성의 생활과 밀접한 업무(전정이나 군정 등)를 대할 때 자주 등장하는 표현이 '크게 해가 되지 않는 것은 옛것을 따르고 심한 것은 고친다'든가, 그런데 문제가 있지만 '이것은 일개 수령이 고칠 수 있는 것이 아니다' 혹은 '고치지는 못하더라도 스스로는 범하지 마라' 등이다. 《목민심서》는 '지방행정 개혁서'라고 흔히 알려져 있다. 그런데 이런 표현은 개혁이라는 이름과는 어울리지 않을 뿐만 아니라 오히려 세속에 타협하는 반개혁적 내용이다. 원론적으로 《목민심서》를 이해하고 해석하기가 쉽지가 않다. 이 상황을 이해하려면 두 가지를 알아야 한다. 첫 번째가 《목민심서》가 《경세유표》와는 다르게 현재의 법과 제도하에서 백성의 살길을 모색한다는 것이요. 다른 하나가 향리의 녹봉 문제다.

## 향리 녹봉에 대한 다산의 대안

법을 고치면 복잡하지 않고 편하다. 논리상 그렇다는 것이지 물리적으로는 정반대이다. 《목민심서》에서는 향리 녹봉 문제를 해결하는 방안이 명확하게 표현되어 있지 않다. 그러나 《경세유표》에서처럼 국가 전체를 정전제를 기반으로 개혁한다면 논리적으로 향리 녹봉 문제는 어려운 문제가 아니다. 국가 세수 체계를 바꾸고 세액 일부를 지방재정으로 돌려 향리의 녹봉도 해결하고 백성들 부담도 훨씬 줄일 수 있다. 그러나 법을 바꿀 수 없는 현실 세계에서는 다르다. 법에 근거가 없으니 아전의 월급을 공식적으로 줄 수도 없다. 그렇다고 원칙적으로 아전의 불법을 다 처단할 수도 없다. 아전이 행하는 모든 불법을 차단한다는 건 결국 굶어 죽으라는 얘기다. 수령의 위세가 아무리 높다 해도 안 되고, 엄격한 법을 내세워 위협해도 안 되는 일이다. 결국, 세금을 거둘 수도 없고 형벌을 집행할 수도 없다. 나라가 돌아가지 않고 멈춰서 버린다.

'其無大害者. 悉因其舊 釐其太甚(기무대해자 실인기구 리기태심: 크게 해가 되지 않는 것은 옛것을 따르고 심한 것은 고친다)' 할 수밖에 없다. 《목민심서》에서 향리의 녹봉 문제를 명확하게 제시하지 않는 이유이기도 하다. 《목민심서》에서 향리의 녹봉을 운운하며 제시한 해결책이 하나 있다. '은결(隱結)의 반만 찾아내어 이속의 녹봉으로 삼는다 해도 남음이 있을 것이다'라는 표현이다. 재원이 없는 건 아니라는 말이지 이걸로 향리 녹봉을 하라는 표현을 하지 않는다. '녹봉으로 하라'고 하면 정면으로 법을 어기는 것이다. 은결 자체가 불법이기 때문이다. 이렇게 두루뭉술 얘기한 걸 알아서 해석해야 한다.

## 세금도둑 전문적가 향리와 유학 전공 수령

이렇듯 본래부터 좋지 않은 법과 불법적으로 생활을 영위할 수밖에 없는 향리 사이에서 백성의 이익을 지켜내는 방안을 제시하는 책이《목민심서》다. 그 실질적 내용이 이·호·예·병·형·공의 육전(六典)에 있다. 이 육전에 녹봉이 없는 향리들이 백성을 수탈하는 다양한 방법이 있다. 거의 모두가 불법이다. 원래 합법적인 거보다는 불법적인 것이 더 복잡하고 난해할 수밖에 없는 게 세상사 이치다. 게다가 향리 대부분은 대대손손 그 고을서 자라고 해당 업무를 처리해 온 전문가들이다. 이것만 해도 임기 3년의 지방관이 당해내기 벅찬데 그 향리의 수가 작은 고을도 대개 100명에 육박한다. 기본적으로 1대 100의 대결이고 심하면 1대 수백의 대결이다.

전문적 세금도둑 100명과 홀로 부임하는 목민관! 웬만한 내공으로서는 버티기 힘들다. 오죽하면 그 유명한 '판관 포청천'도 아전의 손아귀에서 놀림을 당했을까? 육전(六典)을 펼쳐놓고 죽도록 공부해도 부족할 텐데 현실은 오히려 이와 반대다. 다산의 얘기를 들어보자.

"우리나라 사람은 문신(文臣)은 시부(詩賦)나 약간 익히고, 무신(武臣)은 무술이나 약간 익힐 뿐, 그 외에 배운다는 것은 곧 도박이나 기생 끼고 술 마시는 일일 따름이다. 학문이 높은 자는 구궁팔문(九宮八門)의 이치와 하도낙서(河圖洛書)의 수를 연구하나, 이 몇 가지는 인간 만사에 있어서는 아무런 해당이 없고 무술만은 실무라 하겠으나 그것 또한 관리의 사무와는 상관이 없는 것이다. 갑자기 집을 떠나 천 리 밖으로 와서 홀로 많은 아전과 여러 백성 위에 우뚝 앉아, 평생 꿈에도 듣지도 보지도 못한 일들을 맡게 되니, 사무에 어두울 것은 당연한 이치다."

행정실무를 모르는 것이 특별한 현상이 아니라, 일반적이라는 말이다. 그래서 다산이 당대의 석학이라 할 수 있는 경우를 구체적 예로 든다.

"이세정(李世靖)은 경학(經學)에 조예가 깊고 가르치기를 게을리하지 않았으므로 당시 재상들이 그 문하에서 많이 나왔고, 이세정이 청양현감(靑陽縣監)을 맡게 되었는데, 최숙생(崔淑生)이 새로 관찰사(觀察使)에 제수되니, 당시 문인들이 모두 청양현감을 그에게 부탁하면서 '우리 스승은 학문이 높고 지조가 결백하니 조심하여 망녕되이 폄(貶)하지 말라' 하자 최공(崔公)은 '네네' 하고 떠났다. 그런데 첫 고적(考績)에서 그를 파출(罷黜)하였다. 최공이 돌아오자, 여러 재상이 찾아가 보고 '호서(湖西: 충청남북도) 1도에 어찌 간활한 관리가 그렇게도 없기에 최과정졸(催科政拙)한 자를 하등으로 처리하였는가?' 하니 최공은 '다른 고을 수령은 간활하나 한 도적(盜賊)일 뿐이니 백성이 그래도 견딜 수 있지만, 청양현감은 청백하기는 하나 여섯 도적이 아래에 있으니 백성이 견딜 수가 없다' 하였다."

여섯 도적은 육방(六房)의 아전을 말한다.

### 아전을 단속하는 방안

보다시피 아전을 단속하지 못하면 학문도 위엄도 소용이 없다. 그래서 사무에 익숙하지 못한 목민관이 흔히 취하는 방법이 혹독하게 형벌로 향리를 다스리거나 아니면 모르는 것도 아는 체하면서 술술 응해 주거나이다. 수령 자신의 행동이 남을 복종시키지 못하면서, 아전을 단속하는 것만 위주로 한다면, 아무리 명령해도 반드시 시행되지 않고, 아무리 금지해도 반드시 그치지 않으며, 위엄이 반드시 떨치지 못하고 법이 반드시 확립되지 못한다. 자신은 황음(荒淫)하면서 항상, '아전의 습속이 몹시 사납다' 하는 것은 통하지 않는 논법이다. 또한, 한 명령이나 한 패(牌)를 내더라도 수리(首吏)와 그 해당 아전에게 물어 일의 근본과 줄거리를 속속들이 캐서 자신이 훤하게 알고 난 다음에 도장을 찍어야 한다. 그렇게 하면 몇 달 안 가서 사무에 통달하지 않음이 없게 될 것이다.

즉, 아전(衙前)을 단속하는 기본은 자기의 처신을 올바르게 하는 데 달려 있다. 자신이 올바르면 명령하지 않아도 잘 시행되고, 자신이 올바르지 못하면 아무리 명령해도 잘 시행되지 않는다. 편법이나 빠른 길은 없다. 오직 지성으로 그들을 대하여 아는 것은 안다. 모르는 것은 모른다 하고, 죄가 있으면 벌주고 죄가 없으면 용서하며, 언제나 정당한 도리를 따르고 권모술수를 쓰지 말아야만 그들의 마음을 복종시킬 수 있는 것이다.

이전 6조는 아전을 단속하는 방법이 주요 내용이다. 아전을 단속해야 하지만 기본적인 딜레마가 있다. 앞에서 설명한 바대로 법대로 할 수도 없고, 그들이 하는 대로 응해 줄 수도 없는 노릇이다. 이 중간 접점을 찾아야 한다. 이 접점이 바로 '기무대해자 실인기구 리기태심(其無大害者. 悉因其舊 釐其太甚)'이다. 이것 말고는 다른 방법이 없다. 그리고 법에는 없지만, 아전의 녹봉을 용인한다. 단 백성들에게 피해가 편중되지 않는 한도 내에서 이다(이는 호전 전정 조에서 설명함). 더불어 수령 자신이 청렴하고 바른 몸가짐으로 자신의 권위를 세워야 한다는 원칙이 전제되지 않으면 아전을 단속한다는 건 불가능한 일이다. 그리고 인간적으로 대하라는 당부를 덧붙인다.

이 원칙을 모르면 이전 6조는 조직을 운영하는 '천박한 꾀'로 전락하고 이후 호전, 예전, 병전, 형전, 공전의 내용은 반개혁적 기회주의자의 넋두리가 돼 버린다.

## 3. 지방 토호세력 향리

### 조선시대 지방아전 향리

향리의 횡포가 조선 초부터 심했던 건 아니었다. 대체로 실학자들의 견해는 비슷하다.

"왜구(倭寇)의 침입 이래 사대부는 녹봉이 박하여 가정이 가난해졌고, 나라 안의 재물은 온통 오군문(五軍門)의 양병(養兵)에 쓰였다. 그래서 탐욕의 풍조가 점점 자라고 아전의 습속이 따라서 타락하여 수십 년 전부터 날로 심해져서 오늘에 와서는 극도에 이르렀다." 이의 원인으로 다산은 세 가지를 뽑고 있다. 하나는 조정의 귀관(貴官)들이 뇌물을 받는 것, 또 하나는 감사(관찰사)가 스스로 제 주머니를 채우는 것, 다른 하나는 수령이 이익을 분배하는 것이다.

정책결정권자들이 다 저 모양이니 실무를 맡은 향리가 타락한 것을 이상하다고 욕할 수만은 없는 일이다. 이들은 서로 결탁해서 이익을 나누다 보니 청렴결백한 군수나 현감이 배겨나지를 못한다. 실제 백성을 위한 정사를 하다 아전들의 농간에 쫓겨난 경우를 예로 들고 있다.

"해남현감(海南縣監) 이복수(李馥秀)는 가을 추수철에 넉넉한 집에서 먼저 거두어 나라에 내는 부세(賦稅)의 액수를 충당하도록 명령하기를, '내가 집행한 것에 대해서는 아전들은 방결(防結: 백성의 부세를 사사로이 집행하는 것)할 수 없으려니와, 백성들도 방납(防納: 사사로 납부하는 것)할 수 없다' 하였다. 그 이듬해 봄에 창고를 열고 부세를 거둬들이니, 한 달도 못 되어 북을 두들기면서 세곡을 실은 배를 띄워 보내게 되었다. 이에 앙심을 품은 아전들이 공모하여 그를 음해하여, 드디어 어사(御史)에게 쫓겨났으니 아! 애석한 일이다."

이 사실은《조선왕조실록》에서 확인할 수 있다. 〈조선왕조실록 참조. 순조 16년 병자(1816) 6월 10일(무오) 전라도 암행어사 조만영이 서계에서 논한 여러 관리의 잘못을 처벌하다.〉

해남만 이런 것은 아니다. 아전들이 관찰사 또 중앙 정계와 결탁해 있으니 처벌하기도 쉽지가 않다. 다소 길지만, 다음 인용문이 당시 사정을 잘 요약하고 있다.

## 조선시대 최고로 교활한 아전 최치봉

"판서 이노익(李魯益)은 언젠가 전라감사로 있었다. 감영의 아전인 최치봉(崔致鳳)이란 자는 성품이 매우 교활하여 악인의 으뜸이었다. 도내에 53읍이 있는데, 읍마다 반드시 2~3명의 간악한 아전이 있어 모두 치봉과 결탁하고 치봉을 맹주로 삼았다. 치봉은 매년 수십만 냥을 여러 간악한 아전들에게 나누어 주어서 창고를 농간질하여 돈으로 바꾸어 식리(殖利)하는 밑천으로 삼게 하니 모든 백성이 해독을 입었다.

매양 감사가 이속과 군교를 보내 수령들의 잘잘못을 염탐하게 하면, 반드시 먼저 치봉의 지시를 받고, 돌아와서도 반드시 그 기록한 것을 치봉에게 먼저 보였다. 그래서 치봉은 수령 중에 청렴 근신하고 법을 잘 집행하는 자는 모두 중상하는 반면, 탐오하고 법을 잘 지키지 않는 자와 간사한 향임(鄕任)이나 간활한 아전으로서 기록에 들어 있는 자들은 모두 빼내었다. 그리고 그 기록된 것을 도려내서 본인들에게 보내 위세와 공덕을 세웠으니, 온 도민이 그를 미워한 지 오래였다.

이 판서(李判書)가 감사로 부임한 지 10여 일 만에 갑자기 치봉을 잡아들여다가 '네 죄는 죽어 마땅하다' 하고 곤장으로 쳤으나 죽지 않거늘, 서너 고을에 옮겨 가두다가 고창(高敞)에 이르렀을 때는 속히 물고장(物故狀)을 들이도록 재촉하니, 치봉은 다음날 오시(午時)까지만 목숨을 살려달라고 애걸하였으나, 현감이 들어주지 않아, 드디어 고창에서 죽고 말았다. ─ 대개 치봉은 재상들과 결탁하였으므로 이때에 세 아들을 나누어 보내 살기를 도모하였으니, 다음날 오시에 이르면 거의 살길이 트일 것 같았기 때문이다.

이때 나는 강진(康津)에 있었는데, 간악한 아전 몇 사람이 자기에게도

화가 미칠까 두려워 숨도 제대로 쉬지 못하고 애를 태워서 뼈만 앙상하게
남더니 몇 달이 지난 뒤에야 조금 안심하는 것을 보았다. 우두머리 악인
을 죽인 영향이 이와 같았다.”

　당시 호남은 전국 8도에서 최고 등급의 토지가 가장 많이 있던 곳이었
다. 먹을 게 많으니까 아전도 8도에서 가장 극악하기로 소문난 곳이라는
말도 된다. 최치봉, 저 정도면 전라도 내에서는 일인지하 만인지상이라
부를 만하다. 아니 인용문에 서술된 내용 정도면 수령의 출척(黜陟: 내쫓
거나 승진시킴)을 최치봉이 한다는 말이나 다름없다. 웬만한 현감이나 군
수는 최치봉의 눈치를 볼 수밖에 없다. 최치봉뿐만 아니라 당시 향리라는
무리 자체가 그렇다. 그래서 다산이 ‘내가 오랫동안 현성(縣城)에 있으면
서 현령(縣令)의 출척(黜陟) 권한이 오로지 아전들의 손에 달려 있음을 보
았다’ 라고 서술할 정도이다. 중앙 정계와도 연결되어 있으니 어쩌면 관찰
사가 눈치를 봐야 하는 존재였는지도 모르는 일이다.

　그래도 관찰사 정도 되니까 저렇게 할 수 있지 일개 수령은 저렇게 못
한다. 《경국대전》〈형전 원악향리(元惡鄕吏) 조〉에 죄목을 열거하고 있
는데

“수령을 갖고 놀면서 권력을 틀어쥐고 폐단을 일으키는 자.
암암리에 뇌물을 받고서 역(役)을 균등하게 부과하지 않은 자.
조세를 징수할 때 멋대로 거두어 남용한 자.
양인(良人)을 불법으로 점유하여 은닉해 두고서 일을 시킨 자.
광범위하게 전장(田庄)을 두고 백성에게 일을 시키고 농사를 짓게 한 자.

민간을 휘젓고 다니며 백성들을 침탈해 사적(私的)인 이익을 꾀한 자.
고관대작이나 권세가에게 빌붙어 향리(鄕吏)의 역(役)을 피하려고 한 자.
향리의 역을 피해 달아나서 촌구석에 숨어 지내는 자.
관(官)의 위엄에 기대어 백성들을 침학하는 자.
양갓집 딸이나 관비(官婢)를 첩으로 삼은 자이다." 등이다.

법에는 이런 자들을 처벌하도록 되어 있다. 그러나 법만 있고 잘 시행되지 않기에 다산이 한탄한다. "이와 같은 자를 사형에 처해야만 백성의 폐해를 제거하게 될 것이다. 그러나 수령에게는 사람을 죽이는 권한이 없으니, 감사와 비밀히 의논하여 법을 시행하도록 도모해야 마땅할 것이다." 그런데 감사의 눈과 귀가 최치봉 같은 부류이니 어느 수령이 위신을 세워 백성의 이익을 지켜낼 수 있었겠는가?

## 《목민심서》 최고의 인물: 비장(裨將) 김동검

그래도 이런 난관을 뚫고 백성의 이익을 지켜낸 훌륭한 분들이 계시다. 처음 거론한 해남현감 이복수를 비롯한 《목민심서》에 등장하는 목민관들이 그렇다. 이름만 들어도 알만한 인물도 있고, 여기저기 검색해 봐도 알수 없는 사람도 많다. 이름만 들어도 알 수 있는 인물로는 율곡 이이가 있다. 당(黨)으로 따지자면 다산과는 반대쪽이다. 《목민심서》와 《경세유표》에 등장하는 율곡은 이기론을 주창하는 학자의 면모는 없다. 대동법을 주창하고 향약 실시의 허구성을 주창하는 율곡이 있을 뿐이다. 다산이 무려두 번에 걸쳐 극찬했지만, 전혀 알 수 없는 인물도 있다. 김동검이라는 관찰사의 비장(裨將)으로 일종의 보좌관이다. 곡부(穀簿)의 부정을 잘 알아 아전들이 속담을 만들기를 '차라리 큰 흉년을 만날지언정 동검을 만나지 마라' 할 정도였고, 감사가 된 자는 마땅히 이런 사람을 구하여 막중(幕中)에 두어야 한다고 실명을 거론한 사람이다. 《목민심서》에는 기존에 알고 있던 인물과 평가가 전혀 다른 경우가 많이 있다. 그 기준은 백성의 이익을 지키기 위한 노력이다. 다른 것은 없다.

어찌 보면 《목민심서》에 등장하는 수령들이 조선시대 명리 열전이고 제도 개혁을 추구한 명부가 될 수도 있다. 백성의 삶을 조금이라도 더 개선하고자 노력한 명단이고, 《목민심서》의 새로운 가치이기도 하다.

## 4. 《목민심서》의 다른 이름: 수령의 고과 평가법

그간 《목민심서》나 이전(吏典) 6조를 거론하면서 쉽게 지나쳤다고 생각되는 주제가 크게 두 가지가 있다. 하나가 앞의 향리 녹봉에 대한 문제라면 다른 하나는 《목민심서》 각 조항이 목민관의 고적(考績) 평가 항목이라는 것이다. 앞선 글에서 말했듯이 《목민심서》 12편 72조 중 부임, 진황, 해관 세 편을 제외한 54개 조는 수령의 고적 평가 항목이다.

향리의 녹봉 문제는 다산이 특별한 강조한 바 없고 《목민심서》에서도 별도의 조목으로 취급하지 않는 주제이니 그냥 지나칠 수 있다. 그러나 수령 고적을 별다른 강조 없이 《목민심서》를 설명한다는 것은 이해가 가지 않는다. 다산이 《목민심서》 서문에서 강조했고 이전 6조에서 별도 항목을 설명하며 다른 글인 《고적의》나 《옥당진고과조례차자》에서도 설명하며《경세유표》4권 고적지법에서 웬만한 책 한 권 분량인 12,000여 자를 들여 자세하게 설명한 내용이다.《경세유표》와《목민심서》에서 동일하게 강조한다.

"이 법이 만약 행해지면 태평의 치세를 기대할 수 있으리라 나는 생각한다. 요순(堯舜)이 요순의 치세를 이룩한 것은 고적 이 한 가지 일에 있었다. 나는 감히 망언을 하지 않는다."(《경세유표》4권 천관수제 고적지법, 《목민심서》이전 6조 고적)

이렇게 다산이 강조했음에도《목민심서》가 지방행정 개혁서 혹은 지방행정 매뉴얼이라는 얘기는 하지만, 수령의 고적 54개 조항이라는 얘기가 생소하다는 건 우리가《목민심서》를 잘못 이해하고 있다는 징표이기도 하다. 개혁서나 매뉴얼이 아니라는 말이 아니다. 다산이 서문에서 강조한 그대로 '수령이라는 직책은 관장하지 않는 것이 없으니, 여러 조목을 열거하여도 오히려 직책을 다하지 못할까 두려운데, 하물며 스스로 실행하기를 기대할 수 있겠는가?'에 대한 답을 구해야 한다.

모든 수령이 알아서 스스로 실행한다면 무슨 고민을 할 필요가 있겠는가? 그렇지 않으니까 백성을 구제하는 이 주옥같은 내용을 수령에게 알려주고 실천하게 하려면 어찌해야 하는가? 다산이 묻고 대답하는 것이다. 도탄에 빠진 백성을 구제하는 길은 수령 개인의 인자한 마음이나 청렴함인 도덕적 선택에 맡기기보다 법과 제도로서 지속적이고 안정적인 장치를 만들어야 한다는 말이다. 즉, 다산이《목민심서》에서 백성의 구체책으로 말하는 것은 수령의 청렴한 마음에 기대하는 도덕적 지침이 아니라 제도적 시스템이다. 그 제도적 시스템이 수령 고적평가 54개 조이다.

## 수령 고적(考績)의 의미

그 중요성을 다산은 거듭 설명한다.

"국가의 안위는 인심의 향배에 달렸고, 인심의 향배는 백성의 잘 살고 못 사는 데에 달렸으며, 백성의 잘 살고 못 사는 것은 수령이 잘하고 잘못하는 데에 달렸고, 수령의 잘하고 잘못하는 것은 감사의 포폄(褒貶)에 달려 있으니, 감사가 고과하는 법은 바로 천명(天命)과 인심(人心)이 향배하는 기틀이요, 나라의 안위를 판가름하는 바이다."(《경세유표》4권 천관 수제 고적지법,《목민심서》이전 6조 고적)

외관 수령의 고적이 이렇게 중요함에도 불구하고 그 법이 소루하고 부실함을 다산은 한탄하고 있다. 수령 고적은 감사(관찰사)의 권한이다. 감사는 끊임없이 관내를 돌아다니면서 1년에 두 차례 수령의 성적을 평가, 보고한다. 그런데 보고하는 내용이 구체적이고 조목조목 하지 않는다. 대략 여덟 글자로 보고하는데 撫字心勞 催科政拙(무자심노 최과정졸: 백성 사랑하는 마음은 훌륭하나 세곡 독촉하는 정사는 부진하다) 또는 監運損糧 非力所及(감운손량 비력소급: 조운하는 것은 감독하나, 양곡이 손실되는 것은 힘이 미칠 바가 아니다)라고 보고 하는 것이 대표적이다. 두 경우 모두 백성은 사랑하는 마음이야 가득하지만, 앞의 경우는 세금납부 기간을 못 지켰다는 얘기고 뒤의 경우는 조운(세곡의 운반) 때 양곡의 손해가 많았다는 말이다. 능력 없는 수령이라는 걸 저렇게 표현한다.

고려 말부터 수령의 고적은 수령오사(守令五事)로 그리고 조선시대에 들어 수령칠사(守令七事)로 시행했었다. 수령칠사는 수령이 자기 고을을 다스리는 데 힘써야 할 일곱 가지 일을 말하는 데. 농상(農桑)이 진흥되고〔農桑興〕, 호구가 늘고〔戶口增〕, 학교가 일어나고〔學校興〕, 군정이 잘 되고〔軍政修〕, 부역이 고르게 되고〔賦役均〕, 사송이 간편하고〔詞訟簡〕, 간사하고 교활한 풍속이 없어지게 하는 것〔姦猾息〕 등 일곱 가지이다. 이 수령칠사는《경국대전》이전(吏典) 고과(考課) 조(條)에 의하면, 목민관이 부임할 때 임금 앞에서 외워야 하고, 또 감사는 이 수령칠사에 의거해서 매년 6월과 12월에 실적(實積)을 갖추어 왕에게 보고하는 것이 원칙이었다. 그런데 위와 같이 여덟 글자로서 보고하고, 감사의 보고를 바탕으로 수령의 고적을 평가하고 있으니 다산이 그 법이 소탈하고 부실하다고 한탄하는 것이다.

수령칠사는 수령이 해야 할 대략만을 든 것이며 이것을 구체화해서 이렇게 일을 하고 이렇게 평가를 하겠다고 서술한 것이《목민심서》54개 조이다.

고적평가는 이렇게 한다.

아홉 편 54개 조 중에서 당해 수령 스스로가 성과가 있다는 항목을 각 편당 세 개씩 선정해서 감사에 보고하고(27개 조), 감사는 측근을 보내는 등의 방법으로 수령의 공과를 조사하고, 각 편에서 한 조항을 선정(9개 조) 왕(이조: 吏曹)에게 보고한다. 감사의 자의적 판단을 방지하는 차원에서 수령이 올린 보고서도 동봉한다. 이어서 암행어사를 파견 원래의 54개

조, 수령이 올린 27개 조, 감사가 올린 9개 조를 가지고 해당 수령의 공과 죄의 허실을 조사한다. 이것으로 일정한 법식을 삼는다면, 비록 탐관 활리(猾吏)라 하더라도 모두 후일을 염려하여 감히 방심하지 못할 것이니, 비록 고적을 하지 않더라도 실제 효과가 있을 것이라 다산은 말한다.

### 조선시대 관료 승진 방법

관료가 진급을 최대 목표로 하는 건 예나 지금이나 마찬가지다. 조선시대 관료의 승진은 대략 두 가지로 압축할 수 있다. 공의(公議)와 순자격(循資格)이다. 공의는 여러 사람의 의견을 들어 재덕(才德)이 있는 사람을 천거하는 방안이고 순자격이란 '연공서열'이나 '승진소요최소년수'를 적용하자는 주장이다. 실학자들 사이에서도 논란이 있어 성호 이익은 공의를 우선하는 경우고 유수원이나 다산 같은 경우는 순자격을 우선 하는 편이다. 중국 당나라 때부터 이 논쟁이 이어져 왔다. 충무공이나 원균 모두 공의에 의해 품계를 뛰어넘어 등용된 예이다. 충무공같이 성공한 경우도 있으나 그렇지 못한 경우가 많다. 원균 같은 자가 나올 수밖에 없는 한계를 가지고 있다. 이보다 더 심한 경우도 있다.

"병자호란(丙子胡亂) 때 강도(江都)를 국가의 요충지라고 여겨 온 조정이 세 사람을 구해 관문을 지키는 임무를 맡겼다. 김경징이 강도검찰사에 임명되어 강화도 방어 임무를 띠고 부제학 이민구(李敏求)를 부장으로, 수찬 홍명일(洪命一)을 종사관으로 삼아 함께 부임하였다.
김경징은 영상(領相)인 김류(金瑬)의 아들이며 공신(功臣)이란 배경을 업고 도검찰(都檢察)이 되었고, 이민구는 병조판서의 아우이며 이조참판의 지위로 부사(副使)가 되었고, 홍명일(洪命一)은 좌의정의 아들이며 이조의 낭관으로 종사관(從事官)이 되었다. 그러니 이것은 인재를 천거한 것이 아니라 배경의 세력을 천거한 것이며, 국가의 요충지를 중시한 것이 아니라 그들로 하여금 먼저 피난을 보내려던 것이었다. 국가가 위태로워 존망(存亡)이 달려 있는 때에도 이처럼 사사로운 마음을 쓰고 이처럼 인재를 그릇 천거했는데, 하물며 평안무사한 시대이겠는가."(유수원의《우서》)

위의 사례는 공의(公議)의 폐해를 설명하는 극단적인 사례다. 일반적인 내용이라 볼 수는 없다. 그러나 다산과 유수원이 왜 공의보다는 순자격을 우선해야 하는지를 설명할 수는 있다. 몇 사람의 의지보다는 법과 제도로서 관료의 승진, 임용해야 한다는 주장이다. 다산은《목민심서》에서는 아전과 수령의 고적법만 논하고 있지만,《경세유표》에서는 모든 관료의 고적법을 자세하게 설명하고 있다. 모든 관료의 승진은 성과가 있을 때 하라는 주장이다.

기본적으로 임기가 보장된 수령이 향리를 단속하고 백성을 안정시킬 방안을 마련할 수 있다는 다산의 생각이다. 짧아도 6년은 돼야 한다는 것이다. 그렇지 못하더라도 54개 조로 수령의 고과를 논하고 감사, 이조, 어사를 거치게 하는 것은 사사로운 판단을 최대한 배제하고자 하는 노력이다. 목민관에게 백성과 나라의 안위가 달려 있고 그만큼 직책이 중요하니까 감시의 눈도 많아야 한다는 것이다.

다산은《경세유표》에서 다시 한번 고적법에 대해 강조한다.

"내가 남방(南方)에 귀양 가서 15년 동안 있으면서 밤낮으로 상량(商量)한 것이 오직 이 방법이다. 시행해보아서 효과가 없으면 내가 그 허물에 책임지려 한다."(《경세유표》고적지법)

**제6편**

# 호전
## 戸典

호전의 내용은 현대로 치면 기획재정부, 농림부 등의 업무라 할 수 있다. 국가를 지탱하는데 가장 중요한 내용이 여기에 있다. 토지제도를 말한 전정(田政), 국가 수입의 기반이 되는 세법(稅法), 삼정(三政)의 하나인 환곡에 대한 곡부(穀簿), 모든 부세의 근본이 되는 호적(戸籍), 다산이 《목민심서》의 가장 중요한 내용으로 꼽은 평부(平賦), 수령칠사의 중요 업무인 권농(勸農)의 6개 조로 되어 있다. 가장 중요한 내용이니만큼 백성을 수탈하는 다양한 방법이 등장하고 또 이를 방지하는 다산의 다양한 정책이 등장한다. 《목민심서》의 핵심적 가치가 모두 이 호전(戸典) 편에 있다고 해도 될 정도다.

## 1. 조선의 토지제도

《목민심서》를 읽어본 분들이 이구동성으로 하는 말이 있다. 이전(吏典)까지는 읽겠는데 호전으로 넘어가면 정말 대책이 없다며 하소연한다. 원서건 번역본이건 다를 바 없다. 필자 역시도 그랬고 지금도 마찬가지다. 《목민심서》 전편을 완독할 때마다 호전까지 읽으면 마치 다 읽은 듯한 기분이 든다. 내용도 어려울 뿐더러 분량도 절대적으로 많다. 다산의 표현대로 공·맹자를 읊조리던 유학자들에게도 생소한 실무였고 즉 당시의 목민관들에게도 쉬운 내용이 아니었다는 것이다. 더구나 그 분량도 《목민심서》의 5분의 1에 해당하는 8만 자에 이른다. 다산 자신도 호전 첫 문장에 이렇게 말한다. "수령의 직분 54조 중에 전정(田政)이 가장 어렵다. 그것은 우리나라 전법(田法)이 본래 좋지 못하기 때문이다." 이 문장을 대하면 네 주제에 이거 감당하겠어? 라고 다산이 놀리는 기분이다.

200년 전 당시의 목민관도 어려워하고 다산 자신도 어렵다고 얘기한 이 호전 편을 200년 후 한자 지식도, 역사 인식도 부족한 필자 같은 사람이 읽는다는 것은 누구 말대로 '미치지 않고는' 할 수 없는 일이다. 어려워도 왜 읽어야 하는가? 여기 호전 편에 《목민심서》의 모든 정수(精髓)가 있기 때문이다. 호전 편을 이해하지 못하면 백성을 위한 다산의 노력은 청렴하고, 아니면 몸가짐을 바로 하라는 '도덕책'으로 멈춰 버리기 때문이다. 호전 6조의 내용은 제1조 전정(田政)부터 세법(稅法), 곡부(穀簿), 호적(戶籍), 평부(平賦), 권농(勸農)까지다. 백성의 삶에 거의 절대적인 영향을 미치는 조항이 모두 이 호전 편에 있다. 당시의 목민관은 호전 6조를 이해하지 못하면 수령 노릇을 할 수 없고 후대는 호전 6조를 이해해야 《목민심서》를 이해할 수 있다고 생각한다.

근대 이전 농경사회에서 토지문제는 모든 것을 결정하는 절대적인 존재였다. 멀리 갈 것도 없이 해방 전후 정국에서도 토지문제는 절대적이었다. 그러므로 근대 이전에 새로운 사회, 개혁을 말하는 데 있어 토지문제에 대한 대안 없이 개혁을 말할 수는 없는 것이었다. 역사상 가장 큰 개혁이라고 할 수 있는 새로운 왕조(王朝)의 출현도 토지제도의 개혁이 있었기에 가능한 일이었다.

## 15세기의 국민투표: 세종의 공법

우리 역사에서 가장 위대한 시대라는 세종 시대를 얘기해 보자.

세종의 업적을 하나로 정리할 수 없지만, 후손들은 한글 창제에서 세종의 위대함과 애민 사상을 읽는다. 더구나 디지털 시대에 한글의 위대성은 더욱 빛을 발한다. 이론의 여지가 거의 없다. 그러나 후손인 우리는 세종의 위대함을 한글로 기억하지만, 당시 농민들의 생각은 어땠을까? '훈민정음'을 창제, 반포한 것에 농민들이 기뻐했을까? 아마도 그렇지는 않았을 것이다. 농민들 처지에서는 훈민정음의 반포가 자신의 삶에 획기적 변화를 가져다줄 것으로 기대하지는 않았을 것이다. 오히려 한글 반포 훨씬 전인 1430년 3월부터 8월까지 전 세계 최초로 실시한 '공법(貢法)'에 대한 국민투표가 훨씬 더 큰 관심사였을 것이다.

아시는 분들이 많겠지만 중요한 사안이므로 기록을 살펴보는 것이 이해에 도움이 될 것이다.

호조판서 안순(安純)이 아뢰기를, "일찍이 공법의 편의 여부를 경상도의 수령과 백성들에게 물어본즉, 좋다는 자가 많고, 좋지 않다는 자가 적었사오며, 함길ㆍ평안ㆍ황해ㆍ강원 등 각도에서는 모두 불가하다고 한 바 있습니다." 하니, 임금이 말하기를, "백성들이 좋지 않다면 이를 행할 수 없다. 그러나 농작물의 잘되고 못된 것을 직접 찾아 조사할 때에 각기 제 주장을 고집하여 공정성을 잃은 것이 자못 많았고, 또 간사한 아전들이 잔꾀를 써서 부유한 자를 편리하게 하고 빈한한 자를 괴롭히고 있어, 내가 심히 우려하고 있다. 각도의 보고가 모두 도착해 오거든 그 공법의 편의 여부와 답사해서 폐해를 구제하는 등의 일들을 관리들이 깊이 의논하여 아뢰도록 하라." 하였다. (《세종실록》세종 12년(1430년) 7월 5일)

1430년 8월 10일, 호조에서는 공법 실시를 둘러싼 국민투표의 결과를 보고하였다. 17만여 명의 백성들이 투표에 참여하여, 98,657명이 찬성, 74,148명이 반대한 것으로 집계되었다. 찬성이 많다고 곧바로 공법을 시행하지 않았다. 보완 기간을 거쳐 전국으로 시행한 것은 한글 창제 다음 해인 1444년이다. 이것이 전분 6등, 연분 9등의 세법 체계이다. 토지의 비척도에 따라 6등급, 농사의 풍ㆍ흉의 등급을 9개로 나눠 세금을 부과한다. 이후 조선시대를 관통하는 기본적인 제도로 정착한다. 또한, 세종시대에 양전(量田) 결과인 163만 결의 토지는 이후에도 도달한 적이 없는 면적이다.

농사지을 땅이 많고, 생산량은 급격히 증가하고, 세금은 적고 농민들은 행복했을 것이다. 세종께서 한글을 창제하고, 역법을 독자적으로 만들고, 국경을 개척했다 하더라도 이렇게 농민 생활을 확실하게 안정시키지 못했다면 그의 위대함에 의문을 제기하는 사람들이 많았을 것이다. 이렇듯 근대 이전의 토지문제는 소위 말하는 개혁의 기본적 척도가 되어야 한다. 물론 백성의 삶이 나아지는 방향으로 말이다.

## 위대한 세종의 시대

이왕 얘기하는 김에 한 걸음만 더 나가보자.

그렇다면 세종시대의 농민들이 우리 역사에서 가장 행복했을까? 아니면 다른 시대를 내세울 수 있을까? 이런저런 자료를 보면서 세종시대의 농민-백성들이 우리 역사에서 행복한 쪽에 위치하겠지만 가장 행복했던 시기였다고 자신 있게 말할 수는 없는 듯하다. 전분 6등, 연분 9등의 법은 세밀하다. 컴퓨터도 없고 교통망도 부족한 시대에 세금을 구분하는 것이 무려 6×9=54개 등급이다. 또 토지는 20년마다 양전(量田)하지만 저걸 구분하는 것은 결국 향리(鄕吏)의 몫이다. 세종 같은 능력 있는 성군의 시대에는 백성에게 도움이 되지만 반대의 경우는 아전의 좋은 먹잇감이다. 법 제정 당시 농민들은 행복했겠지만, 그 기간이 그리 오래가지는 못한 듯하다.

그럼 어느 시대의 백성들이 가장 행복했을까?

아마 1390년(조선 건국 2년 전)부터 저 법이 만들어지는 1444년간의 기간이 아니었을까 생각한다. 이 50년 동안 농민들은 세계 역사에서 경험하기 어려운 두 가지 경험을 한다. 하나는 앞서 말한 공법에 대한 국민투표요, 다른 하나는 1390년 일어난 우리 역사 최대의 사건이다. 당시의 기록을 보자. "공양왕 2년 9월, 공전(公田)과 사전(私田)의 문서를 저잣거리에서 불살랐는데 불길이 며칠 동안이나 꺼지지 않으니, 왕이 탄식하고 눈물을 흘리면서, '조종의 사전법이 과인의 대에 이르러 갑자기 개혁되니 애석한 일이다' 하였다." 〈고려사절요 제34권/공양왕 1 경오 2년(1390)〉

수탈의 근본이 되는 토지대장을 국가가 불태워 버렸고, 세금을 어떻게 낼래? 하고 국가가 물어본다. 어느 백성이 희망을 품지 않을까? 물질적으로는 1440년대의 백성이 낫겠지만 행복의 척도로 보면 과연 같은 결론일까? 마치 오늘날 우리가 3만 불 시대지만, 국민소득은 훨씬 적었지만 꿈과 희망이 있던 1980년대 말이나 1990년대보다 행복하다고 할 수 있을까?

## 《목민심서》를 관통하는 정전제의 기본정신

아쉽지만 《목민심서》에는 토지제도 개혁에 대한 거론이 없다. 이것은 《경세유표》의 몫이다. 그럼에도 다산이 꿈꿨던 이상적 토지제도에 대한 간략한 이해가 필요할 듯하다. 국가개혁서인 《경세유표》에서 다산이 주장하는 토지제도는 정전제이다. 교과서에 설명한 것처럼 우물 정(井)을 모양으로 가운데가 공전(公田)이고 나머지 8개가 사전(私田)이다. 근대 이전 동양사회의 이상적인 토지개혁론이다. 다산이 말하는 정전제에서 우리가 이해해야 할 것이 몇 가지 있다.

첫째는 여민해락(與民偕樂)이다. 흉년이든 풍년이든 공전이나 사전이 차이가 없다. 흉년이라고 사전만 잘될 이유도 없고, 반대의 경우도 없다. 백성이 흉년이 들면 나라의 수입도 같이 줄어든다. 백성은 어려운데 나라의 곳간이 넘쳐나는 일이 없다. 즉, 백성이 가난하면 나라도 가난하다. 둘째는 경자유전(耕者有田)이다. 동시대 많은 학자가 정전제는 실현 불가능하므로 그 대안으로 제시하는 것이 균전제(均田制)와 한전제(限田制)이다. 다산은 한전제와 균전제의 가장 핵심적인 문제점으로 지적하는 것이 농사를 짓지 않는 상인이나 공인들에게도 토지를 배분하는 것을 기본적 한계로 들고 있다. 이와 더불어 셋째 각득기직(各得其職)이다. 상인, 직공, 도공, 어부는 각자 별도의 생업이 있는데 이들에게 농지를 줄 필요는 없다는 것이다. 넷째가 동양사회 세액부과의 기본원칙인 10분의 1세다. 경자유전과 각득기직에 있는 기본 정신은 토지에 모든 세금을 집중적으로 부과하는 것이 아닌 이득이 있는 곳에 세금을 부과하는 기본 원칙이다. 이것이 다산이 말한 정전제의 근본정신이라고 할 수 있다.

비록 《목민심서》에서 직접 정전제를 거론하고 있지 않지만, 이러한 정전제의 기본 정신이 녹아 있다.

호전에 보면 다산이 누누이 말한다. '전정은 어쩔 수 없다'라고. 이것은 토지개혁을 할 수 없다는 것이지 현 법도 내에서 백성을 구제할 방법이 없다는 말은 아니다. 앞의 부임 편에서 말한 자치사무와 국가사무의 범주로 이해할 수 있다. 백성을 도탄에서 구제할 수 있겠지만 행복하게 하는 것까지는 자신 없는 다산의 한탄이다. 아니면 다산이 호전에서 말하는 바를 이해할 수 없다.

## 2. 전정(田政)

### 조선에만 있던 양전(量田) 제도: 결부법

다산은 전법(田法)이 좋지 못하기에 전정이 가장 어렵다고 하고 있다.

여기서 말하는 전법은 토지를 측량하는 양전법(量田法)을 말한다. 재화 대부분이 토지에서 생산되던 농경사회에서 양전, 개량(改量)한다는 것은 경계를 바로잡기 위함이다. 경계를 바로잡아야 조세를 공평하게 할 수 있고, 백성을 편안하게 할 수 있다. 그래서 폭군은 경계를 바로잡지 않는다고 맹자(孟子)도 강조한다. 우리가 알고 있는 상식으로도 양전에 대한 찬·반 태도가 개혁과 반개혁의 기준이기도 하다. 조선시대 기록을 보면 이 기준이 대체로 맞다. 그러나 다산은 양전에 대해 이 기준과는 다른 태도를 취한다.

조선시대 양전은 20년마다 실시하는 것으로 법전에 나와 있다. "모든 전지(田地)는 6등급으로 나누며 20년마다 다시 측량하여 장적(帳籍)을 만들어 호조와 각 도, 각 고을에서 보관한다. (경국대전 호전 양전 조)" 조선시대를 관통하는 기본적 전세부과체계는 세종 때 만들어진 전분 6등, 연분 9등의 체계이다. 연분 9등은 풍흉에 따라 세액의 부과를 결정하는 것이니 해마다 등급을 결정하는 것이고 20년마다 양전한다는 것은 전분 6등에 해당한다.

다산 당시 전분 6등의 양전 기준은 효종 때 반포한 준수책(遵守冊)에 의거한다. 즉, 1등전은 100부(負), 2등 85부, 3등 70부, 4등 55부, 5등 40부,

6등 25부이다. 6등전이 1등전의 4분의 1이니, 면적으로 계산하면 6등전의 면적이 1등전의 4배가 되는 셈이다. 1결이라는 것이 동일 면적이 기준이 아니라 동일 생산량이 기준이라는 의미이다. 결부법은 화곡(禾穀: 벼포기) 1악(握: 한 줌)을 1파(把), 10파를 1속(束), 10속을 1부(負) 혹은 1복(卜), 100부를 1결(結)이라 함과 동시에, 1결을 생산해 낼 수 있는 전지의 단위 면적 및 그러한 단위 면적을 대상으로 조세를 부과하기도 하는 우리나라 특유의 법제였다.

## 다산이 소유한 토지의 양

《목민심서》에 보면 다산이 경기도에 보유한 토지가 '논이 70두락이요, 밭이 20일 갈이'라는 표현이 나온다. 단순하게 이것만 보고 다산이 대토지소유자라느니 지주라느니 비난하는 사람들이 간혹 있는데 다산의 토지는 소출량으로 계산하면 1결이다. 기름진 호남의 20두락과 같다. 1결 토지에 대한 무지 탓이다.

## 개량을 반대하는 이유

《맹자 등문공》에 나오는 '인한 정치는 반드시 경계를 바로잡는 데서 시작한다'라는 말은 토지가 생산의 가장 기본이 되는 근대 이전의 동양사회에서 경전(經典)에 있는 만고의 진리다. 그럼에도 불구하고 다산은 경계를 바로잡는 양전을 누차 반대한다. 다산이《목민심서》를 집필하던 시기 양전을 실시한 지 100년이나 지났음에도 말이다. 다산이 양전을 반대하는 이유를 직접 들어보자.

"전지를 측량한다는 것은 천하의 큰일이다. 중국에서는 경·묘(頃畝: 면적의 단위)로써 전지를 경계했으니 이것은 형체가 있는, 전지의 모양이 크고 작은 것을 살펴 경계한 것이고, 우리나라는 결·부로써 전지를 경계했으니 이것은 형체가 없는, 전지의 기름짐과 메마름을 살펴 경계한 것이다. 전지를 측량할 때에 뇌물이 은밀히 오가고 온갖 간사한 일이 일어나 비록 우(禹)와 직(稷)이 감독하더라도 그 간사함을 밝혀낼 수 없을 것이다. 법에는 '20년 만에 개량한다'고 되어 있으나 지금 100년이 다 되도록 개량하지 않음은 무슨 이유인가? 개량하게 되면 아전들의 농간이 일어나고 아전의 농간이 일어나면 백성의 저주(詛呪)가 일어나며, 백성의 저주가 일어나면 관원의 비방이 일어나서 죄벌(罪罰)이 따르게 되므로 개량하는 것은 오직 아전만이 원할 뿐, 백성과 관원은 모두 즐거워하지 않는다. 또 숨겨진 결수가 밝혀질까 두려워하여 아전도 꺼린다. 이것이 100년이나 되어가도 전지를 개량하지 않는 이유이다. 대저 법을 세운 것이 좋지 못한 까닭으로 받들어 시행하는 자가 반드시 죄과(罪過)에 빠지게 된다. 그러므로 나는 결·부로써 전지를 경계하는 법은 좋지 못하다고 주장한다."
(《경세유표》 6권 지관수제 전제고 방전의)


그래서 다산이 개량에 대해 내리는 결론은 아래와 같다.

'개량이란, 전정의 큰일이다. 진전(陳田)이나 은결(隱結)을 조사해 별일 없기만을 도모할 것이다. 만일 부득이할 경우에는 개량하되 큰 폐해가 없는 것은 모두 예전대로 따르고 아주 심한 것은 개량하여 원액(原額)을 채울 것이다.' 《목민심서》가 목민관의 업무 지침서라는데 '구차하게 별일 없기만을 도모하라'고 한다. 세상에 이런 업무 지침서가 어디 있는가? 《경세유표》에 나와 있는 앞의 글을 참조하지 않는다면 결코 이해할 수 없는 문장이다. 그래서 '큰 폐해가 없는 것은 모두 예전대로 따르고 아주 심한 것은 고친다' 라 말할 수밖에 없다.

이 '아주 심한 것은 고친다' 의 대상이 되는 것이 전정에서는 진전과 은결이다. 둘 다 대표적인 세금의 도피처다. 진전(陳田)은 농사를 짓지 않는 묵은 땅이다. 진전이 생겨나는 이유는 촌락이 퇴폐함이기도 하고, 흉년이 드는 것이 이유가 되기도 하는데, 기본적으로는 세금이 무거운 탓이다. 그러나 한해 혹 농사를 걸렀다고 매년 묵히지는 않는다. 그러나 다시 경작하더라도 아전이 이를 진전으로 놔두고 기록하지 않으면 그대로 은결이 돼 버린다. 또, 진전이 된 땅을 진전으로 기록하지 않고 계속 세금을 부과하는 경우가 있다. 이 진전을 조사해서 토지 등급을 낮춰 주거나 3년간 면세하는 등 다시 경작할 수 있게 수령이 백성을 도와야 한다는 것이 진전에 관한 내용이다.

진전 조사는 이렇게 한다.
1. 먼저 각 고을의 대표를 선발해서 해당 고을의 실제 진전을 조사해서 보고하게 한다.
2. 고을의 문서가 도착하면 수리(首吏)와 노리(老吏)를 불러서 역시 진전을 조사하게 한다. (마을 사람들은 세금을 줄이고자 진전을 늘리려고 할 것이고, 아전은 진전이 많으면 세금을 징수할 곳이 적어지므로 본인들의 은결이 드러나게 된다)
3. 양 문서를 대조하여 아전의 것을 따르기도 하고 각 고을의 것을 따르기도 한다.
4. 다시 한번 진전으로 기록되어 있으나 경작되는 땅을 조사함.

5. 그래도 마을에서 내야 할 세액이 부족하면 아전의 은결 등으로 채워 나감.

이런 절차로 진행하면 백성들 스스로가 해당 고을의 가장 중요한 일을 결정하는 주체로 참여하게 된다. 이것이 비단 전정에만 국한한 것이 아닌 다산이 백성들 삶에 영향이 큰 정책 결정에 있어 일관되게 견지하는 원칙이기도 하다.

## 아전의 은결을 묵인하는 이유

다산은 《목민심서》에서는 은결 문제에 대한 명확한 대안을 제시하지 않는다.

은결이란 말 그대로 숨겨진 땅이다. 소출이 좋은 땅이지만 토지대장에 등록하지 않고 아전들이 이익을 먹는 땅이다. 은결 문제는 다산이 《경세유표》에서 '나주 한 고을의 경우 은결이 1만 결(총 결수의 3분의 1 정도)' 운운할 정도로 문제가 심각하다. '은결을 없애지 않으면 나라가 나라 구실을 하지 못한다' 고 토로할 정도이다. 은결을 없애는 문제는 국가적 차원에서 할 수 있는 일이고 그래서 다산은 은결의 문제에서 '이것은 일개 수령이 할 수 있는 일이 아니다' 라고 한탄하고 있다.

《목민심서》에서 다산은 은결을 어느 정도 눈감아 준다. 아전의 봉급이 없기 때문이기도 하고 수령 혼자 어쩔 수 없는 이유이기도 하다. 그럼에도 불구하고 한 고을에서 부담해야 하는 각종 세액이 부족하거나 어려운 백성에게 부담이 전가될 때 시의적절하게 이 은결을 이용한다. 아전이 편안하게 독식(獨食)하게 놔두지 않는다.

　다산이 전정의 핵심인 양전을 하지 말라며 누누이 당부하는 이유는 명백하다. 수령이 아무리 좋은 뜻으로 양전을 하더라도 결론이 좋을 수 없기 때문이다. 심지어 다산은 진전, 재결(災結) 등을 보고할 때 모자라는 결수를 은결에서 채웠더라도 공문서에는 은결이라는 말을 쓰지 말라는 당부도 한다. 공문서에 은결이라는 말을 사용하지 말라는 것은 법에 처벌조항이 강력하다는 것이다. 백성을 위한 일이지만 융통성 없는 감사나 어사를 만나면 실정법 위반으로 처벌 대상이다.

　'전정은 어쩔 수 없다' 라는 다산의 한탄은 여전히 이어진다.
　그러면서 전정에 대해 자세하게 알고자 하면 혹은 중요한 문제 ―아전의 녹봉이나 세종의 전법과 효종 때 준수책과의 차이 등등― 는 다산이 지은 〈전제고(田制考)〉를 참조하라고 안내한다. 그런데 그 〈전제고〉가 없다. 아쉬우나마 《경세유표》의 〈전제별고〉 등을 보는 수밖에 ……

## 3. 세법(稅法)

　다시 한번 말하지만 《목민심서》의 저술 목적은 국가 개혁이 아니다. 제도의 틀 내에서 백성을 구제하기 위함이며, 백성 구제의 가장 중요한 내용이 소위 삼정(田政, 軍政, 還穀)의 문란으로부터 백성의 이익을 지키는 것이다. 호전(戶典) 6조 전정과 세법이 삼정 중 전정에 해당한다. 삼정의 문란은 다산이 매우 자세하게 다룬다. 그래서 어떤 사람들은 조선 후기 목민관으로 나가는 사람들이《목민심서》를 보는 이유가 도둑질을 배우기 위한 것이라는 소리를 하기도 한다. 백성을 착취하는 방법이 구체적인 만큼 읽는 사람이 답답함을 느끼는 것은 어쩔 수 없다.

### 토지에서 세금을 산출하는 절차

다산은 전법(田法)이 본래 좋지 못하고, 전제(田制)가 이미 엉망이라 세법(稅法)도 따라서 문란하다고 진단한다. 세법 조의 첫 문장이다. 당시의 세법을 살펴보면 다산의 이 말이 이해가 된다. 당시 토지에 부과하던 세금의 절차와 내용을 간략히 정리하면 다음과 같다.

1. 전분 6등, 연분 9등으로 토지를 파악해서 당해 고을에서 납부할 원장총액을 산출한다.(사실상 연분만 파악하는데 연분도 거의 변동이 없는 요식행위다)
2. 원장총액에서 진전(묵은 땅)과 재결(災結) 그리고 면세전이 제외된다.
3. 이 총액에서 당해 재해를 입은 토지를 제외한다.
4. 세금을 납부한다.

《속대전》에는 이렇게 되어 있다. "모든 전지는 해마다 9월 보름 전에 수령이 살펴서 연분(年分)의 등급을 정하고(고을 안과 4면에 각각 등급을 분간한다) 관찰사가 다시 살펴서 계문(啓聞)하면, 의정부(議政府)와 육조(六曹)에서 함께 논의하고 다시 아뢰어 세(稅)를 징수한다."

그런데 전분 6등, 연분 9등의 토지 등급은 변동이 없다. 전분 6등은 20 년마다 개량하는 것이니 매년 변동이 있는 게 아니다. 그러나 연분은 풍흉의 결과에 따른 분류다. 그러므로 연분은 해마다 달리 정해야 하는 것이 원칙이나 요지부동이다. 하하전(下下田)은 늘 하하전이고 하중전(下中田)은 늘 하중전이다. 세액이 하하전이 1결당 4두(말)요, 하중전이 6두이다. 법에는 풍흉에 따라 상상전 20두부터 있으나, 조선 8도(道) 모든 땅이 하하전이나 하중전이다. 사실상 연분이 아닌 전분이나 다름없다. 하하전과 하중전의 세액은 4두와 6두로 다르지만, 아전들이 걷을 때 통칭 6두를 걷어 들이고 국가에는 4두만 바친다. 국가의 입장에서는 손해가 막심하다고 다산은 한탄한다. 농민들 입장에서 하하전은 억울하겠지만 그나마 가장 낮은 세율이니 아쉬울 건 없다.

은결과 진결, 그리고 면세전은 농민의 부담이 더욱 가중되는 원인이다. 이로 인해 1만 결의 고을에서 부역에 응하는 것은 3천 결에 불과하여 백성이 도망가거나 굶어 죽는 이유가 된다. 재감(災減: 재해를 입은 땅은 면세해 줌)의 뜻은 좋으나 백성이 혜택을 보는 경우는 드물다. 아전들의 농간으로 거의 모든 재감은 향리가 먹고 실제 백성들에게 돌아가는 혜택은 하나도 없음을 다산은 한탄하고 있다.

## 토지 1결에 부과하는 세금 부담액

당시 매 1결당 내야 할 세금의 종류는 대략 세 가지로 분류할 수 있다. 첫째는 국납(國納)이다. 나라에 바칠 세액 즉, 국세라 볼 수 있고 둘째는 선급(船給)이다. 조운선의 운반에 들어가는 세액이며, 셋째는 읍징(邑徵)

으로 읍에서 징수할 세액, 지방세의 영역이다.

국납은 토지 1결당 전세미(田稅米)가 6두, 대동미(大同米)가 12두, 삼수미(三手米)가 1두 2승, 결미(結米)가 3두이다. 세액 1석당 가승미(세곡 운반 시 축날 것을 대비해 매 1석마다 일정 비율을 더 걷음) 등이 1두 3승 정도 된다. 23두 5승이다. 여기에 문서 작성 시 드는 비용 등을 마을에 부과하는데 이를 쪼개서 결수로 약간의 세미를 더 부담해야 한다.(1석은 15두, 석은 가마니, 두는 말, 승은 되이다.)

선납은 법(大典)에 규정되어 있는 것은 1석마다 3두 5승이나 실제 농민이 납부하는 것은 5두 5승이다. 1석에 5두 5승이니 전세 6두에 2두 2승이다(대동미는 선납을 원액에서 제함, 전세는 선가를 따로 지급). 농민이 국납과 선납에 내는 액수는 마을 단위로 나누어 부과하는 액수를 제외하고 25두 7승이 된다.

읍징은 치계시탄가미(雉雞柴炭價米)로 관아에서 수용(需用)하는 꿩·닭·땔나무·숯 등의 비용 명목으로 설정된 세목이다. 기본이 1결당 4두이다. 또 매 1석에 곡식의 품질을 알아보기 위해 견본으로 빼내는 쌀 등의 명목으로 약간 첨부하며, 마을 단위로 조운 감독관의 식량 등등의 명목으로 더 징수한다.

이상의 내용이 대략 1결당 내야 하는 세액이다. 법에 있고 고을을 관례로 어느 정도 인정된 것들이라, 계판(計版: 당해 연도 해당 고을의 세금명세서)에 올릴 만한 내용이다. 고을마다 약간의 차이는 있으나 대략 1결당

30두 내외에서 결정되고 있다.

## 동양사회 세법의 기본원칙

유학을 통치이념으로 하는 동양사회에서 가장 이상적인 조세 부과율은 10분의 1세다. 이보다 많으면 나라를 망친 걸주(桀紂: 폭군의 대명사)의 법이라 경계하고 이보다 적으면 맥도(貊道: 야만인의 법)라 칭한다. 세금부과 방법으로는 조법(助法), 철법(徹法), 공법(貢法) 세 종류가 있다. 조법과 철법은 정전제의 근본 세금부과 방식이라고 할 수 있는데, 풍흉에 따라서 해마다 세금을 달리 걷는 것이고 공법은 몇 해 평균을 내서 풍흉에 관계없이 일정 세율의 세금을 부과하는 방식이다. 조법, 철법은 한해 4두를 걷든 40두를 걷든 농민들은 적다 많다 불만이 없다. 반면 공법은 다르다. 그러므로 유학자들은 공법에 대해서 매우 부정적이다. 흉년이 들면 백성을 수탈하는 것이기 때문이다. 전분 6등은 공법의 방식이고 연분 9등은 조법, 철법의 방식이다. 500년 전의 사회에서 대단히 세밀하고 정교한 법이다.

위에 거론한 1결당 납부해야 할 국세, 선급분, 지방세 합하면 대략 30두 정도 된다. 당시 생산량에 비하면 맥도(貊道)에 가깝다. 당시 1결당 생산량은 다산이 《목민심서》에서 논한 바는 600두를 기준으로 하고 있고, 연암이 《한민명전의》에서 계산한 면천군(현 당진군)의 1결당 생산량이 대략 500여 두 정도 된다. 1결당 30두의 세액은 연암을 따르든 다산을 따르든 전세가 맥법에 가깝다고 할 수 있다. 결코, 농민들이 불만을 가질 정도의 세액은 아니다. 법대로만 한다면 말이다.

그러나 법대로만 받는 고을은 한 곳도 없다. 온갖 '더럽고 자잘한' 명목을 만들어서 세금을 징수한다. 실제로 농민들이 납부하는 액수는 다산이 《경세유표》에서 말한 것이 1결당 세액이 100두로도 부족하다고 말하고 연암도 72두라 말하고 있다. 법에서 말한 바의 최소 2배 이상이요 3배를 넘는다. 이 중 다산이 반드시 제거해야 한다고 강조한 것이 있다.

"지금 그 더럽고 자잘한 여러 가지 명목 가운데 제거하지 않을 수 없는 것을 상고하니, 여덟 가지가 있다. 첫째는 경주인 역가요, 둘째는 영주인 역가요, 셋째는 진상첨가미요, 넷째는 호방청 전관미(戶房廳傳關米)요, 다섯째는 고급조(考給租)요, 여섯째는 근수조(勤受租)요, 일곱째는 고마조전(考馬租錢)이요, 여덟째는 경강선부가미(京江船浮價米)인데……."

더 자세한 내용이 필요하신 분은 《경세유표》 7권 전제 7을 참고하기 바란다.

### 과중한 세금에 대한 연암과 다산의 한탄

그래서 다산이 한탄한다.

"생각해 보자. 백성이 견딜 수 있겠는가? 1결의 전지에서 수확하는 곡식이 많을 경우는 800두, 적을 경우는 600두, 더 적을 경우는 400두일 뿐이다. 농부들은 자기 전지가 없고, 모두 남의 전지를 경작하는데, 일 년 내내 고생하여 여덟 식구의 식량을 마련하고 이웃에 품삯을 치러야 하는데다가 추수 때가 되면 전주가 수확의 반을 거두어가니, 600두를 수확했을 경우 농부가 제 몫으로 가지는 것은 300두뿐이다. 종자를 제하고 빚을 갚고 세전(歲前)의 양식을 제하면 남는 것은 100두가 되지 않는데, 부세로 긁어가고 빼앗아 가는 것이 이처럼 극도에 이르니, 슬프다! 이 가난한 백성들이 어찌 살겠는가? 백성의 수령이 된 자로서 교활한 아전들의 비방과 원망을 면하고자 아전들이 하는 대로 맡겨두고 억제하지 못하면 반드시 후손에게 재앙을 끼치게 될 것이다."

연암의 결론도 같다.

"어찌, 부모를 봉양하고 자식을 보살필 수 있으며, 끝내는 떠돌아다니다 죽지 않겠는가?"

소위 삼정의 문란 중 아직 환곡과 군정은 거론하지도 않았음에도 이 지경이다.

그래서 다산이 누누이 한탄한다.

"전정은 어쩔 수 없다. 폐단이 비록 이와 같지만, 수령이 어떻게 하겠는가? 관례를 따를 뿐이요, 다만 내 손으로 더 증가시켜서는 안 될 것이다. 법은 이와 같으나 백성이 상납하는 것은 저와 같으니, 법인들 장차 어찌 믿겠는가?"

그렇다고 답이 없다는 것은 아니다. 한탄에 그친다면 다산도, 《목민심서》도 위대할 이유가 하나도 없다.

## 4. 전정(田政) · 세법(稅法)

### 전정의 문란에 대한 대안

모든 정치의 명분은 백성의 안정이다. 왕도정치를 말하든 사회주의, 공산주의를 주장하든 현대의 민주주의를 말하든지 결론은 달라지지 않는다. 명분은 같다. 백성, 인민, 민중, 국민이 잘 먹고 잘사는 것이다.

농업이 중심인 사회에서 백성의 안정은 농사지어 부모를 공양하고 자식을 보살피기에 모자람이 없게 하는 것이 기본이다. 그 시작은 토지의 경계를 바르게 하는 것이다. 다산이 토지제로 주장하는 정전제도 그렇고 정전제가 불가능할 때의 대안으로 제시하는 어린도(魚鱗圖)법도 그렇다. 설사 정전제나 어린도법이 불가능할 때의 대안도 다르지 않다. 경계를 바르게 하는 것이 전세제도 정비의 시작이자 끝이다. 경계를 바르게 하는 것을 달리 말하면 양전(量田)이라 한다.

양전의 목적은 명확하다. 농사짓는 토지에 세금을 부과하고 누락되는 토지가 없게 하는 일일 따름이다. 그리고 법에 규정된 대로 세금을 부과하는 일이다. 달리 말하면 토지총결수(時起田이라 함)에서 합법적으로 면세(免稅)되거나 재감(災減)되는 토지를 제외한 실제 납부결수를 확정하는 일이다. 탈·불법적으로 세금을 누락하는 행위를 조사하고 방지하는 것이 가장 큰 목표라 할 수 있다. 진전(陳田: 농사를 짓지 않는 땅, 면세 대상), 은결(隱結: 토지대장에서 불법적으로 누락된 땅)을 제대로 조사하는 것이 양전하는 근본적 이유라 할 수 있다. 진전, 은결을 제대로 파악하지 않으면 애초에 공평한 세금 부과는 불가능하고 결론적으로 가혹한 수탈을 없앨 수 없다.

진전으로 세금을 포탈하는 방법이 몇 가지 있다. 묵히지도 않은 땅을 묵혔다고 보고하거나, 묵혔다가 다시 경작된 토지를 장부에 올리지 않는 일이고, 묵힌 땅을 장부에 올리지 않고 세금을 계속 부과하는 일이다. 진전에 대한 보고는 지나치고 경작에 대한 보고는 인색한 데야 수령이 어떻게 하겠는가? 백성들은 와서 보고하지 않고 아전들은 사사로이 차지하려고 하는 데 외로운 수령이 어떻게 그것을 알겠는가? 다시 경작하는 것을 기록하지 않으면 은결이 되며, 은결이 불어나는 것은 나라의 손실이다.

은결이 발생하는 원인을 다산은《경세유표》에서 여섯 가지를 들고 있다. 그 중 앞서 얘기한 진전을 예로 들어 보자. 아전이 진전을 조사할 시에, 아주 샅샅이 조사하여 1속(束)도 누락됨이 없이 한다. 다 찾아내서 보고는 1결만 보고하고 나머지 10결, 20결은 사사로이 먹는다. 백성은 이미 약점 잡혔으므로 조세 상납을 오직 공손하게 할 뿐이다. 이렇게 해서 쌓인 은결이 전라도 나주의 경우 10000결, 나주 전체 전결의 3분의 1을 차지한다.

나주의 경우는 극단적인 예에 속하겠지만 여하튼 이로 인해 손해 보는 국가재정이 결코 무시할 수 없는 수준이다. 은결의 피해는 국가재정에 한정되지 않는다. 아전이 진전을 조사해서 다시 경작되는 땅을 보고할 때 기름진 좋은 땅은 사사로이 먹고 척박한 전지만 보고한다. 진전만 이런 것이 아니고 은결의 대상이 되는 모든 토지에 관통하는 원리다. 결과적으로 부자들의 좋은 땅은 은결로 다 돌아가고 가난한 백성의 척박한 전지만 징세의 대상이 된다.

## 부자들의 세금 도피처: 은결(隱結)

당시 세액은 국세, 지방세, 선급의 세 종류로 나눌 수 있고, 또 부과방식에 따라서 셋으로 나눌 수 있는데 결렴(結斂), 쇄렴(碎斂), 석렴(石斂)이다. 결렴은 앞서 말한 전세, 대동미, 삼수미 등 토지에 부과하는 세금이다. 석렴은 세금으로 상납하는 매 1석에 가승미(加升米: 세곡 운반 시 축날 것을 대비하여 매 1석당 3되를 더 받는 것), 곡상미(斛上米: 새나 쥐 등에 의해 축날 것을 대비해 매 석당 역시 3되를 더 받음) 등등의 명목으로 더 걷는 몫이다. 쇄렴은 마을에서 부담해야 하는 것을 각 결마다 고루 분배하는 것이다. 구관쇄마비가 600냥이고 고을의 세금부과 대상 토지가 6000결이라면 저 600냥을 6000결에 나누어 부과하는 것이다. 은결의 대상이 되는 토지는 공식적으로 전세를 낸 적이 없으니 석렴이나 쇄렴의 대상이 아니다. 그래서 은결은 사사로이 착복하는 수령이나 아전에게도 이익이지만 은결의 대상이 되는 토지의 주인들도 이득이다. 결국, 가난한 백성들에게만 더 부담이 가중되는 결과를 초래하는 것이다. 은결의 토지는 조세 부과 대상에서 빠졌다는 것이지 농민들이 세금을 내지 않는다는 말이 아니다. 농민들은 세금을 낸다(결렴). 그러나 저 세금이 한양으로 가지 않는다. 다산도 '호조(戶曹)에 납부해야 할 것이 4000석이라면, 본 읍에서 백성들에게서 징수하는 것은 10,000석이 훨씬 넘는다 (봉공 6조 공납)' 라고 진단한 바 있다.

은결의 피해가 여기에 그치지는 않는다. 그래서 다산은 '은결을 없애지 않으면 나라가 나라 구실을 하지 못한다'고 《경세유표》에서 말한다. 그러나 《목민심서》에서는 다르다. 국가적인 사업이지 일개 수령이 할 수 없는 일이기 때문이다. 일개 수령이 양전해 봤자 효과도 없을 뿐더러 아전 좋은 일만 시킨다는 것이 다산의 입장이다. 언뜻 보면 현실과 타협하는 반개혁적인 태도인 양 보인다. 그러나 실내용은 공평하게 세금을 부과함으로써 백성에게 이익이 가게끔 한다. 다산의 기본적 태도는 은결을 인정하지 않는다. 또 묵인하기도 한다. 은결을 인정하지 않는다는 것은 은결을 아전이 독식하도록 하지 않는다는 내용이고, 묵인한다는 건 아전이 먹고 살 정도는 용인한다는 뜻이다.

위에서 설명한 내용을 다산의 말을 빌려 표현하면 다음과 같다.

"금년의 전총(田總)이 몇천 결에 불과할 뿐인데, 이것으로 부세를 징수하면 백성들이 장차 무엇에 의지하겠는가? 은결은 너희들의 사물(私物)이 아닌데 그 조세를 먹어서 이미 소봉(素封: 부유함을 말함)이 되었거늘, 요부(徭賦: 요역과 세금)도 아울러 견감하니 어찌 얼굴이 붉어지지 않겠는가? 하물며 너희들이 방납하는 전결은 본시 세액 안에 들어 있던 것인데, 너희들의 도둑질로 인하여 그 요부도 면제되었으니, 이것은 또한 무슨 원리인가? 지금부터는 석렴물·쇄렴물을 모두 여결과 방납결에도 일체 배당하여 징수할 것이니, 너희들은 마땅히 알아야 한다. 여결(은결을 달리 표현한 말이다)이 모두 몇 결이고, 위재(僞災: 거짓으로 재해를 입었다고 등록한 땅)가 모두 몇 결인가는 너희들이 보고하라. 방납결(防納結: 은결과 비슷한 아전이 먹는 땅)이 모두 몇 결이고 이록(移錄: 면세대상이 아닌 땅을 면세대상 명부에 적는 행위 등)이 모두 몇 결인가는 내가 알고 있다. 대개장의 응탈(應頉: 조세부과 대상에서 제외된 토지) 이외에 요부에서 빠져 있는 것은 사실대로 자진 보고하라. 너희들이 명령대로 하면 그 조세는 너희들에게 종전대로 먹게 허락하고 그 요부는 백성들로 하여금 고루 부담되도록 할 것이나, 너희들이 순응하지 않으면 법대로 상사에게 보고하여 그 뿌리를 영구히 뽑을 것이니 깊이 생각하라."

이어서 한 가지 더 당부한다. 전리가 간평하러 나가는 날에는 이렇게 주의시킬 것이다.

"부잣집 기름진 전지는 1파 1속이라도 이 책자에서 누락하면 너는 형률대로 처벌될 것이다. 그 나머지 가난한 집 척박한 전지는 여결(餘結)로 돌리더라도 나는 관여하지 않겠노라. 전리는 이에 재감의 수를 헤아려 제하고 재해를 입지 않은 전지 중에서 부잣집 기름진 전지를 골라서 왕세의 액수를 채우고 가난한 집 척박한 전지는 여결로 돌릴 것이다. 대체로 왕세와 대동은 납부 기한이 매우 급박하니, 먼저 부잣집 기름진 전지를 취하는 것이 사리에 마땅하고, 관수(官需) 이하는(지방세라고 볼 수 있다) 그 기한을 마음대로 늦출 수도 당길 수도 있는 것이니, 비록 가난한 집 척박한 전지를 취하더라도 일에 지장이 없을 것이다."

### 편법이지만 백성에게 혜택이 돌아가는 다산의 해결방식

아전이 은결에서 나오는 세금을 먹는 것을 대놓고 허락한다. 대개 은결에 포함된 농민들은 국납 30두보다 약간 더 내고(약 40여 두) 나머지 요역을 면제받는다. 1결에 대략 100두 정도를 내야 하니 은결에 포함된 농민으로서도 이익이다. 그러므로 다산의 조치한 바대로 나머지 요역을 면제받지 않는다면 30두보다 더 낼 이유가 없다. 아전의 수입은 약간 줄어들고 먹는 것도 척박한 땅에서 나는 것으로 바뀐다. 또 은결 대상 농민들이 내는 세금도 다른 백성들과 같아진다.

다산이 말한 대로 한다면 아전이 예전에 먹던 것보다 줄어들었지만 은결은 여전히 존재한다. 그러나 은결이 누리던 특별한 지위를 잃어버렸으니 은결의 실효성이 없다. 월급 없는 아전 몫으로의 기능만 있다. 명칭은 있지만, 실효성이 없게 만들어 버렸다. 이것은 법적으로 따진다면 절대 나올 수 없는 의견이다. 은결을 알면서도 보고하지 않았으니 정면으로 법을 위반하게 된다. 당연히 처벌 대상이다. 수령은 법적 처벌 대상이지만 과세가 공평해져 백성의 삶이 조금이나마 나아졌다. 다산은 이전 속리 조에서 '은결의 반만 이속의 녹봉으로 삼는다 해도 남음이 있을 것이다' 고 한 바 있다.

다산에게 있어서 혹은 《목민심서》에 있어서 중요한 것은 명분이 아니다. 명분이나 법대로 한다면 저와 같은 다산의 결론이 절대 나올 수 없다. 명분만 집착한다면, '부득이할 경우 개량(改量)하고 별일 없기만을 도모하라' 라는 다산의 말은 절대 이해하지 못할 것이다. 다산이 말한다.

"융통성 없는 떳떳한 성품만이 나라에 충성하는 것은 아니다."

## 5. 곡부(穀簿)

### 삼정의 문란 중 가장 억울한 환곡

백성의 처지에서 생각하면 삼정의 문란 중 환곡(還穀)이 가장 억울하다. 전정(田政)과 군정(軍政)이야 백성의 처지에서 당연히 부담해야 하는 일이다. 지금도 납세와 국방의 의무는 국민의 기본의무이니 백성 처지에서 근본적으로 억울한 것이 아니다. 가혹하지만 않다면 말이다.

반면 환곡은 백성의 의무가 아닌 백성을 구제하기 위한 제도이다. 춘궁기(春窮期) 관에서 곡식을 대여하고 가을에 걷어 들인다. 가을에 걷어 들일 때 10분의 1을 모곡(耗穀)이라는 명목으로 더 걷는다. 법이 나쁜 건 아니다. 법대로 운영된다면 말이다. 다산은 《목민심서》에서 나쁜 감사(관찰사)나 수령의 비리는 구체적으로 거론하지 않는다. 그리고 전정과 군정의 경우도 아전의 도둑질은 설명하지만, 감사나 수령의 도둑질은 아전의 10분의 1에 불과하다고 서술하고 있다. 아전이 나라를 망치는 원인으로 설명하는데, 환곡의 경우는 다르다. 감사로부터 수령, 고을 향리에 이르기까지 한통속으로 백성의 고혈을 빨아먹는다. 백성으로선 벗어날 방법이 없다.

그 방법도 다양하다. 다산이 《목민심서》에서 거론한 수탈 방법으로 감사는 입본(立本) 등 2가지 경우, 수령은 번질(反作: 번질로 읽음) 등 6가지 경우, 아전은 가집(加執) 등 12가지 경우를 들고 있다. 다산이 환곡의 피해 중 대표적이라 칭할 만한 것만 뽑아도 이 정도이다. 그 중 원통한 반백의 경우를 예를 들면 다음과 같다.


## 쌀 한 톨도 받지 않고 기쁘게 20석을 바치는 백성


반백(半白)이란 천하에 원통한 것이다. 반 섬 곡식은 까닭 없이 아전이 훔쳐 먹고, 반 섬 곡식은 그저 백성이 바치는 것을 말하는데 예를 들면 이런 것이다. 매양 반량(頒糧)하는 시기를 당할 때마다 권세 있는 아전과 부유한 아전이 마을의 유지를 불러서 달래기를,

"그대의 마을이 받아 가야 할 곡식이 40석인데 창고에서 축이 나고 겨와 쭉정이가 섞여 있으므로 그것을 받아서 키질을 하면 20석도 되지 못할 것이다. ―그 반을 꺾은 것이다― 거기다가 받아 가고 바치러 오고 하자면 이틀 품을 버리고, 색(色: 간색미)·낙(落: 낙정미)·모(耗: 모곡)·타(打) ―타점(打苫)이다― 의 조로 몇 말이 더 붙게 되면 장차 무슨 이익이 있겠는가? 내게 한 계책이 있는데 그대에게 어떠할는지?"
하매 그 유지가,

"무슨 계책이요? 오직 시키는 대로 따르겠습니다."
하면 그 아전은,

"내가 지금 춘궁에 처해 있으니 약간의 손해를 어찌 피하겠는가? 그 40석을 모두 나에게 주면 내가 그것을 먹고 올가을에 가서 그대가 그 반 ―20석― 을 가져 오고 내가 그 반 ―20석― 을 내면 또한 좋지 않겠는가? 색·낙·모·타의 조도 내가 맡는다면 내가 내는 것이 반이 넘을 걸세." ―내는 것이 백성보다 많음을 이른다―
한다. 그러면 그 유지는,

"매우 다행입니다. 어찌 따르지 않겠습니까."

하고 권계(卷契) —속칭 수기(手記)라 한다— 가 이미 작성되면 그 유지는 돌아간다.

그들은 또 다른 마을 유지를 불러서 이상과 같이 계약한다. 이렇게 열 마을을 계약하면 얻은 곡식은 모두 400석이 된다. 그들은 이에 창고 문을 열고 정실(精實)하여 축나지 않은 섬을 특별히 골라서 제 스스로 200석을 끌어내어 먹어 치우고, —그 반을 먹는다— 200석은 그대로 남겨서 묵힌 다. —그 반을 남겨둔다— 가을철 창고를 열 때에 가서 그들은 다만 10여 섬의 곡식을 준비하여 거기다가 겨와 쭉정이를 섞어서 40석을 만든다. 그 것을 이름하여 모조(耗條)라 하고 —400석에 대한 모조— 창고에 집어넣 는다. — 아전은 색락미(色落米: 간색미와 낙정미)와 타석미(打石米)를 내 지 않는다 — 그러면 열 마을의 백성들은 꿈에서도 곡식 껍질 한 개 본 일 없이 스스로 200석의 곡식을 준비해서 창고에 갖다 넣는다. — 그 반을 넣 는다 — 아전은 이에 440석에 대한 자문[尺文] —곡식을 받았다는 수표 (手票)이다— 을 모든 백성에게 나누어 준다. 그러면 그 백성들은 기뻐서 칭찬하기를,

"영감님은 참으로 충실하여 털끝만큼도 착오가 없습니다. 부디 내년에 도 다시 이런 혜택을 베풀어 주십시오."

한다. 이것을 반백이라 한다.


해석해 보자면 이렇다.

A고을에서 받아야 할 환곡이 40석이다(먹을 곡식이 넉넉하다고 안 받 을 수 없다. 환곡은 강제 배정이다). 원래대로 한다면 A고을에서 봄에 40 석을 받고 가을에 40석에다가 모곡(耗穀: 10분의 1을 더 낸다)으로 4석을

덧붙여야 하고, 여기에 일종의 부가세인 간색미, 낙정미 등 2.7석을 더 내야 한다.

A고을에서 가을에 총 46.7석을 납부해야 한다.

그런데 관에서 나눠주는 환미는 쭉정이와 왕겨가 섞여 있어(分石이라고 함. 아주 초보적 도둑질) 40석을 받아 키질하면 20석이 채 못 된다. 그러면 A고을에서는 키질을 해서 20석이 못 되는 곡식을 받고 가을이 되어 햅쌀 46.7석을 내야 하는데, 오고 가는 비용(巡分: 곡식을 분배할 때 여러 번에 걸쳐서 나눠줌)까지 생각하면 실제 납부할 액수는 50석이 훨씬 넘어간다.

그런데 아전의 말대로 모곡과 낙정미 등을 아전이 부담한다면 20석만 납부하면 된다.

A고을의 처지에서 보면 명목은 40석이지만 실제로는 묵은쌀 20석 분배 받고 햅쌀을 50석 넘게 내느냐 아니면 아전의 말대로 20석만 납부하느냐의 결정이다. 아전의 말대로 하면 A고을로서는 수치상 10석이 이득이다. 그래서 백성이 기뻐하면서 아전의 말대로 하는 것이다. 결국, 백성은 한 톨의 곡식도 보지 못하고 20석의 햅쌀만 납부하게 되는 것이다. 그것도 기쁜 마음으로.


이것이 위에 얘기한 감사, 수령, 아전이 환곡을 가지고 장난질하는 '경우의 수' 중 하나에 불과하다. 백성은 받은 쌀 한 톨 없는데 기쁘게 20석을 낸다. 이게 전세(田稅)고 군포(軍布)라면 그러려니 하겠지만 구제(救濟)한다는 명목으로 하는 짓이니 백성으로서는 정말 억울하고 원통한 일이 아닐 수 없다.

어느 깨어 있는 백성이 항의해 봐야 소용없다. 감사, 수령, 향리가 한통속이다. 억울하다고 하소연하는 백성의 사정이야 다 아는 바이지만 수령과 아전이 한통속이니 결론은 백성만 나쁜 놈이 된다. 이걸 본 다른 백성들은 아예 항소할 생각조차 하지 않는다. 관에 항소해 봤자 결론이 다를 바 없고, 왔다 갔다 하는 비용을 생각하느니 그냥 아전들이 하자는 대로 하는 게 이득이다. 이런 일이 쌓이고 더 하다 보니 환곡에 왕겨를 섞고 쭉정이가 반이 넘어도 당연시하고 아무도 뭐라 할 생각도 안 한다. 그래서 백성들은 아무것도 받은 것이 없으면서 아끼고 아낀 햅쌀을 바친다.

## 환곡이 문란하게 된 이유

환곡이 이 지경에 이른 이유는 다른 게 아니다.

'환상(還上)은 백성을 구제하기 위한 것이었지 나라 경비를 보충하기 위한 것은 아니었다. 그런데 왜란(倭亂) 이후부터 국고는 텅 비었고 군수(軍需)는 호대(浩大)하였다. 이리하여 상평, 진휼 두 창고 이외에도 층층색색으로 더 설치하였고, 설치한 것은 본디 백성을 구제하기 위한 것이었으나 지금은 오히려 백성에게 거두기 위한 것이 되어서 세운 뜻이 아주 달라졌다.' 쓸데없는 명분에 집착한 군비증강이 백성의 삶을 파탄시키고 또 아무 문제의식을 느끼지 않는지 환곡의 경우가 잘 보여주고 있다.

"그리하여 백성들은 한 톨의 곡식도 일찍이 본 적이 없건만 까닭 없이 쌀과 조를 실어다 바치는 것이 해마다 천 석이나 만 석이 되니, 이것은 곧 부렴(賦斂)이지 어찌 진대(振貸)라 할 수 있으며, 이것은 곧 강탈이지 어찌 부렴이라 할 수 있겠는가?"

폐단이 이 지경에 이르렀으니, '수령으로서 구제할 수 있는 것이 아니다'라고 다산은 말한다.

"오직 그 출납(出納)의 수량과 분류(分留)의 실수만이라도 수령 자신이 잘 파악하고 있으면 아전들의 횡포가 그리 심하지는 않을 것이다."라고 진단한다.

## 정식 세금 수입보다 큰 세외 수입: 환곡

다산이 《여유당전서 환향의(還餉議)》에서 '나라의 경비가 반은 부세에 의지하고 반은 환상에 의존한다고 여깁니다'라고 말한다. 나라의 경비 중 반을 환상에 의존한다는 다산의 말은 과장이 아니다. 《만기요람》에 의하면 가경(嘉慶) 정묘년(1807년, 순조 7년)에 마감한 곡식 총수의 기록이 8도와 4도(강화, 화성, 광주, 개성부)에 쌀과 각 곡식이 999만 5천 599석이다.

이 1천만 석을 대상으로 《만기요람》에 분류 방식을 서술해 놓은 것이 있다. 1천만 석 전체를 백성에게 분급하지는 않는다. 설치 목적에 따라 모두 분급하는 것도 있고 3분의 1을 하는 것도 있는 데 이 규정을 어기면 처벌 대상이다. 법이 있음에도 불구하고 그대로 지키는 수령이나 아전이 거의 없다. 더 분급하는 만큼 이득이 되기 때문이다. 가분(加分)이라 한다. 여하튼 저 1천만 석을 《만기요람》에 나온 방식대로 즉, 법대로 분급하면 백성들이 받는 환곡의 수량이 6,857,669석이 나온다. 따라서 모곡 10분의 1과 낙색미 등 가을에 백성이 바쳐야 하는 수량을 계산하면 최소 1,145,230석이다. 실제로는 가분(加分) 등의 방법으로 더 분급하고 있으니 모곡의 수입은 이보다 훨씬 많을 것이다.

당시(1807년, 순조 7년) 전결이 1,456,592결인데 각종 면제, 유래진잡탈(流來陳雜頉: 진전 등)을 제외한 시기전(時起田: 전세를 납부하는 토지)이 840,714결이고, 여기서 재결(災結)을 제외한 810,819결이 실제의 전세 대상 결수이다. 당시 법에 국세(國稅)는 1결마다 전세미(田稅米)가 6두, 대동미(大同米)가 12두, 삼수미(三手米)가 1두 2승, 결미(結米)가 3두이다. 전세미는 6두를 걷지만 4두만 상납하므로 1결당 상납수는 20두 2승이다. 1년 국납이 16,378,543두, 1,091,902석이다. 국가가 받을 수 있는 최대치의 수입이다. 세곡의 운반 과정에서 통상적으로 3분의 1이 없어진다. 대동미도 저치미(儲置米)의 형식으로 해당 고을의 경비로 쓰는 일정분량(대개 40% 정도 된다)을 제하므로 한양에서 받는 것은 이보다 훨씬 적은 수치이다.

세수(稅收)인 전결 국납은 최대치가 1,091,902석이고, 세외 수입인 환상 모곡은 최소치가 1,145,230석이다. 어느 한 해만 특별히 그런 것이 아니다. 한 나라의 재정 구조상 정상적인 구조가 아니다. 세금도 아닌 것을 백성들은 매해 내야 한다. 그래서 다산이 '이것이 세금이지 어찌 구휼이며, 강제로 빼앗는 것이지 세금이라 할 수 있겠는가?'라고 개탄하고 있다. (위의 예는 수입의 비교를 위해 단순화한 수치이다.)

애초에 모곡(耗穀: 가을에 10분의 1을 더 받아들이는 쌀)은 원곡을 보관하고 출납할 때 생기는 자연적인 소모를 보충하기 위해 거두는 것이었다. 처음에는 일정한 법식이 없이, 시기나 나누어 주는 기관에 따라 달랐다. 성종 이후 10분의 1을 모곡으로 징수하는 관례가 생기고 명종 때에 이르러서는 이를 공식적으로 인정하게 된다. 이와 함께 모곡의 일부를 재정(財政)에 흡수하는 회록법(會錄法)을 시행, 일분모회록이 생긴다. 일분모

회록(一分耗會錄), 즉 모곡의 10분의 1인 1섬[石]당 1되 5홉을 호조에서 받아 사용케 하는 제도가 그 효시였다. 이러한 회록법은 임진왜란과 병자호란을 겪으며 재정이 궁핍하자 더욱 확대되어 모곡의 10분의 3을 더 받아 쓰게 되었고, 뒤이어 정부의 각 기관도 원곡(元穀)을 설치하여 그 모곡의 일부를 수령에게서 받아 경비에 보태 쓰게 하였다. 그리하여 조선 후기에는 각 관부(官府)의 경비가 대부분 이에 의존하는 실상을 이루어 이른바 환정(還政)의 폐해를 일으키는 원인이 되었다.

다산이 《목민심서》를 집필하던 시기는 상황이 이보다 더욱 악화된다. 다산이 말하기를 '근래의 예로서는 오직 상진곡(常賑穀)만은 5분의 4를 회록하고 그 나머지 호조곡은 10분의 9를 회록하고 이 이외의 것들은 모두 전모(全耗)를 회록하고 있으며 이 외에 별다른 예는 없다' 즉, 백성의 구휼이라는 목적과 모곡이 자연적인 소모분이란 의미는 거의 사라지고 재정 확충을 위한 목적만 남게 된다.

이처럼 각 관부의 재정이 정식 세목인 전세 등에 의존하는 것보다 세외 수입인 모곡에 의존도가 높다. 관료들이 쓸 비용이 모곡에서 나오니 진휼을 위해 설치한 애초 목적은 뒷전이다. 모곡을 얼마나 더 받을 것인가가 관리들의 최대 관심사다. 성호 이익의 말대로 '풍년이 들면 백성을 윽박질러서 억지로 떠넘기고, 흉년이 들면 진휼할 생각은 하지도 않고 우선 각박하게 거두어들이는 것에만 힘을 쓴다' 감사, 수령, 아전이 한통속이 되는 이유이기도 하다. 그 결과 앞의 경우처럼 백성들은 쌀 한 톨 만져보지도 못하고 햇곡식을 갖다 바치는 것이다.

법의 목적이 변했을 뿐 아니라 법도 원래 어지럽다.

근본이 어지러운 것을 다산은 여덟 가지로 분류하고 있다. 첫째는 벼, 보리, 콩 등 곡명이 어지럽고, 둘째는 수용하는 관청이 하나가 아니고 관청에 따라 분류와 모곡을 받는 법이 일정하지 않고, 셋째는 석수가 일정치 않아 어느 가호는 40~50석을 받고 혹은 토지 1결에 1~3섬을 받기도 한다. 넷째는 모곡을 받는 법이 일정치 않다는 것이고, 다섯째는 순법(巡法)이 일정치 않아 여러 번에 걸쳐 나눠주기도 한다. (환곡은 봄에 나눠 주는데 받으러 오는 만큼 농사일을 할 수 없을 뿐더러 오고 가는 경비 등을 쓰게 된다) 여섯째는 분류(分留: 나눠주고 보관하는 수)가 일정하지 않고, 일곱째는 이무(移貿: 싼 고을서 사서 비싼 고을에 팜. 주로 감사가 함) 여덟째는 정퇴(停退: 상환 기한을 물려 줌)가 어지럽다. 이 여덟 가지의 어지러움이 병폐를 생기게 하는 큰 근원이 되고 천만 갈래의 폐단이 여기에서 파생된다.

"대저 천고를 더듬어 보더라도 재정 관리를 이렇게 하고서 스스로 나라를 다스린다고 생각한 자는 필연코 없었을 것이다."라고 다산이 한탄할 수밖에 없다.

## 실무에 어두운 수령들

이 어지럽고 복잡한 환곡을 다스리는 것이 수령의 역할이다.

능력 있는 수령도 단속하기 어려운데 이 시기 과거 보고 수령으로 나가는 부류를 다산은 이렇게 평가한다.

"소싯적에 혹은 시부(詩賦)나 익히고, 혹은 궁시(弓矢)나 익히고, 항우패공(項羽沛公)의 시구를 놓고 부채를 두들기며 스스로 호기를 부리기나 하고, 그보다 단수가 높은 자는 태극원회(太極元會)의 이치와 하도낙서(河圖洛書)의 수와 이기(理氣)의 논쟁과 성정(性情)의 논변을 천하에 더없는 고묘(高妙)로 생각하고 전제(田制)와 부법(賦法), 그리고 창름(倉廩)의 계수에 대해서는 한 글자 반 글귀도 일찍이 강습하지 못했는데, 하루아침에 등용하여 그를 귀신같이 간활한 아전들의 위에 앉히고 말하기를, '너는 그들의 농간을 살피라' 하니, 천하에 이런 일이 있을 수 있겠는가? 요즈음 진신대부(搢紳大夫)로서 환상의 폐단을 논하는 자는 기껏해야, '가을에는 정(精)한 곡식을 받되 말에 넘치게 받고, 봄에는 거친 곡식을 나누어 주되 말에 우묵하게 나누어 주므로 백성들에 있어서는 매우 원통한 일이다' 라고 할 뿐이다. 그리고 아전의 포흠을 논하는 자는 기껏해야 아전이 밤에 창고 문을 열고 가마니를 져내서 제집으로 나르는 줄만 알고 있을 뿐이다. 그러므로 수령 중에는 미행하여 창고를 엿보는 자가 많으니 아! 오원한 일이 아닌가?"

능력 있고 애민정신에 투철한 수령이라도 별다른 방법이 없다. 이미 국가재정의 절반이 여기에 의존하고 각 아문(관청) 관리들의 월급도 여기에 기대고 있다. 일개 수령으로서 어찌할 방법이 없다. 그래서 '오직 그 출납(出納)의 수량과 분류(分留)의 실수만이라도 수령 자신이 잘 파악하고 있으면 아전들의 횡포가 그리 심하지는 않을 것이다' 고 말한 이유이다. 다산이 아전의 횡포를 운운하는 것은 환곡이 나라 경비에 보탬이 되는 것이 10분의 1이요, 관료의 녹봉으로 삼는 것이 10분의 2요, 나머지 10분의 7이 아전의 농간이라는 진단에 따른 것이다.

## 환곡의 문란에 대처하는 기초: 경위표

환상의 문란이 아무리 복잡하더라도 단속하는 방법을 마련해 놓는다면 그 대강을 거머쥐고 단속할 수 있을 것으로 다산은 말한다. 다산이 먼저 제시하는 것은 경위표(經緯表)의 작성이다. 경위표란 엑셀 양식으로 만든 분류표라 보면 된다. 다산의 말을 들어보자. '이제 경위표를 작성하여 횡으로 보면 여러 가지 곡식의 총수를 알 수 있고, ─ 쌀 몇 석, 조(租) 몇 석 ─ 종으로 보면 여러 아문 곡식의 분류(分留)를 정할 수 있다. 곡명, 아문, 구관, 모법이 복잡해도 구별이 분명하면 그 수량과 실수를 파악할 수 있다. 정신을 가다듬어 연구하면 저절로 분명해질 것이요, 자포자기하여 끝내 게으름 피우고 살피지 않는 것으로 마음가짐을 하는 것은 마땅치 않다'고 당부한다. 이렇게 해야 출납의 수량과 분류의 실수를 수령이 파악할 수 있다. 수령이 환곡의 실태를 파악하지 못하면 아전의 복잡 난해한 간계를 방지할 길이 없다. 아전들이 하자는 대로 하면 아전들에게는 좋은 수령이겠지만 백성들의 원망은 수령이 다 뒤집어쓰게 될 뿐이다.

두 번째로 제시하는 것은 걷어 들일 때야 몰라도 나누어 줄 때는 반드시 수령이 직접 나누어 줘야 한다는 것이다. 먼저 경위표에 있는 대로 창고의 수량을 점검한다. 하루에 나눠 줄 고을과 수량을 정한다. 수량만큼 곡식을 꺼내 가로로 쌓아 둔다. (수령이 앉은 자리에서 볼 수 있게) 축난 것이 쥐가 파먹은 정도(200분의 1 정도)면 나눠 주고, 이보다 심하면 담당 아전에게 보충하게 한다. 쭉정이나 왕겨가 섞여 있는 것은 일일이 키질을 해서 완전한 섬을 만들어 분급한다. 환곡을 나누어지는 일이 끝나면 군관을 불러 받아 가는 농민이 관아에서 10리(里)를 벗어나기 전에는 쉬지 못하게 단속한다. 술이나 밥을 먹거나 등등의 이유로 곡식 섬을 풀어 헤치기 때문이다.

비록 감사가 시세차익을 이용해서 입본(立本), 보속(步粟)하는 것은 막을 수 없다. 그러나 수령이나 아전이 나눠주지 않고 나눠주었다고 하는 일(反作, 暗留 등), 왕거나 쭉정이를 섞어 나눠주는 일(分石), 규정보다 더 분급하는 일(加分) 등은 방지할 수 있다. 즉 최소한 백성이 봄에 쌀 한 톨 보지 못하고 가을에 햇곡식을 가져다 바치는(白納) 억울한 일은 방지할 수 있고 키질해야 반 섬도 안 되는 곡식을 받는 백성의 억울함을 방지할 수 있다. 환상 본래의 목적인 구제정책으로 되돌리지는 못하지만 환곡에서 아전이 도둑질해 먹는 것이 10분의 7이라고 했으니 백성의 부담을 획기적으로 줄일 수 있다.

## 6. 호적(戶籍)

### 호적에 대한 다산의 두 가지 견해

호적에 관한 다산의 글은 대략 세 가지가 있다.
《여유당전서》 9권에 호적의(戶籍議)가 있고, 《경세유표》 13권에 호적법(戶籍法)이 있다. 그리고 《목민심서》 72개 조 중 하나가 호적이다. 그런데 《목민심서》에서 다산이 주장하는 호적에 관한 내용과 나머지 두 권에서 주장하는 바는 차이가 있다.

"호적을 조사하는 방법은 두 가지다. 하나는 핵법(覈法)이요, 다른 하나는 관법(寬法)이다. 핵법이란 한 구(口)도 구부(口簿)에서 빠뜨림이 없고 한 호(戶)도 호적에서 누락됨이 없게 하여, 호적에 기재되지 않은 자는 피살되어도 검험(檢驗)을 받을 수 없고 겁탈을 당해도 송사할 수 없게 하는 등 호구의 실수(實數)를 파악하는 데 힘써 엄한 법으로써 단속하는 것이다. 관법이란 구(口)를 반드시 다 기록하지 않고 호(戶)를 반드시 다 찾아내지 않고서 이(里) 자체가 스스로 사사 장부를 두어 요역과 부세를 할당하게 하고 관가에서는 그 대강을 들어 총수를 파악하여 균평하게 되기를 힘써서 너그러운 법으로 인도해 가는 것이다."

다산이 《경세유표》와 《호적의》에서 말하는 바는 핵법이요, 《목민심서》에서는 관법을 말한다. 다산이 말했듯이 '호적이란 모든 부(賦)의 근원이요, 온갖 요(徭)의 근본이니, 호적이 균평한 뒤에야 부세와 요역이 균평하게' 될 것이다. 이 말대로라면 모든 호를 누락 없이 기록해야 논리적으로 맞는 결론이다. 그런데 《목민심서》에서 다산은 관법을 쓰고 대강 숫자만 맞추라고 한다. 형식적 논리로만 따진다면 다산은 부세와 요역을 균평하게 하는 길을 스스로 포기하는 것이나 다름없다.

### 호적조사에서 관법을 쓰는 이유

관법을 써야 하는 이유를 다산은 이렇게 설명하고 있다.

"온 나라가 그렇지 않은데 한 고을의 수령이 홀로 핵법을 시행한다면 부역이 날로 증가되고 소란과 원망이 날로 일어날 것이며, 아전들이 그를 기화로 농간질하게 되어 백성들은 뇌물을 바쳐야 할 것이니, 이는 까닭 없이 태평한 세상에 난리를 일으키는 일이다. 그러므로 오늘날의 수령된 자는 호적은 오직 관법을 따를 것이다.

이른바 관법이란 무엇인가? 호(戶)를 반드시 다 찾아내지 않고 구(口)를 반드시 다 기록하지 않고서 그 원총(原總)만을 살피고 그 침기(砧基) ─침기(砧基)라는 것은 가좌(家坐)이다. 집을 지을 경우는 반드시 그 집터를 달구질하게 된다─ 만을 헤아려서 원총이 3000이고 가수(家數)가 9000이면 3가마다 1호(戶)씩을 세우게 하고, 원총이 2000이고 가수가 8000이면 4가마다 1호씩을 세우게 하여 원총에만 맞도록 할 뿐이요, 다시 더 세우지 않는 것이니 이를 관법이라고 한다. 내가 방전의(邦典議; 경세유표)에서는 핵법 쓰기를 주장하였으니, ─호적고(戶籍考)에 자세히 보인다─ 이는 나라를 다스리는 큰 방법이요, 지금 목민보(牧民譜: 목민심서)에서는 관법 쓰기를 주장하니, 이는 습속에 순응하는 작은 규정이다."

그렇다고 해서 한 고을을 맡은 수령이 호적조사를 대강대강 하라는 뜻이 결코 아니다. 《경국대전》에 의하면 호구 조사는 3년마다 실시해서 호조, 감사, 해당 고을에 각 1부씩 보관하는데 이 조사의 대응을 관법으로 하라는 뜻이다. 한 고을의 수령만 호적 업무를 세밀하게 한다면 오히려 해당 고을 백성들이 그 피해를 본다. 이것이 다산이 관법을 쓰라는 첫째 이유다. 두 번째는 수령의 공명심을 경계함이다. 수령의 기본 임무를 정리한 수령칠사(守令七事)가 있다. 이 일곱 가지 일이 수령 고과(考課) 평가의 기본 내용이다. 수령칠사 중 호구증(戶口增)의 내용이 있다. 관내 호구가 증가하면 고과에서 좋은 등급을 받을 수 있다는 뜻이다. 백성의 실정을 잘 모르는 수령이 함부로 일을 벌이는 것을 우려하지 않을 수 없다. 수령의 고과는 상등(上等)으로 올라가겠지만 백성의 부담은 더 증가한다. 다산이 관법을 써야 한다고 말하는 두 번째 이유다.

호적에 있어 다산이 관법을 주장하는 것은 내·외적인 대응이라 볼 수 있다. 안으로는 아전이 호적조사를 빌미로 백성을 침탈하지 못하게 하기 위함이다. 호적을 개정하는 시기 호적 담당 아전은 큰 고을에서는 1만 냥을 충분히 먹고 아무리 작은 고을이라도 3천 냥이 넘는다. 아전의 이익은 호수(戶數)를 가지고 이리저리 옮겨가는 것에서 발생하는 데, 관법을 써서 대강의 큰 수를 맞추는 데 그친다면 아전이 뇌물을 받을 길을 막는 것이다. 밖으로는 호구의 증가로 백성의 부담이 가중되는 것을 막기 위함이다. 감영을 대상으로 호구를 증가시키는 것은 쉽지만, 감액받기는 난감하다. 그래서 한번 증가한 호수는 계속 해당 고을의 부담으로 고착된다. 즉 다산이 말한 관법의 핵심은 원총(原總: 국가의 원적에 등록된 각 군현의 총 호수이다)의 불변이다.

## 가좌책은 핵법을 써야 하는 이유

원총이 변하지 않는다면 다음에 해야 할 일은 원총 내에서 최대한 공평하게 호의 배분을 해야 한다. 호의 공평한 배분을 하려면 세세하게 고을 사정을 알아야 한다. 그래서 다산이 말한다. '호적은 비록 관법(寬法)을 쓰더라도 가좌책은 반드시 핵법을 쓸 것이니, 한 치도 틀림이 있어서는 아니 된다.' 가좌책을 만들기 전에 해야 할 일이 하나 있다. 부임(赴任) 이사(莅事) 조에 나온 수령으로 부임해서 할 일 중 하나인 관내도(關內道)의 작성이다. 반드시 외딴 초가집 하나도 빠짐없이 그리게 해야 한다. 이를 바탕으로 가좌책을 만든다.

　가좌책은 다산의 발명품이 아니다. 가좌책은 호적을 작성할 때 기초자료로 활용되는 문서이다. 다만, 빠짐없이 기록하다 보니 1호(戶)의 내용이 근 1장에 이른다. 한 호에 대하여 기록하는 것이 거의 19개 항목에 달한다. 직업이 뭔지, 전지가 얼마인지, 가족관계 등이 모두 포함되어 있다. 2만 호의 읍이라면 2만 장이다. 2만 장이면 책으로는 백 권이다. 방안에 쌓아 놓기도 벅차다. 아주 좋은 기초자료지만 활용도가 거의 없다. 여기서 다산이 대안으로 제시하는 것이 경위표의 작성이다(앞서 환곡에서 거론한 바 있다). 경위표를 만들면 1호(戶)가 1행(行)에 불과하다. 한 권에 2천 가(家)요, 2만 가의 읍이라도 10권에 다 내용을 담을 수 있다(당시 330개의 고을 중 2만 호 이상의 읍은 대여섯 고을에 불과함). 이 경위표가 이루어지면 가호의 빈부며 동리의 허실이며 씨족의 강약이며 형세의 주객이 마치 손바닥을 들여다보듯 명료하리니, 책을 펼치면 훤하게 알 수가 있을 것이다.

　이 가좌책을 기반으로 호적을 만든다. 관법으로 호적을 완성한다는 것은 원총을 각 고을 실정에 맞게 고루 배분한다는 의미이다. 실정과는 다르게 부당하게 줄어든 부유한 마을은 증액하고 빈한한 마을에 쌓인 호수는 줄여 지극히 공정하게 만든다. 전총(前總)과 비교해서 증감이 있으니 해당 고을에 따라 원망과 탄성이 있게 마련이다. 그러므로 하나도 빠짐없이 다 바꾸는 것이 아니라 약간은 모자라거나 넘치더라도 용인하라고 말한다. 기본적으로 일을 해나감에 있어 융통성을 발휘하라는 말이다. 만약 조정에서 법을 만들고 어사(御史)가 법을 다스리는 것이라면 모두 반영하겠지만, 수령은 이와 달라 권한이 작기에 약간의 여지를 남기라는 현실적인 충고이기도 하다. 만약, 수령의 은혜와 위엄이 있어 백성이 따른다면 모조리 다 고쳐도 좋다고 덧붙인다.

### 민주적 정책 결정의 최고봉: 세액의 결정과정

이 자료를 바탕으로 마을 대표들이 상의해서 호수를 결정하게 한다. 이렇게 하면 고을 아전들이 낄 곳이 없다. 다른 일은 몰라도 호적은 반드시 이리해야 한다고 설명한다.

"호적은 모든 부세의 근본이다. 이 일이 한번 잘못되면 모든 일이 흐트러져 하나의 일도 정리할 수 없게 된다. 만약에 작은 구멍 하나라도 열어둔다면, 원칙이 무너질 것이다. 그렇기 때문에 호적의 법은 막으면 완전히 막히고 무너지면 완전히 무너지는 것이니, 그 둘 사이에 절반은 희고 절반은 검게 하는 방법은 없다."

비록 나라의 법이 완전하지 않아 관법을 쓰고 있다. 그럼에도 호적, 즉 기초통계 자료가 가진 중요성은 변하지 않는다. 양단간에 다른 방법이 없다는 다산의 말에 그 함의가 있다.

관법의 한계와 현실을 다산은 분명하게 말하고 있다.

"호적이란 나라의 큰 정사이니 지극히 엄정하게 하고 지극히 정밀하게 하여야만 백성들의 부세(賦稅)를 바로잡을 수 있을 것이나 지금 여기서 논하는 바는 시속(時俗)을 따른 것이다. 만약 국법이 완전히 구비되어 있다면 호적은 마땅히 핵법(覈法)을 써서 한 채의 집, 한 명의 사람도 빠뜨려서는 아니 될 것이다."

호적에 있어서만 이런 것은 아니다. 전정(田政)에서 진전(陳田)이나 은결(隱結)도 마찬가지고 군정(軍政)에서 첨정(簽丁)도 마찬가지다. 철저히 조사해서 보고하면 해당 고을 백성들 부담만 가중된다. 세금과 군역은 국가를 지탱하는 근본이다. 근본이 되는 세입과 군역 그리고 그 기초가 되는 호적이 사실에 기초하기보다는 모양새만 갖추게 한다. 다산이 《경세유표》 서문에서 '터럭 하나만큼이라도 병통 아닌 것이 없는바, 지금이라도 고치지 않으면 반드시 나라가 망한 다음이라야 그칠 것이다' 라고 한 이유가 여기에 있다.

## 백성에게 해가 되는 법은 숨기고 반포하지 말아야

백성의 실정이 이러함에도 법은 철저하다.

《대전통편》 호적 사목에 호적부실(戶籍不實)에 관한 규정이 세밀하고 벌칙이 엄하다. 은결이나 첨정도 마찬가지다. 호적 사목 중 호(戶)를 누락한 경우 하나를 보더라도 "주호(主戶)가 사족(士族)이면 무기한으로 정배(定配)하고, 평민(平民)이면 충군(充軍)하며, 공천(公賤)이나 사천(私賤)이면 도배(島配)한다. 통수(統首)와 임장(任掌)은, 1호를 누락시키면 장 80을 치고 도(徒) 2년에 처하며, 3호를 누락시키면 장 1백을 치고 도 3년에 처하며, 5호 이상을 누락시키면 주호(主戶)에 적용하는 율대로 논죄한다." 라고 규정돼 있다. 나이를 더하거나 줄여도, 위장전입 등도 철저하게 처벌한다.

이런 법을 호적을 개정하는 3년마다 감영에서 고을로 내려 보낸다. 아무도 지키지 않지만, 법은 법이다. 탐학한 수령과 아전들만 살판이 난다. 이를 무기로 백성을 공갈 협박하고 잇속을 채운다.

그래서 다산은 이렇게 말한다.

"호적 사목의 법전(法典)에 실려 있는 ―호전 제2조― 아무 죄는 장(杖) 1백, 아무 죄는 도(徒) 3년 등은 모두 시행되지 않고 있는 법이다. 시행되지 않는 법을 민간에 포고한다면 한갓 백성들로 하여금 조령(朝令)을 불신케 하고 국법(國法)을 두려워하지 않게 하는 결과만 가져올 뿐이니, 접어 두고 발표하지 않는 것이 또한 옳지 않겠는가."

다산은 앞의 율기 봉공 수법에서 '일체 법만 지킨다면 때에 따라서는 너무 구애받게 된다. 다소 융통성을 두더라도 백성들을 이롭게 할 수 있는 것은 옛사람들도 변통하여 처리하는 수가 있었다' 라고 말한 바 있다. 이 호적에 대한 다산의 태도가 '너무 법에 구애받지 않은' 경우다.

호적만 그런 것이 아니라 전정도 군정도 마찬가지다.

## 7. 평부(平賦)

### 《목민심서》의 핵심가치: 균(均) – 부자들에게도 세금을!

"부역균(賦役均)이란 7사(七事) 중의 요긴한 일이다. 무릇 공평하지 못한 부(賦)는 징수할 수 없으니 조금이라도 공평치 않으면 옳은 정치가 아니다."

《목민심서》호전(戶典) 평부(平賦) 조의 첫 마디다. 아니 호전 편뿐이 아닌《목민심서》전체에서 다산이 하고자 하는 말을 가장 함축적으로 표현했다. 전정, 환곡, 군정 소위 삼정의 문란에 대한 다산의 답은 균(均)이다. 좋기로서야 세금을 삭감해서 백성의 부담을 덜어 주는 것이 정답이겠지만 삼정(三政) 모두 국세(國稅)의 범위다. 일개 수령으로서 어쩔 수 없다. 그래서 고을에 부과된 총액을 깎아 줄 수는 없지만, 편중된 부담을 공평하게 하는 일은 가능하다. 부당한 방법으로 세액을 회피하는 대상을 찾아내 백성의 부담을 고르게 하는 일이《목민심서》에서 다산이 말한 백성을 구제하는 방법이다.

더불어 전정에서 은결(隱結)을 찾아내고, 환곡을 수령이 직접 나눠 주며, 군역에서 수령이 직접 포(布)를 걷어 들이는 것은 고을 아전들이 부당하게 착복하는 일을 방지하기 위함이다. 백성의 세금을 가로채더라도 수령이 하나를 먹으면 아전이 아홉은 먹는다. 아전이 부당하게 먹는 것을 근절하면 최상이겠지만 역시 일개 수령이 할 수 있는 일에는 한계가 있다. 법이 근본적으로 잘못돼 있기 때문이다. 또 월급 없는 아전들을 그렇게 몰아붙일 수도 없다. 그래서 다산이 선택한 것이 아주 심한 것을 없애는 것이다. 아전이 먹는 것은 부잣집 기름진 전지가 많다. 그래서 힘 있는 부자들이 주로 탈세, 면세의 혜택을 입는다. 아전들이 먹는 것을 제어(制御)한다는 건 결국 부자들을 다시 징세(徵稅)의 범위로 끌어들인다는 의미다. 결국, 백성의 부담을 고르게 하는 일이다. 다산의 말대로 공평하게 하는 것만으로도 백성의 부담을 상당 부분 줄일 수 있다.

### 백성에게 해를 끼치는 수령칠사(守令七事)

부역균이란 수령칠사(守令七事)에 포함된 주요한 사항이다.

감사는 이 일곱 가지 사항으로 매해 말에 수령의 고적(考績)을 평가한다. 수령이 최선을 다해 노력하지 않을 수 없다. 그러나 다산의 생각은 다르다.

"수령칠사는 어떤 사람이 제정한 것인지 알 수 없으나 농상성(農桑盛)과 호구증(戶口增)의 경우는 수령이 힘쓴다고 곧 될 수 있는 일이 아니요, 학교홍(學校興)과 군정수(軍政修)의 경우는 그렇게 급한 일이 아니며, 사송간(詞訟簡)과 간활식(奸猾息)에 관해서는 헤아리기 어려운 일이지만, 오직 부역균(賦役均) 한 가지 일만은 날마다 내 수중에 있는 것이니, 마음을 다해야 할 일이다."

이렇게 다산이 칠사(七事) 중 부역균을 강조하는 데는 또 다른 이유가 있다. 칠사 중 부역균만 유일하게 백성을 수탈하는 부작용이 없다. 농사를 돕는다는 핑계로 저수지는 제방을 사사로이 축조하여 노동력을 착취하고(農桑盛), 호구가 증가하면 백성들 세금이 늘어나며(戶口增), 군정을 고치면 아전들 잔치판이 된다(軍政修). 향약과 향교를 일으키면 세력 있고 돈 있는 자들의 세금 회피처가 된다(學校興). 또 백성의 억울함을 무시하는 논리가 되고(詞訟簡) 도적을 잡으라는 포교(捕校)는 도적은 못 잡고 백성들 돼지와 닭만 잡는다(姦猾息). 일선 행정에 미숙하고 명분에 사로잡힌 수령을 만나면 수령칠사는 고을을 다스리는 기본 원칙이 아니라 아전이 백성을 수탈하는 좋은 명분이 될 뿐이다.

자고로 부역의 일은 적게 부과하는 것을 첫째로 삼는다. 적게 부과한다는 것은 전세, 환곡, 군포의 수를 줄이라는 말은 아니다. 또 수령이 할 수 있는 일도 아니다. 법에 규정된 것 이외에 잡다한 명목으로 더 걷어 들이는 걸 줄이라는 말이다. 이 잡다한 명목이 전결의 경우 법에 규정된 것보다 그 수량이 댓 갑절이나 된다는 것이 다산의 진단이다(《경세유표》 11권 방부고). 법대로 낸다면 토지 1결당 대략 25두 7승이다(田稅米가 6두, 大同米가 12두, 三手米가 1두 2승, 結米가 3두, 가승미 1두 3승, 선납 2두 2승). 이의 댓 갑절이면 1결당 100두가 넘는다. 1결당 수확량의 6분의 1이요, 소작농에게 있어서 1년 수입의 3분의 1이 넘는 양이다. 백성으로서 감당할 수 있는 수준이 아니다.

### 정식 세금보다 더 무서운 잡세(雜稅): 민고(民庫)

국가가 1결에 부과하는 30여 두의 세액은 그리 과중한 것은 아니다. 과

중한 것은 국법 이외에 해당 고을에서 마음대로 만든 세목(稅目)들이다. 다산은 "오늘날 우리 군현(郡縣)에 쓰고 있는 법들은 도대체가 국가에서 제정한 법이 아니다. 무릇 부역이나 징렴(徵斂)이 모두 이속들의 생각에서 나온 것이니, 급히 개혁해야 할 것이요, 그것을 그대로 두어서는 안 된다"라고 〈봉공 수법〉 조에서 말한 바 있는데, 이것이 소위 민고(民庫)다. '전부(田賦) 외에 가장 큰 부담은 민고(民庫)인데 혹은 토지에 부과하기도 하고, 혹은 가호(家戶)에 부과하기도 하여 비용이 날로 확대되므로 백성들이 살 수가 없다.'라고 진단한다.

민고는 '조선 후기 각 지방에서 전부(田賦) 이외의 잡역(雜役) 및 기타 관용 비용을 조달하기 위하여 설치된 재정기구'로 설명할 수 있다. 애초의 설치 목적은 수령의 가렴주구에 대응하기 위한 성격이 강하다. 이 민고가 백성 수탈의 도구화로 변질됐는데 이의 원인으로 다산은 두 가지를 꼽고 있다. 하나는 감사(관찰사)가 함부로 위엄을 부리는 것이요, 다른 하나는 수령이 탐욕을 부리는 것이다. 이 두 가지 원인이 없으면 본래 민고가 없을 것이요, 아전들이 농간을 부릴 근거가 없을 것이라고 다산은 말한다.

감사가 필요한 물산(物産)을 각 고을에 납부하도록 배정하는 것을 복정(卜定)이라 하는데, 감사는 매해 수령칠사의 실적을 갖추어 왕에게 보고하는 것이 기본 임무다. 수령의 생사여탈권을 감사가 갖고 있음이나 다름없다. 고을 수령들은 충성 경쟁을 할 수밖에 없고, 감사가 복정한 물품을 바치는데 감히 비용을 아낄 생각도 못 한다. 그러다가 일이 지나고 나면 쓴 비용이 아까워 그 피해를 잔약한 백성들에게 돌리니, 이것이 바로 민고(民庫)가 생기게 된 동기라고 다산은 진단한다.

국법에 없고 고을마다 규칙이 다른 민고

민고가 이렇게 생겨나다 보니 일정한 규칙이 없다. 이에 대한 다산의
의견이다.

"그 창설 초기에 조정의 명령이 있었던가. 널리 시행된 뒤에 또한 조정
의 금령(禁令)이 없었던가. 토공(土貢)의 폐단이 비록 크지만 그 법은 본래
국가의 법에 실려 있고, 양역(良役: 군역을 말한다)의 폐단이 비록 심하지
만 그 일은 본래 조정의 명령에 따른 것이다. 그런데 민고란 것은 향리(鄕
吏)들이 제멋대로 그 규례를 마련하고 수령들이 제멋대로 그 법을 만들었
으니, 천지가 생긴 이래로 이런 일이 있었던가. 팔도(八道)에 모두 민고가
있지만 그 법식은 도(道)마다 각기 다르고, 여러 고을에 모두 민고가 있지
만 그 규례도 고을마다 각기 다르다. 그 법의 득실은 우선 그만두고라도
한 임금의 나라에는 마땅히 한 임금의 제도가 있어야 할 것인데 그것의
혼란함이 이와 같으니 천지가 생긴 이래로 이런 일이 있었던가."

국법에 거리낄 게 없으니 아전과 수령의 탐욕에 의해 새로운 항목이 날
로 늘어나는 것은 필연적 이치이다. 그래서 옛날엔 말과 되에 차던 것이
지금은 불어서 동이나 섬에 차게 되었고, 옛날엔 작은 저울에 달던 것이
지금은 늘어서 큰 저울에 달게 될 수밖에 없다. 이속들의 생각에서 나온
잡다한 명목이 법에 규정된 것보다 몇 갑절이나 돼 버렸다. 그래서 '민고
란 부역 중에서 가장 큰 것이고, 그치지 않는다면 백성들은 필연코 다 죽

을 것이다' 라는 다산의 얘기를 새겨들을 수밖에 없다.

삼정이 문란해, 수령과 아전의 농간이 심각하다지만 그래도 조정에서 반포한 법에 근거한다. 그렇지만 민고의 경우는 다르다. 일정한 법식이 없다. 탐욕스러운 수령을 만나면 옛날엔 불과 3~4조목밖에 안 되던 것이 쇠털같이 많아지고, 그야말로 백성이 죽어 나갈 수밖에 없다. 그래서 정조가 여러 번에 걸쳐 폐단을 개혁하고자 했지만 별다른 성과를 얻지 못한다.

'성상의 유시가 준엄한 데도 각도 민고의 폐단이 털끝만큼도 변동되지 않고 그대로 예와 같으니 천하에 대담한 자는 곧 열읍(列邑)의 수령이라 하겠다' 라고 다산이 한탄하는데, 정조가 비답(批答: 상소에 대한 임금의 답)을 내리며 '탐람한 관리 하나를 복주(伏誅: 사형)시키는 것이 배고픈 백성 1만 명을 진휼하는 것보다 나을 것이니 이 일을 소홀히 할 수 있겠는가' 라고 했음에도 불구하고 이런 일이 벌어진다.

앞의 이전(吏典)에서 언급했듯 《목민심서》에는 좋은 아전이 등장하지 않는다. 반대로 명분에 집착해 백성에게 피해를 주는 수령을 거론하지만, 수령을 욕하는 것도 거의 없다. 나쁜 수령으로 등장하는 것은 모두 중국의 목민관들이다. 그러나 호전 평부 조에서 민고를 설명함에 있어서는 수령의 잘못을 구체적으로 거론한다. 《목민심서》에서 수령을 비판하는 대목이 가장 많이 등장하는 조가 이 평부 조다. 그만큼 민고의 폐단이 극심하다는 뜻이다. 전부(田賦) 이외 가장 큰 부담이 민고(民庫)라고 다산이 말하지만 이는 형식상이다. 실내용을 보자면 가장 큰 부담은 민고라 할 만하다.

다산이 평부 부역균의 대상으로 민고를 말하는 이유가 여기에 있을 것이다.

## 모든 세금이 토지에만 부과되는 문제

세금 문제에 있어 다산이 《경세유표》와 《목민심서》에서 가장 우려하는 것은 모든 세금이 토지에만 집중되는 일이다. 달리 말하면 농민 이외 사람들의 세금 부담은 상대적으로 가벼워진다는 뜻이고 모든 부담이 농민에게 집중된다는 말이다. 이 현상은 조선 후기로 갈수록 더 심해진다. 당시 토지 1결에 부과하는 세목이 전세, 대동미, 삼수미, 결미 등인데 이 중 토지와 관련된 세목은 전세미 4두에 불과하고 나머지는 세목은 원래 토지와 관련 없다.

당시 세금은 부과 대상에 따라 두 가지로 나눈다. 호렴(戶斂)과 결렴(結斂)이다. 호렴이란 호(戶)를 대상으로 하고 결렴은 토지의 단위인 결(結)을 대상으로 한다. 호를 대상으로 하면 상인(商人)과 공장(工匠) 등도 세금을 부과하지만 결을 대상으로 하면 농민들만 부과 대상이 된다. 대동미도 토지에 부과하는데, 원래 공납(貢納: 각 고을의 특산물을 납부함)으로 호별로 부과하던 것이 변화된 것이다. 삼수미(三手米)는 훈련도감의 군인 양성이 목적인 세액이며, 결미는 균역법 시행으로 줄어든 국가재정을 보전하기 위해 신설된 세목이다. 군역(軍役)의 범위다. 군역의 의무를 띄는 호(戶)를 대상으로 할 일이지 애초 토지에 부과할 성격은 아니다. 대동과 결미 등은 원론적으로 호를 대상으로 하는 게 맞다. (대동법이나 균역법의 시행이 잘못됐다는 말은 아니다) 결국 모든 세금이 농민에게 집중된다. 다산이 모든 세금이 토지에만 집중된다고 우려하는 일의 실내용이다.

여기에 수령이 신영쇄마전도 토지에 부과하고, 구관쇄마전(舊官刷馬錢) 등도 토지에 부과하고 있다. 수령이 이미 깨끗하지 못하니 아전도 따라 움직여서 서원고급조도 토지에 부과하고 저줄근수조도 토지에 부과하고 있다. 환상(還上)의 폐단이 극도에 이르러서 백성들이 곡식은 구경도 못 하고 해마다 몇 섬의 곡식을 바치는데 이 몇 섬의 곡식도 토지에 부과한다.

모든 세금이 토지에 집중되고 여기에 민고(民庫)라는 자잘한 명목이 덧붙는다. (민고절목은 토지에 부과되는 것도 있고 호에 부과되는 것도 있다) 당시 연일현감 정만석이 대강 든 민고 항목만도 15개에 달하며, 고을마다 민고절목이 다르니 그 항목만을 파악하기도 힘들다. 다산이 제자들과 민고에 관해 토론한 적이 있는데 그 내용 중에 이런 것도 있다. "족보(族譜)의 발간은 한 가문의 사적인 일이요, 서원(書院)의 중수도 또한 여러 유생이 사적으로 추모해서 하는 일이거늘 한번 와서 구걸하면(유생이 수령에게 청탁한다는 의미) 반드시 민고에서 징수하니 무슨 까닭인가. 가마로 자기 모친을 모시는 것은 수령이 스스로 마련할 것이요, 공무로 행차할 때에는 나라에서 회감해 주게 되어 있거늘, 그 비용과 물자를 또 꼭 민고에서 빼내 가니 부끄럽지 않은가."

### 적폐의 집합체: 계방

애초 민고의 명목만으로도 백성들이 이미 감당하기 벅차다. 게다가 돈 있고, 빽 있는 자들은 이런저런 명목으로 빠져나간다. 그 방법 중 대표적인 것이 계방(契房)이다. 계방이란 한 마을 혹은 한 호(戶)가 해마다 돈 수백 냥이나 백여 냥을 아전에게 바치고 일체의 요역(徭役)을 면제받는 걸 말한다. 대개 계방이 된 마을은 곧 환곡(還穀)의 배당도 면제받고 군첨(軍簽)의 침해도 면제받고 민고(民庫)에 내는 일체의 요역도 배당되지 않고 그해 내내 편안히 지낼 수가 있다. 이 때문에 백성들은 즐겨 아전과 더불어 계방을 하려는 것이다. 또 궁방전(宮房田)·둔전(屯田)·사액서원(賜額書院)·역촌(驛村)·점촌(店村) 등은 면세되는 곳인데 여기도 세금의 도피처이다. 예를 들어 사액서원의 면세전은 법에 3결이다. 3결의 토지라면 농사짓는 데 6가(家)면 충분함에도 면세를 목적으로 토지 결수와 가(家)를 초과하여 늘리는 것이다.

본래 계방은 반드시 마을의 재력이 본래 풍부하고 그 마을 호민(豪民)이 권세가 있어야 일이 이루어질 수 있다. 아전이 황폐하고 쇠잔한 촌락의 가난한 백성들과 홀아비·과부·병약자들 따위가 모여 사는 곳을 계방으로 삼을 까닭이 없다. 그러니 대개 부촌(富村)과 부호(富戶)에서 내는 그 요부(徭賦)는 모두 아전들의 먹이가 되며, 오직 영락하고 고단한 백성들만 공부(公賦)에 응하고 요역에 출력하게 된다. 그야말로 빈익빈(貧益貧)이요, 부익부(富益富)다.

감사가 복정(卜定)하고 봄, 가을로 각 고을을 순회하는 비용을 마련하기도 벅찬데(다산이 민고의 근본적 폐단으로 지목한 바 있다), 수령의 사적(私的) 경비며, 향교, 아전들의 쓰임새까지 모두 민고에 요구한다. 더구나 부자들은 계방이다 역근전이다 해서 이래저래 빠져나간다. 그래서

1만 호(戶)의 부담이 1000호에 겹쳐지고, 1000호의 부담이 100호에 겹쳐져서, 옛날에는 1호의 부담이 매해 100전(錢)에 불과하던 것이 지금은 수천 전으로도 오히려 부족하다. "백성들이 울부짖고 쓰러져 물고기가 썩어 문드러지듯, 강둑이 터지듯 하는 지경에 이르렀으니, 지금 이때 구제하지 않으면 이 불쌍한 백성들이 장차 씨도 없어질 것이다. 계방을 혁파하는 것이 오늘의 급선무가 아니겠는가."라고 다산이 진단한다.

'계방(契房)이란 모든 폐단의 근원이요, 뭇 농간의 구멍이니 계방을 혁파하지 않고서는 아무 일도 제대로 될 수 없을 것이다'라고 다산이 말하고 있다. 그러나 계방을 혁파하고자 하면 모든 아전이 들고일어난다. 감사의 순력(봄, 가을로 관내 고을을 순회함)과 병영의 군첨 등 아전들이 말하는 쓰임새가 이치에 맞고 말이 빈틈이 없다. 웬만한 수령으로서는 감당하기 어렵다. 계방의 혁파를 말하는 사람은 많은데 한 개의 계방도 없어지지 않는 이유이다.

"그러나 계방이 설치된 것은 30년 이래의 일이다. 30년 이전에는 감사의 순력이 없었으며, 병영의 군첨이 없었단 말이냐? 그리고 30년 이전에는 아전들은 아전 노릇을 할 수 없었고, 관노·조례(皁隷)들은 모두 길거리에서 걸식하고 다녔단 말이냐? 잔말은 들을 필요도 없고 한마디로 잘라 말해서 계방은 혁파해야 할 것이다." 삼정의 문란을 논할 때도 일말의 여지를 둔 다산이지만, 계방에 대한 의지는 단호하다. 계방의 혁파 없이는 부역균(賦役均)은 불가능하다. 일개 수령으로서는 백성을 구제할 방법이 없기 때문이다. 또 삼정이야 국가 사무의 범주로 한계가 있지만, 계방은 다르다. 계방의 혁파는 다산이 《목민심서》에서 일말의 여지도 주지 않고 반드시 없애야 한다고 가장 강력하게 주장하는 내용이다. 수령이 노력한 만큼 백성이 혜택을 받을 수 있다.

## 다산이 호렴을 주장한 이유

계방 등을 혁파함으로써 부역균(賦役均)은 어느 정도 달성할 수 있지만, 근본적으로 다산은 토지에 세금이 집중되는 것을 방지하려면 결렴(結斂) 말고 호렴(戶斂)을 실시해야 한다고 주장한다. "결렴을 실시하는 것은 호렴을 실시하는 것만 못하다. 결렴을 하면 농민이 궁해지고, 호렴을 하면 공장이와 상인이 괴로워하고 놀고먹는 자가 괴로워하니 이것은 농민을 보호하는 방법이다." 그러나 호렴을 실시하는 데는 전제조건이 있다. 호적을 바로잡아야 한다. 그래서 당시와 같이 호적이 어지러운 상태에서 마구 호렴을 시행하는 것은 옳지 않다고 다산은 다시 말하고 있다. 위의 호적 조에서 본 바대로 아전들만 좋은 일이기 때문이다. 다산은 비록 호렴의 실시가 어렵더라도 공전(公田)을 설치해서 민고의 역을 충당하고, 쌀로 징수하는 것보다 돈으로 징수하는 것이 아전의 농간을 방지하는 데 좋을 것이라는 의견을 아울러 피력한다.

민고의 폐단을 고치는 답은 《목민심서》 3편 봉공(奉公) 수법(守法) 조에 있다.

'읍례(邑例)란 한 고을의 법이다. 그것이 사리에 맞지 않을 때는 수정하여 이를 지켜야 한다' 여기서 말한 읍례가 민고절목이다. 여러 고(庫)의 절목을 가져다가 물가가 전에는 헐했는데 요즈음 와서 비싸진 것은 의논하여 올려 주고, 전에는 비쌌는데 지금 와서 헐해진 것은 그대로 후하게 해 주고, 민호(民戶)가 전에는 번성하였는데 지금 와서 쇠퇴해진 것은 의론하여 감해 주며, 전에는 적었는데 지금 와서 늘어난 것은 옮겨주어 고르게 만든다. 물가를 반영하는 것은 아전의 부담을 덜어주는 것이 주요 요인이고(아전이 괴로우면 백성을 괴롭힌다), 옮겨준다는 것은 백성들 부세 부담을 공평하게 한다는 것이다.

## 백성과 아전을 모두 만족시키는 다산의 정치적 능력

다산이 곡산부사로 있을 때 이렇게 민고절목을 만들었는데 아전과 백성들이 모두 기뻐했다고 기록하고 있다. 백성이 기뻐하는 것은 이해하겠는데 아전이 기뻐한다는 건 이해하기 어렵다. 그렇다고 아전들이 먹는 걸 그대로 용인했다면 백성들이 기뻐할 이유가 없다. 형용모순처럼 보이는 이 불가능한 일을 해내는 게 다산의 정치적 능력이다. 잡다한 조목을 원리원칙대로 모두 없애는 것이 아니라 아전이 살 정도는 마련(?) 혹은 용인해 준다는 의미다, 또 아전 사이에도 차등이 있다. 고을별로 다르지만, 힘있는 아전인 수리(首吏)가 태반(太半)을 먹으며 심한 경우 거의 독식(獨食)하는 경우도 있다. 이를 공평하게 해 주기에 대다수 아전도 기뻐한다. 이것이 다산의 진면목이요, 《목민심서》에서 말하는 올바른 목민관의 모습이다.

다산이 곡산부사 때 만든 이 법을 후임자가 고치려 했으나 백성들의 반발로 무산됐다고 다산은 〈자찬묘지명〉에 기록하고 있다. 백성들만 반발했다면 불가능했겠지만, 아전들이 같이했으니 후임 수령의 의지를 무산시킬 수 있었을 것이다.

이 민고절목의 예는 좋은 정책이 어떻게 만들어지는지를 잘 표현하고 있다. 조선시대 최고의 개혁이라는 대동법이 만들어지는 과정이 대표적이다. 백성들 스스로 공납의 폐단에 대응해 만든 것을 정부에서 지난한 논의 과정을 거쳐 만든 것이 대동법이다. 그 결과 백성들의 부담은 획기적으로 줄어들었다. '대동법 조선 최고의 개혁' 이라는 책을 쓴 이정철 박사에 의하면 백성의 부담이 5분의 1로 줄어들었다고 증명하고 있고, 율곡은 1582년의 상소에서 백성의 부담이 10분의 1로 줄어든다고 말한 바가 있다. 이렇게 현장에서 만들어진 정책은 대단히 현실적이고 효율적이다. 다산이 이 책에서 말하는 백성을 위한 각종 조치들이 모두 현장에서 나온 주옥같은 정책들이다. 지방자치의 본뜻을 완벽하게 구현하고 있다고 볼 수 있다.

다산은 이 법을 전국에 통용하고자 하는 의지를 피력하고 있다. 다산이 곡산부사로 민고절목을 고치고 중앙 정계로 복귀한 게 1799년이다. 그런데 1800년 정조가 승하했으니 아쉬움이 더할 뿐이다.

## 8. 권농(勸農)

### 기술직 관료의 육성

농상성(農桑盛)은 수령칠사의 첫 번째 항목이다. 농업사회인 조선에서 목민관에게 가장 중요한 업무라고 할 수 있다. 그런데도 다산은 호전(戶典) 평부(平賦) 조에서 '농상성은 수령이 힘쓴다고 곧 될 수 있는 일이 아니요' 라고 말한 바가 있다. 반면 권농(勸農)에서는 이렇게 말하고 있다. "옛날 현명한 수령들은 농사를 권장하는 일에 근면하는 것으로써 명성과 공적을 삼았으니 농사를 권장하는 일은 수령의 으뜸가는 정무이다."

《목민심서》에는 이렇게 상반되는 표현이 다수 등장한다. 농상성에 대한 부분도 마찬가지다. 다산이 권농의 방법으로 말하는 것이 세금의 감면, 농기구의 제작, 대여, 소(牛)의 대여, 농사에 따른 상벌(賞罰)의 실시 등이다. 이와 더불어 다산이 중요하게 여기는 것은 6과의 설치다. 6과(곡물, 목축, 목재, 직물, 과일, 채소의 생산을 담당)란 일종의 기술직 관료라 할 수 있다. 즉, 곡물 생산을 많이 하고, 목축을 왕성하게 하는 등의 내용으로 고과평가를 해서 관직을 수여하자는 주장이다.

이 6과의 설치가 중요하기는 하지만 수령이 할 수 있는 일이 아니다. 그래서 다산은 이렇게 말한다. "이는(6과의 설치) 오늘날의 수령들이 당장에 시행하기를 요구하는 것은 아니다. 전정(田政)이 크게 바로 잡히고 온갖 법도가 모두 명확하게 되고 직분에 따르는 공납이 법대로 되고 만민이 각 기업을 받게 되어 나의 전제고(田制考)에서 논한 것처럼 된 뒤라야 이를 논의해 볼 수 있다. 지금의 수령들이 이것을 살펴서 시행하라는 것은 아니다." 수령칠사 중 농상성이 '수령이 힘쓴다고 곧 될 수 있는 일이 아니요' 라고 한 이유가 여기에 있다고 할 수 있다. 근본적으로 고칠 수 없다는 말이지 농상성에 힘쓰지 말라는 말이 아니다.

그럼에도 불구하고 6과의 설치에는 다산의 이용후생과 실학의 철학 그리고 과거제의 폐단과 신분제에 대한 다산의 생각을 엿볼 수 있다. 농사짓는 백성에게 관직을 주어야 한다고 하니 당연히 반대하는 의견이 없을 수 없다.

"관록(官祿)이란 덕 있는 사람에게 주는 것인데, 지금 농사짓고 원예하는 소인과 목축하는 천한 사람을 뽑아 모두 사적(仕籍)에 올리는 것이 어찌 나라를 보유하고 백성을 권장하는 도리이겠는가."

이에 대한 다산의 답변은 단호하다.

"절대 그렇지 않다. 이른바 과시(科詩)라고 하는 것은 과연 어떠한 것인가. 항우 패공(項羽沛公)에 관한 글귀나 풍진우주(風塵宇宙)에 관한 시구 등 미치광이 말과 망령된 논설로 과거를 베풀어 사람을 뽑아서 사적에 올리는 이것이 이른바 덕 있는 사람에게 관록을 주는 것인가. …… 비록 그들(농사짓는 이)을 천거해서 정승과 재상으로 삼는다 해도 오히려 옛 법대로인데 구구한 찰방, 성장의 직책이야 어찌 다시 말할 거리가 되겠는가. 순차로 등용하여 수령의 벼슬을 주는 것도 그만둘 수 없다."

### 권농의 핵심: 감세(減稅)

장기적인 안목에서 권농의 방안이 6과의 설치였다면 당장 수령에게 시급한 방안은 경세(輕稅: 가벼운 세금)다. '농사를 권장하는 요체는 조세를 덜어주거나 가볍게 함으로써 그 근본을 배양하는 데 있다. 이렇게 하면 토지가 개간될 것이다'라고 권농 조에서 말하고 있다. 그런데 여기에 대한 해설은 전정(田政) 조에 있다. '내가 시골의 들에 다니면서 매양 보면,

진전(묵힌 땅)이 한없이 많았다. 물어보니 부세가 무거워서 묵힌 것이라 한다. 법전에 비록 자세히 명시되었으나(감면에 관한 내용이) 어리석은 백성들은 알지 못하고 있으니, 반드시 수령이 수시로 그것을 밝혀 주고 개간을 권유할 것이며, 또 홍권(紅券: 면세 확인증)을 주고 법전에 의하여 면세해 주면 묵어서 황폐한 땅이 반드시 점차로 개간될 것이다' 라고 말하고 있다.

황무지도 아닌 멀쩡한 농지임에도 묵히는 땅을 보며 다산은 일망무제(一望無際)라고 표현하고 있다. 다산의 표현이 과하다 할 수 있지만, 당시의 세금이 백성들에게 얼마나 가혹한지를 단적으로 보여 준다고 할 수 있다. 이뿐만이 아니다. 월급 없는 아전들은 '백성이 아침에 한 치의 묵은 땅을 갈아도 저녁에 요역장부(徭役帳簿)에 올리니' 묵은 땅을 개간하는 건 요원한 일이다.

비록 정처 없이 떠도는 백성이 농사를 짓고 싶어도 그럴 수 없는 현실이다. 그래서 조세를 가볍게 하는 것이 농사를 권장하는 요체라고 다산이 말하고 있다. 묵은 땅을 경작하는 경우 토지의 등급을 낮춰주거나 5년간 세금을 면제해 주라고 주장한다.《대전통편》에는 '3년간 세를 감해 준다' 라고 되어 있다.

## 농기구의 제작과 보급

농기구의 제작 보급도 권농을 위한 수령의 중요한 임무 중 하나다.

농기구의 제작과 보급을 농민들이 스스로 알아서 하기에는 수월한 일이 아니다. 다산이 《목민심서》에서 거론한 최신 농기구만 하더라도 쟁기, 풍구, 수차 등 종류가 다양하다. 대개 서양의 영향을 받은 중국의 농사 관련 책자에 나오는 기구들이다. 이에 열거된 농기구들은 모두 질박해서 제작하기 쉽고, 별도의 톱니바퀴나 새기고 다듬는 기묘한 기구가 없는데도 우리나라 사람들은 강구하여 시행하지 않는다고 다산은 한탄한다. 중국의 서책을 백성들이 구하기 난망한 일이요, 설사 구했다 하더라도 내용을 이해하기 쉽지 않다. 그래서 수령들은 마땅히 그 도보(圖譜)를 살펴 기구를 제작하여 백성들에게 주어 사용토록 해야 할 것이라 말하는 것이다. 이를 위해 다산은 《경세유표》에서 일종의 기술개발청인 이용감(利用監)의 설치를 주장한 바 있다.

## 소 도축량이 하루 500마리

농기구의 제작·대여와 더불어 권농에서 중요한 것이 소(牛)라 할 수 있다.

다산이 '농사는 소로 짓는 것이니' 라고 표현할 정도로 당시 농사에 있어서 소는 절대적이었다. 그러나 농부들은 가난하다. 이웃에서 소를 빌려써야 하는데 논갈이 때를 놓쳐 1년 농사를 망치는 경우가 허다하다. 농민이 가난해서 소가 없기도 하지만 애초에 소의 도살이 너무 많아 소가 갈수록 귀해지는 것이 근본적 원인이라고 다산은 진단한다. 하루 500마리라는 것이 《목민심서》에 나와 있는 당시 소의 1일 도축량이다. 다산이 계산한 것은 아니고 박제가가 《북학의》에서 말한 것은 인용한 글이다. 그 근거를 박제가는 이렇게 말하고 있다.

"나라의 제향(祭享) 때나 호상(犒賞) 때에 잡는 것, 또는 반촌(泮村)과 서울 5부(五部) 안 24개소의 푸줏간에서 잡는 것, 게다가 전국 300여 고을마다 관에서 반드시 푸줏간을 열게 한다. 작은 고을에서는 날마다 소를 잡지는 않으나 큰 고을에서 겹쳐 잡는 것으로 상쇄되고, 또 서울과 지방에서는 혼례와 잔치·장례·향사(鄕射) 때 그리고 법을 어기고 밀도살하는 것을 대강 헤아려 보아도 그 수가 이미 500마리 정도가 된다."

현대와 비교해도 결코 적은 양은 아니나, 당시에는 소 이외에는 고기가 전무하다는 것을 고려하면 이해하지 못할 바는 아니다. 이런 사유로 소가 줄어드니 다산은 소의 도살을 금지해야 하고 돼지와 양으로 고기를 대체해야 한다고 주장하고 있다. 그래서 권농 조에는 양을 기르는 방법도 자세하고 소의 병과 그 치료법도 상세히 적혀 있다.

소고기를 먹지 않는다거나 줄여야 한다는 건 다산만은 생각은 아니었다. "율곡(栗谷)은 평생 소고기를 먹지 않으면서 말하기를, '이미 그 힘을 먹고 또 그 고기를 먹는 것이 옳겠는가?'라고 했으니, 매우 당연한 이치이다."라고 다산은 환영한다. 이처럼 소고기를 먹지 않는다거나 줄여야 한다는 건 백성을 사랑하는 목민관의 자연스러운 결론 중 하나라고 볼 수 있다.

그렇다고 소의 도살(屠殺)을 전면적으로 금할 수는 없다.

"그러나 우리나라에는 양이 없어 명절 때 즐기며 노는 데도 소가 아니면 고기가 없으니, 가혹하게 금할 수는 없는 일이다. 그러나 호부한 아전이나 잘사는 백성들이 혼인 잔치나 장례·제사 때에 소를 잡는 것이 풍속으로 되었는데 이것은 금할 일이다. 법례에 개가 마땅할 것인데 어찌 송아지를 쓸 수 있는가?"

역시 교조적이지 않게 현실적인 답을 찾아가는 다산의 변함없는 모습이다.

제7편

# 예전
禮典

《목민심서》7편 예전(禮典)은 백성의 교육과 관련된 교민(教民), 흥학 (興學), 과예(課藝)의 3개 조와 제사(祭祀), 빈객(賓客), 변등(辨等)의 나머 지 3개 조로 구성되어 있다.

교육과 연관된 3개 조는 현대에서도 정부의 가장 중요한 업무 중 하나 라 할 것이다. 반면에 나머지 3개 조는 현재 정부나 지방자치단체의 업무 와는 연관성이 거의 없는 부분이다. 공공기관의 업무는 아니지만, 우리 실생활에 아직도 많은 영향력을 끼치고 있는 내용이기도 하다. 예전 6조 의 내용 가운데 특히 변등(辨等)은 계급사회였던 당시의 노비제도에 대한 다산의 견해를 엿볼 수 있는 중요한 내용으로서 많은 논란이 있을 수 있 는 조항이다.《목민심서》의 제6편인 호전(戶典)이 내용 자체가 어렵다면, 예전은 현대와는 다른 정서(情緒)적 차이와 계급에 대한 다산의 불편한 시각 등으로 인해 읽기 어려운 측면이 있다.

# 1. 제사(祭祀)

## 제사를 지내는 것도 수령의 주요 업무

《목민심서》12편 중 9편 54개 조는 수령의 고과평가 항목이다. 제사 조도 수령 고과평가의 한 조목이라는 말이다. 지금 생각해보면 이런 걸 왜 관에서 취급하는지 의문을 표시할 수 있는 대표적 조항이다. 현대에는 종교의 영역에 속하지만, 성리학적 정치 질서를 강조하는 당시로써는《경국대전》이나《대전통편》에 상세하게 규정되어 있을 만큼 수령들에게는 중요한 업무 중 하나였다.《대전통편》에 나와 있는 기우제의 절차는 12차례에 걸쳐, 장소와 보내는 관원의 품계까지 지정하고 있다. 여러 가지 제사 중 수령에게 기본이 되는 것은 사직단(社稷壇)과 문묘(文廟)에 대한 제사다.

사직단은 토지의 신(神)인 사(社)와 곡식의 신인 직(稷)에게 제사 지내는 제단이고, 문묘(文廟)는 공자(孔子)를 모시는 사당이다. 조선이 성리학적 질서에 기초한 농업사회임을 상징적으로 나타낸다. 사직, 문묘 모두 군현 단위까지 산재해 있었고 제사는 목민관이 몸소 행하되 경건하고 정성스럽게 모시라고 당부하고 있다.

## 부자들의 세금도피처: 서원

사직단과 문묘와 더불어 수령이 신경 써야 하는 것으로 서원(書院)이 있다. 애당초 서원은 사림에 의한 교육기관과 선현제향(先賢祭享: 선현들에게 지내는 제사)의 목적으로 설립된 기관이다. 국가에서 공식적으로 인정한 사액서원(賜額書院)과 개인이 사사(私祠: 개인적으로 모시는 사당)하는 서원으로 나눌 수 있다.

사액서원은 건립과 유지에 필요한 비용을 관에서 지원해주는데(토지, 노비 등), 양정(良丁: 양인 신분의 장정)을 불법적으로 모집하는 등의 폐단이 극심했다. 사액서원뿐만 아니라 개인이 사사하는 서원의 폐해도 적지 않았다. 다산은 《목민심서》에서 사사서원의 폐단을 구체적으로 거론하지는 않는다. 그러나 훗날 대원군의 서원철폐령에서 보듯 사사서원은 국가재정을 악화시킬 정도로 민생 침해가 극에 달했다. 《목민심서》가 세상에 나온 지 반세기가 채 되지 않는 기간이다.

다산이 생존했던 시절에도 개인이 사사하는 사원이 많았다. 100리쯤 되는 작은 고을에 사사가 수십에 이르기도 한다고 다산은 말한다. 조정에서도 이를 알기에 법률 조항에는 분명하게 사사로운 사원을 금지하고 있다. 《속대전》에 "외방(外方)에서 법을 어기고 사원(祠院)을 창설하는 일이 있으면 관찰사(觀察使)는 나처(拏處: 중죄인을 의금부로 잡아들여 조처함)하고 수령은 고신삼등(告身三等: 관리가 죄를 범했을 때 그 품계를 3등급 강등시키는 것)을 빼앗고 그 일을 처음으로 주창(主唱)한 유생(儒生)은 멀리 귀양 보낸다. 조정(朝廷)에 품의(稟議)하지 않고 제멋대로 사액사원에 다른 이를 배향(配享)하면 지방관(地方官)을 파직한다."라고 실려 있다. 법에는 분명하게 이렇게 명시되어 있지만, 현실은 법의 구애를 받지 않는다.

국법으로 금지하고 있음에도 버젓이 늘어나고 있으니 일개 수령으로서 어찌할 도리가 별로 없다. 다산이 우려하는 것은 이런 사사(私祠)에 수령이 개인적 안면으로 제수를 주는 일이다. 이런 일이 일단 한번 시작되면 상례(常例)가 되어 백성의 부담으로 남는다. 수령이 자주 갈리고 이에 따라 사사로운 서원에 지원하는 품목은 나날이 늘어난다. 비록 초기에는 큰 짐이 아닐지라도 시간이 흐르며 쌓이다 보면 백성에게는 커다란 부담이 되기 마련이다. 따라서 "비록 사사를 폐(廢)하지는 못하더라도 향촉(香燭) 두 가지 물건만으로 수령의 후한 뜻을 표하고 기타의 제수는 비록 온 고을의 비방이 넘쳐흐른다 할지라도 결코 해서는 안 된다."라고 다산은 잘라 말한다.

## 기우제의 본뜻

제사 조에서 다산은 기우제(祈雨祭)에 관해 적지 않은 부분을 할애하고 있다. 현대의 시각으로는 동의하기 쉽지 않은 내용이고 또 실학의 대가라 칭하는 다산에게 어울리지 않는 주장일 수도 있다. 그러나 기우제는 영제(禜祭: 장마에 비를 그쳐달라고 지내는 제사), 기설제(祈雪祭: 눈을 내려달라고 지내는 제사) 등과 함께 《대전통편》에 나와 있는 수령의 기본 업무다. 이는 자연계의 현상과 인간 행위 사이에 상관관계가 존재한다는 일종의 천인상관설(天人相關說)의 반영이다.

얼핏 보면 실학자인 다산이 황당무계한 내용을 서술한 것처럼 보이나 꼭 그런 것만은 아니다. 뒤편의 공전(公典) 천택(川澤) 조와 함께 읽어야 기우제에 대한 올바른 이해가 가능할 듯하다. 천택 조에서 다산은 관개(灌漑)를 통한 치수(治水) 등에 실학자로서의 면모를 과시하고 있다. 기우제 한 부분만을 가지고 다산을 평가하는 건 나무는 보되 숲은 보지 못하는 것과 다름없다. 다산이 기우제를 말하는 것은 법에 있기 때문이기도 하거니와 기우제를 지내는 본뜻을 알리기 위함이라고 말할 수 있다.

다산이 가리키는 기우제의 본뜻은 백성을 다스리는 수령의 자기반성이다. "수령이 잘못하여 신주(神誅: 악한 일에 대한 신의 처벌)를 범했으면 이 몸에 죄줄 일이지, 백성들이 무슨 죄인가?"라는 제문(祭文)의 표현처럼 다산이 권하는 기우제문은 대개가 백성들의 현실에 대한 기록이 우선이다. 그다음이 수령의 자기반성이다. 기우제를 지낸다고 굶는다거나, 나뭇단을 쌓아 놓고 위에 올라가는 등 해괴한 짓은 저지르지 말고, 먼저 천택(川澤)에 대한 정사를 열심히 하라는 뜻이다. 그러고도 안 되면 하늘에 비는 것이지 아무 일도 안 하면서 하늘만 바라보라는 말은 결코 아니다.

더욱이 하늘에 비는 것만이 능사는 아니다. 기우제를 지내는 데는 반드시 일곱 가지 일을 행했다고 다산은 성호 이익의 말을 빌려 말하고 있다.

"비를 비는 데는 반드시 일곱 가지 일을 행했다. 첫째는 억울한 옥사를 밝히고 실직자(失職者)를 구제하는 것이다. 둘째는 환과고독(鰥寡孤獨)을 구휼하는 것이다. 셋째는 요역(徭役)을 덜고 부세를 가볍게 하는 것이다. 넷째는 어진 인재를 등용하는 것이다. 다섯째는 탐관오리를 척결하는 것이다. 여섯째는 과년(過年)한 남녀를 결혼시키고 젊은 과부와 홀아비를 결합시키는 것이다. 일곱째는 수라상의 반찬을 줄이고 악기(樂器)를 간직해두고 연주하지 않는 것이다. 그런데 오늘날 거행하는 것은 다만 수라상의 반찬을 줄이고 억울한 옥사를 심리(審理)하는 것뿐이다. 그 밖에 것은 모두 시행하지 않으니 옛날에 미치지 못함이 크다." (이익《성호사설》)

다산은 이 중 두 가지를 꼭 집어서 말한다.

"대개 가뭄을 만나면 수령은 요역(徭役)을 덜어주고 옥사를 다스리는 것으로 급선무(急先務)를 삼아야 한다."

이런 일을 하고 하늘에 빌어도 답이 없다면 이렇게 말할 수 있다.

"신께서는 상제(上帝)로부터 직(職)을 받고 이 땅에 먹을 것을 내려 사람들을 복되게 해야 하건만 지금 사람들의 위급함이 이와 같은 데도 신께서 못 본 체한다면 어찌 신이라 하겠습니까!"

최선을 다하지 않는다면 할 수 있는 말이 아니다.

## 2. 빈객(賓客)

빈객이란 요즘 말로 바꿔 표현하자면 의전(儀典)에 관한 내용 중 하나에 해당한다. 당시 의전에 관한 내용은 세종 때 편찬한 《오례의(五禮儀)》에 정리되어 있다. 오례란 ① 길례(吉禮): 제사와 관련된 모든 의례, ② 흉례 (凶禮): 국왕이나 왕후를 애도하는 상례, ③ 빈례(賓禮): 사신의 접대 등에 대한 예의, ④ 군례(軍禮): 군사에 대한 의례, ⑤ 가례(嘉禮): 왕실의 혼례 와 책봉 등에 대한 의례이다. 이 오례는 국가 차원의 의전이다. 사대부는 관, 혼, 상, 제의 사례 체제를 따랐다. 빈객은 이 오례 중 하나에 해당하는 일이다.

다산이 빈객 조에서 백성의 생활과 관련해서 주요하게 거론하는 내용 은 두 가지이다.

## 감사(관찰사) 순력이 모든 폐단의 근원

첫째는 사신의 접대에 관한 일이고, 둘째는 감사(관찰사)의 접대에 관 한 일이다. 사신에 대한 접대는 사신의 왕래가 빈번한 서로(西路: 황해도, 평안도)의 큰일이라면, 감사의 접대는 모든 군현에서 처리해야 하는 중요 한 업무이다. 사신을 접대하는 일도 해당 지역 백성들에게 큰 부담이지 만, 감사의 접대에 관한 부분은 다산이 《목민심서》 전체에 걸쳐서 백성 수탈의 원인으로 지목할 만큼 커다란 폐단이다.

직접 다산의 얘기를 들어보자.

"전부(田賦)가 날로 가중되기에 그 이유를 물었더니 감사의 순행 때문 이라 하고, 민고(民庫)를 지나치게 많이 걷기에 그 이유를 물었더니 역시 감사의 순행 때문이라 한다. 아전의 수효가 줄지 않기에 그 이유를 물었더니 역시 감사의 순행 때문이라 하고, 계방(契房)을 없애기 어렵다 하기에 그 이유를 물었더니 역시 감사의 순행 때문이라 한다. 점촌(店村)이 날로 쇠퇴하고 절(寺)이 날로 피폐해지기에 그 이유를 물었더니 역시 감사의 순행 때문이라 한다. 어부가 고기를 잃고 닭을 치는 이가 닭을 잃으며, 해변의 장사하는 사람들이 전복과 조개를 잃고, 산중의 백성들이 삼(麻)과 꿀을 잃는다 하기에 그 이유를 물었더니 역시 감사의 순행 때문이라 한다. 순행의 법이 고쳐지지 않고서는 도탄에 빠진 백성의 화(禍)를 구제할 방법이 없다."

다산은 빈객 조뿐만 아니라 이전 속리(束吏), 호전 평부(平賦), 공전 도로(道路) 조 등《목민심서》의 전 분야에 걸쳐 감사 순행을 만막(萬瘼)의 원인으로 지목하고 있다. 한 걸음 더 나아가 다산은 〈감사론(監司論)〉에서는 감사를 큰 도적으로 거론한다.

"이 도적은 야경(夜警) 도는 사람도 감히 따지지 못하고, 의금부(義禁府)에서도 감히 체포하지 못하고, 어사(御使)도 감히 공격하지 못하고, 재상(宰相)도 감히 말하지 못한다. 그래서 멋대로 난폭한 짓을 자행해도 아무도 감히 힐문하지 못하고, 전장(田庄)을 설치하고 많은 전지를 소유한 채종신토록 안락하게 지내지만 아무도 이러쿵저러쿵 헐뜯지 못한다. 이런 사람이 어찌 큰 도적이 아니겠는가! 그래서 군자(君子)는 이렇게 말한다.
큰 도적을 제거하지 않으면 백성이 다 죽을 것이다."

감사가 각 고을을 순행하는 일이 모든 폐단의 근원이라 하지만, 순행은 감사의 고유 기능이다. 즉, 지방관을 규찰하는 임무로 끊임없이 도내를 순력(순행)하면서 1년에 두 차례 수령을 비롯한 모든 외관(外官)에 대한 성적을 평가 · 보고하는 게 목적이다. 따라서 감사는 일정한 거처가 없이 (다산에 의하면 일정한 거처를 정하고 가족을 임지에 데리고 간 것은 숙종 중년 이후부터라고 함) 관내의 군현을 임기 중 계속 순행한다.

현재 강원도 원주에서 감사 순력 행차를 재현하는데, 참가하는 인원만도 1500여 명에 달한다. 1500명의 숫자는 다산이 《목민심서》에서 서술한 감사 순력 규모에 비해 과도하지만, 당시의 규모를 대략 짐작할 수 있게 한다. 당시 군현 제도에서 강원도는 군현의 수가 적은 도(道)에 속한다. 해당 고을에서 매년 보름 가까운 기간 동안 수백 명에 달하는 감사 순행 행차를 잘 먹이고 잘 재워야 한다는 말이다. 수령의 고과평가를 기본 임무로 하는 행차이니 감사뿐 아니라 그 수행원의 접대도 결코 간소하게 할 수 없다. 청렴한 감사를 만나도 작은 일이 아닌데, 감사나 수령이 그와는 정반대였던 당시의 시대 상황을 고려하면 감사 순력이 만막(萬瘼)의 근원이라는 다산의 평가가 결코 과장이 아니다. 다음의 경우는 당시 감사 순력의 폐단이 어느 지경인지 상징적으로 보여준다.

《다산 필담(茶山筆談)》에는 이렇게 되어 있다.

"남방의 고을에서는 순사(巡使)의 순행 때가 되면 미리 살진 소 한 마리를 준비하여 안채에다 매어두고 한 달 남짓 깨죽을 먹여 기르니 그 소의 고기가 기름지고 연하여 보통 소의 고기와 다르다. 그러면 순사는 크게 칭찬하고 고과(考課)에 최(最: 최고 등급)를 준다. 아! 세속의 풍습이 이 지경이니 관리 노릇하기도 어려울 것이다."

감사 순력의 문제는 다산 당대에만 국한된 적폐는 아니었다. 조정에서도 이런 감사 순력의 문제를 인식하고 여러 대책을 강구하지만, 명쾌한 해결책을 제시하지는 못하고 있다. 더불어 임금도 "감사가 순행할 때 접대의 지공(支供)이 도리어 소요(騷擾)의 폐단을 끼치니, 순행하는 자는 반드시 단기(單騎)에 한두 명의 시종만을 거느리고, 군관(軍官)은 거느리고 가지 않는다면 폐단이 없을 것이다. (숙종 9년)"라고 유시하지만 시정되는 건 없다.

백성을 아끼는 청렴한 관리가 수령이 되고 감사가 된다면 그나마 감사 순력으로 인한 백성의 고통은 줄어들 수 있을 것이다. 그러나 백성을 안착시키는 일은 어디까지나 법과 제도에 근거해야지, 개인의 도덕성에 기대할 수는 없는 노릇이다. 개인의 도덕성이 문제라면 다산이《경세유표》나《목민심서》를 저술할 이유가 없다.

다산은《목민심서》에서 빈객의 접대에 대한 연향(燕饗)을 5등급으로 서술하고 있다.

"태뢰(太牢)에는 두 등급이 있는데 상등(上等)은 9정(鼎)에 작(爵)은 9헌(獻)이고(혹 7헌, 5천하기도 한다), 식(食)은 8궤(簋)·7형(鉶)·9조(俎)·8두(豆)·8변(籩)이다. 이는 천자(天子)와 제후(諸侯)의 예이다. 하등(下等)은 7정에 작은 3헌이고, 식은 6궤·5형·7조·6두·6변이다. 이는 공(公)이 대부(大夫)를 대접하는 예이다.

소뢰(少牢)는 5정에 작은 3헌이고, 식은 2궤·3형·5조·6두·6변이다. 이는 대부의 예이다. 특생(特牲)은 3정에 작은 3헌이고, 식은 2궤·3

형·3조·4두·4변이다. 이는 사(士)의 예이다. 특돈(特豚)은 1정에 작은 1헌이고, 식은 2궤·1형·1조·2두·2변이다."

위의 내용은 다산이 《의례》와 《예기》 같은 유학의 고전을 상고해서 만든 내용이다.

작(爵)은 술잔이요, 궤(簋)는 밥그릇, 형(鉶)은 국그릇이다. 신분에 따라 반찬의 가지 수까지 정한다. 언뜻 보기에는 봉건적 신분 질서를 강요하는 듯싶지만, 다산이 강조하는 것은 신분적 질서라기보다는 '절용(節用)'에 있다. 감사의 접대는 위의 소뢰(少牢)의 예로 한다면 좋다는 것이다. 그리할 수 없다면 본 고을의 전례(前例) 중 가장 박(薄)한 사례를 사용하고, 이마저 불가능하다면 중간의 사례를 사용하라는 의미이다. 이를 넘으면 음식으로 사람을 섬기는 더럽고 아첨하는 사람이니, "그런 사람이 수령으로 적당한지 나는 모르겠다."라고 다산은 말한다.

### '칙사대접 받았다' 라는 말의 유래

사신을 접대하는 일은 서로(西路) —황제의 사신이 왕래하는 황해도, 평안도의 고을— 의 큰일이다. 한 칙사에게 들어가는 비용을 계산한 것이 《만기요람(萬機要覽)》에 나와 있는데 정조 8년의 경우 98,642냥이나 된다. 같은 책에 기록된 당시 대전(임금의 거처)의 1년 공상 수량이 106,073냥이었으니 칙사의 대접이 얼마나 융숭한지를 알 수 있다. 지금도 쓰고 있는 '칙사대접 받았다'는 말이 여기서 유래했다. 칙사의 대접이 융숭한 만큼 서로 주변의 백성들에게는 큰 고통이 아닐 수 없다.

칙사의 대접에 비용이 많이 드는 것은 본래 융숭한 것도 있지만 중간에서 수령과 아전의 토색질이 있기 때문이기도 하다. 다산이 실제 칙사의 접대에 드는 비용을 계산한 바에 따르면 이 비용의 절반에도 미치지 못한다고 한다. 절반 넘는 액수를 수령과 아전들이 착복한다. 그래서 다산이 만든 것이 칙사 접대에 대한 정례(定例)이다. 이 속에는 쟁반의 종류부터, 재떨이, 벽지까지 아주 세밀하게 기준을 정하고 있다. 다산이 자의적으로 만든 것이 아니라 곡산부사 시절의 경험, 그리고 지난 시기의 예(例)를 세밀하게 검토해서 제정한 것이다.

비록 감사 순력을 없애지 못하고 사신의 왕래를 어찌할 순 없지만, 감사를 접대하는 국그릇, 반찬 그릇, 칙사를 접대하는 재떨이에 다산이 백성을 사랑하는 마음이 담겨 있다고 하겠다.

## 3. 교민(敎民) · 흥학(興學)

다산은 《목민심서》에서 교민(敎民)을 수령의 가장 큰 직분으로 강조하고 있다.

"수령의 직분은 백성을 가르치는 데 있다. 전산(田産)을 균등하게 하는 것도 가르치기 위함이요, 부역(賦役)을 공평히 하는 것도 가르치기 위함이요, 관직(官職)을 만들어 수령을 두는 것도 가르치기 위함이요, 형벌을 밝히고 법을 신칙하는 것도 가르치기 위함이다. 모든 정사가 닦이지 않으면 교화(敎化)를 일으킬 겨를이 없다. 이것이 바로 백세(百世)에 선치(善

治)가 없었던 이유이다."

백성을 가르치고 교화한다는 것은 충효를 기본으로 하는 성리학적 질서를 가르친다는 말이다. '가르치지 않고 형벌하는 것을 망민(罔民)이라 하니, 아무리 큰 악과 불효라 하더라도 먼저 가르치고 그래도 고치지 않은 뒤에 죽일 것이다' 라는 것이 《맹자(孟子)》에 나와 있는 성리학의 기본 관점이다. 도덕적 권장 사항이 아니라 수령이 힘써 해야 할 주요한 업무 중 하나이기도 하다. 이는 《경국대전》에도 나와 있는 사항이다. 세종 때 《삼강행실(三綱行實)》을 한글로 번역하고, 정조 때 《증수오륜행실(增修五倫行實)》을 역시 한글로 번역해 군현에 반포한 게 모두 이러한 의지의 발로이다.

## 백성을 교화하는 것의 전제조건

백성의 교화가 중요하기는 하지만 당대(當代)의 조건에서 교화를 행하기가 쉽지 않다. 다산의 말을 들어보자.

"그런데 요즘음 수령이 된 자들은 오래 있어야 3년이고 짧은 경우에는 1년 만에 교체된다. 한마디로 지나는 길손일 뿐이다. 30년이 지난 뒤에야 교화가 젖어 들고, 100년이 지난 뒤에야 예악(禮樂)이 일어나기 마련이다. 그렇다면 백성을 교화하는 것은 길손이 할 수 있는 바가 아니다. 그러나 이왕 수령이 된 이상 백성들이 이적(夷狄)과 금수(禽獸)가 되어가는 모습을 구경만 하고 구제하기를 생각하지 않는 것도 책무(責務)를 다하지 않는 것이다. 그러므로 예속과 향약을 권면(勸勉)하여 행하게 할 것을 어찌 그만둘 수 있겠는가?"

## 향약에 대한 다산의 견해

성리학 지배의 조선사회에서 백성 교화와 향촌사회 운영의 가장 중요
한 수단이 향약(鄕約)이다. 향약에 대한 다산의 주장을 잘 살펴야 교민의
본뜻을 이해할 수 있다. 윗글 말미에서 다산은 향약을 권면(勸勉: 타일러
힘쓰게 함)하라고 말하고 있지만, 바로 이어서 '수령 중에 뜻만 높고 재주
는 부족한 자들이 향약을 행하니, 향약의 피해는 도적보다 심하다'라고
개탄한다. 이런 상반된 서술 때문에 일면만 보고 다산이 향약의 실시에
적극적이었다는 해석을 하는 분도 계시고, 반대의 결론을 내리는 분도 계
시다. 그러나 결론을 말하자면 다산은 향약의 실시에 대단히 부정적이었
다. 원칙적으로 향약은 조선시대 양반들의 향촌 자치와 이를 통해 하층민
을 통제하기 위한 것이었지만, 다른 한편으로는 숭유배불 정책에 의하여
유교적 예절과 풍속을 향촌사회에 보급하여 도덕적 질서를 확립하고 미
풍양속을 진작시키며 각종 재난(災難)을 당했을 때 상부상조하기 위한 규
약이라고 할 수 있다.

《목민심서》에서 향약에 대한 다산의 견해를 파악하기 어려운 이유로는
두 가지가 있다. 첫째는 다산이 향약 시행에 상반된 주장을 했다는 것이
고, 둘째는 해석을 잘못한 탓이기도 하다.

첫째의 경우를 살펴보자.
《경세유표》4권 고적지법에는 '향약을 만들고 백성에게 오륜(五倫)을

가르쳐서 우매한 자는 깨우쳐 가르치고, 강포(強暴)한 자는 징계해 가르친다' 라고 되어 있다. 또 위에 기록한 것처럼 향약을 권면하라고 말하고 있다. 《경세유표》의 글은 국가개혁을 전제하는 글이다. 하면 좋지만 지금 당장 하라는 건 아니다. 또 권면하라는 건 수령의 기본 업무를 서술한 것이다. 두 글 모두 원론적 수준의 발언이다. 전정(田政)에서 백성의 고통을 줄이고자 한다면 양전(量田)을 실시해야 하지만, 지금 당장 실시한다면 아전들만 이익이기 때문에 양전을 하지 말아야 한다는 것과 같은 맥락이다. 원론적 주장을 지금 당장 시행해야 한다고 해석하면 《목민심서》에서 말하는 다산의 다양하고 융통성 있는 본의를 이해할 수가 없다.

## 《목민심서》를 잘못 해석한 한국고전번역원

두 번째 번역의 애매함을 보자.

교민 두 번째 단락이 '束民爲伍, 以行鄕約, 亦古鄕·黨·州·族之遺意. 威惠旣洽, 勉而行之可也(속민위오 이행향약 역고향당주족지유의 위혜기흡 면이행지가야)' 라고 되어 있다. 이를 고전번역원에서는 '백성을 묶어 오(伍)로 만들어 향약(鄕約)을 행하는 것도 옛 향(鄕)·당(黨)·주(州)·족(族)의 유의(遺意)로 위혜(威惠)가 이미 흡족하였으니, 힘써 행하는 것이 좋을 것이다' 라고 번역하고 있다. 다산연구회에서는 '백성을 묶어 오로 편성해서 향약을 실행하는 것 또한 옛날 향·당·주·족으로부터 내려온 뜻이다. 위엄과 은혜가 이미 두루 미쳤으면 힘써 이를 행하는 것이 좋을 것이다' 라고 해석하고 있다.

한국고전번역원의 해석은 당장 시행하라는 것이고, 다산연구회의 번역은 '위혜가 두루 미쳤으면' 이라는 전제조건을 달았다. 본문의 내용과 함께 읽는다면 다산연구회의 번역이 다산의 주장에 훨씬 근접하다. 한국고전번역원의 번역은 잘못된 번역임을 본문의 내용을 읽어보면 충분히 파악할 수가 있다. (한자 자체는 과거, 미래, 현재형이 없으므로 이렇게 해석한 것이 원칙적으로 잘못된 것은 아니다) 아니 본문의 내용을 읽지 않더라도 잘못됐음을 분명하게 인지할 수 있다. 고전번역원의 번역대로 한다면 '위혜가 이미 흡족' 한 게 돼버리니 다산이 살던 당대가 백성들이 살기 좋은 세상이라는 말이 된다.

또《목민심서》를 소개하는 책 중 본문까지 거론하는 책은 거의 없고 각 조의 소제목까지만 소개하는 서적이 대부분이다. 제목만 있고 본문이 없으니 '위혜가 흡족하니 향약을 힘써 행하라' 고 다산의 주장과 정반대되는 주장을 버젓이 내세우게 된다. 고전번역원은 국가기관이고 다산연구회는 민간단체다. 고전에 관심 있는 분들에게는 다산연구회의 번역이 훌륭하다는 것을 알지만 그렇지 않은 경우 당연히 공식적 국가기관을 신뢰할 수밖에 없다.

다산이《목민심서》에서 말하는 향약에 대한 견해를 살펴보자.

"토호(土豪)와 향족(鄕族)을 집강(執綱: 향약의 장)으로 임명하니, 향권(鄕權)을 멋대로 발동하여 백성들을 위협해 술을 빼앗아 먹기도 하고 곡식을 거두어들이기도 한다. 그들의 요구는 끝이 없어 남의 숨은 비위(非違)를 들추어내어 뇌물을 받고 보답을 요구하기도 하니, 가는 곳마다 술과 고기가 쌓인다. 집에서 송사(訟事)를 다루느라 바쁜 터라 어리석은 백성을 부려 대신 농사일을 돕게 한다. 관(官)에서는 또 소송을 향약에 맡겨 조사·보고하게 하므로 그 권세를 믿고 나쁜 짓을 하는 것이 끝이 없다.”

애초 향약의 장(長)에게는 부모불순자(父母不順者), 친척불목자(親戚不睦者) 등의 처벌 조항이 있는데 여기에 더해서 소송(訴訟)을 향약에 맡겨 조사·보고하도록 하니 그 피해가 도적보다 심하다고 말한다.

## 초당과 율곡의 향약에 대한 논쟁

향약의 실시와 관련하여 다산이 소개하는 것이 율곡과 초당(허엽: 허균과 허난설헌의 부친)의 논쟁이다. 율곡은 향약의 실시가 너무 이르다는 논리이고, 초당은 지금 당장 실시하자는 주장이다.《목민심서》에 소개된 율곡의 의견을 들어보자.

“근일에 신하들이 향약의 시행을 급히 청하자 상(上)께서 이의 시행을 명하셨습니다. 그러나 신의 생각에는 향약의 시행은 아직 너무 이르다고 여겨집니다. 백성을 기르는 것이 우선이고 백성을 가르치는 것은 뒤에 할 일입니다. 백성들의 고생이 오늘날보다 심할 때는 없었습니다. 따라서 서둘러 그 폐단을 구제하여 먼저 백성들의 고생부터 없앤 뒤에야 향약을 시행할 수 있습니다. 덕교(德敎)는 바로 쌀밥과 고기 같은 것이지만 만약 비장(脾臟)과 위장(胃臟)이 매우 상하여 미음도 내려가지 않는다면 쌀밥과 고기가 아무리 좋은들 어찌 먹을 수 있겠습니까.”

임금이 이미 향약의 시행을 명령했음에도 불구하고 드러내놓고 반대하고 있다. 그 비유 또한 적절하다.

인용된 율곡의 입장이 다산이 《목민심서》에서 말하는 향약에 대한 입장이다. 다산은 《목민심서》 교민 조의 두 번째 단락에서 무려 세 번에 걸쳐 향약에 대한 의견을 개진하고 있다.

첫째, 수령 중에 뜻만 높고 재주는 부족한 자들이 향약을 행하니, 향약의 피해는 도적보다 심하다. 둘째, 향약은 경솔히 논할 일이 아니니 충분히 논의하고 깊이 생각하고서야 행할 수 있다. 셋째, 향약의 조례(條例)가 이와 같으면 충분하다. 그러나 폐단은 생각하지도 않고 섣불리 시행한다면 반드시 후회할 것이다. 이렇게 향약에 대한 입장을 누누이 말하고 있음에도 국가기관인 고전번역원에서 향약을 '힘써 행해야 한다'라고 태연히 번역하고 있다. 후손으로서 그저 부끄러울 뿐이다. 필자가 고전번역원에 오류신고를 해서 해당 번역을 '위혜가 이미 흡족하다면'으로 수정해놓았다.(2021년 5월경)

율곡의 말로 다산의 심정을 대신해보자.

"여씨향약(呂氏鄕約)은 강령(綱領)이 바르고 조목(條目)이 갖추어졌으니, 뜻을 같이하는 사자(士子)끼리 서로 약속하여 예를 강마(講磨)할 수는 있으나 널리 백성들에게 행할 수는 없다. 주자(朱子)가 동지(同志)들을 거느리고 강학(講學)하려 하였으나 끝내 뜻을 이루지 못했다. 하물며 백성들이 도탄에 빠져 고유(固有)의 양심(良心)마저 상실한 오늘날이겠는가. 부자(父子)가 서로 보호하지 못하고 형제 처자가 뿔뿔이 헤어지는 판국에 갑자기 유자(儒者)의 행동으로 속박하고 몰아붙이고자 하니 이는 참으로 어리석은 일이 아닐 수 없다. 만약 향약을 시행한다면 백성들은 반드시 더욱 곤궁해질 것이다."

율곡이 하자는 건 백성들이 아니고 사자(士子) 즉 유학을 공부하는 선비들에 한해서이다. 백성들에게는 언감생심이다. 다산과 율곡이 당파(黨派)는 달리하지만, 백성을 위하는 마음에서는 한가지다.

## 4. 변등(辨等)

### 다산의 시대적 한계, 신분제

《목민심서》에 가장 읽기 어려운 부분이 전정이 포함된 호전(戶典)과 예전(禮典)이다. 호전은 내용 자체가 어렵고 예전이 읽기 어려운 것은 내용의 불편함이다. 그 대표적인 것이 변등(辨等) 조이다. 변등에는 다산의 신분제 사회에 대한 주장과 특히 노비제(奴婢制)에 대한 견해가 들어 있다.

내용이 불편하다는 건 지금까지 흔히 알려진 다산과는 전혀 다른 모습이 보이기 때문이다. 실학(實學)은 개혁적이고 다산 역시 실학의 집대성자로서 조선 후기 대표적 개혁사상가로 알려져 있다. 우리가 배워왔고 지금도 통용되는 실학과 다산에 대한 일반적 인식이다. 실학이 개혁적인 사상이고 다산이 이를 집대성한 것은 맞지만 신분제에 대한 것은 실학자마다 차이가 있고 다산에 있어 신분제, 특히 노비제도에 대한 부분은 개혁사상가라고 하기에는 너무나도 격에 맞지 않는 주장을 펼치고 있다. 개인적으로 노비제에 대한 다산의 주장을 접하면 어찌 이리도 강하게 노비제를 옹호하는지 안쓰럽기까지 하다.

먼저 신분제에 대해 다산이《목민심서》에서 거론한 내용을 살펴보자.

'변등은 민지(民志)를 안정시키는 요의(要義)이다. 등위(等威)가 밝지 않아 위급(位級)이 어지러우면 민심(民心)이 흩어져 기강(紀綱)이 없어질 것이다' 계급의 구분이 사회를 안정시키는 근본이라는 주장이다. 이런 등급의 구분은 백성의 실생활에서는 거주하는 집을 비롯하여 옷과 일상생활에 사용하는 모든 것을 규제한다.

《속대전》에는 이런 규정도 있다. "서민의 겉옷은, 앞은 땅에서 4치〔寸〕가 떨어지고 뒤는 3치가 떨어지며, 소매의 길이는 손을 지나고, 소매의 폭은 너비가 8치이고, 소맷부리는 5치이며, 속옷도 역시 이에 따라 그 치수를 줄인다." 이에 대해 다산은 '지금은 천한 맹예(氓隸)들도 모두 도포(道袍)를 입으니 큰 소매와 긴 옷깃이 마치 조관(朝官)처럼 엄숙하다. 그로 인하여 포백(布帛)은 날로 품귀(品貴)해지고 기강(紀綱)은 날로 무너져 가니, 작은 걱정이 아니다' 좋은 뜻으로 해석하자면 절약과 검소한 것을 주장한다고 할 수도 있다. 그러나 이것이 작은 걱정이 아니고 더구나 조정의 명으로 엄하게 다스려야 한다는 의지를 표명하고 있으니 검소한 것을 주장하는 글이라고 하기에는 설득력이 부족하다.

## 노비제를 적극적으로 옹호한 다산

노비제에 대한 다산의 글을 접한다면 신분제에 관한 다산의 입장은 더욱 명확해진다.

다음의 글을 보자.

"대개 노비법(奴婢法)이 변한 뒤로 민속(民俗)이 크게 쇠하였으니 국가의 이익이 아니다."

"옹정(雍正) 신해년(1731) 이후에 출생한 모든 사노(私奴)의 양처(良妻) 소생(所生)은 모두 어미를 따라 양민이 되게 하니, 이때부터 위는 약해지고 아래가 강해져서 기강이 무너지고 민심이 흩어져 통솔할 수 없게 되었다. 시험 삼아 그중 분명한 사실을 가지고 말해 보겠다. 만력(萬曆) 임진년(1592) 난리 때에는 남방에서 창의(倡義)한 사람들이 모두 집안의 종〔家僮〕 수백 명으로 군대를 편성(編成)했는데, 가경(嘉慶) 임신년(1812) 난리 —서적(西賊)이다— 때에는 고가(故家) 명족(名族)들이 창의할 것을 의논하였으나, 한 명의 종도 구하기 어려웠으니, 이 한 가지만 보더라도 대세가 완전히 변한 것을 알 수 있다. 국가에서 믿을 곳은 사족(士族)뿐인데, 그들의 실세(失勢)가 이와 같으니, 만약 위급한 일이 생겨 백성들이 모여 난을 일으킨다면 누가 그것을 금할 수 있겠는가. 이를 가지고 본다면 노비법은 잘 변한 것이 아니다."

노비법이 변했다는 것은 영조 7년(1731년)의 노비종모법을 말한다. 다산이 이어 설명한 대로 사노(私奴)의 양처 소생은 어미를 따라 양민이 되게 하는 것이다. 그렇다면 그전에는 사노의 양처 소생도 어미의 신분과 관계없이 노비로 전락했다는 말이다. 조선시대 노비는 '재산'으로 인식되던 사회였다. 심지어《경국대전》등 법전에 노비의 가격이 등재되어 있을 정도이다. 양반들은 노비가 곧 재산이므로 노비의 수를 늘리려는 다양한 시도를 한다. 노비끼리 혼인하는 것보다는 집안의 노비와 양인을 혼인시키는 것이 노비 수를 늘리는 데 유리하다. 그래서 가난한 양민과 노비를 혼인시키고 그 자식을 노비로 삼는 일이 비일비재하던 시기였다. 이렇게 노비의 수가 늘어난다는 것은 반대로 양역(良役)을 담당하는 양인층의 감소를 의미하고 이는 곧 국가재정에 영향을 미칠 정도로 심각한 지경에 이르게 된다. 이것이 노비종모법을 실시하게 되는 근본적 이유라고 할 수 있다.

더불어 임진왜란이나 홍경래의 난(가경 임신년의 난리)을 예를 들면서 말하는 다산의 노비에 대한 인식은 종모법에 대한 부정이 일시적인 것이 아님을 알 수 있다. 이에 그치지 않고 다산은 이어서 '선배(先輩)들은 노비를 대대로 전하는 법이 우리나라에만 있다고 하였으나, 전혀 그렇지 않다.'며 다른 실학자들의 노비에 대한 견해를 비판한다. 당시의 실학자들은 대체로 조선의 노비제도에 대해 매우 비판적이었다. 노비제 자체의 존폐에 대해서는 약간의 차이가 있겠으나 대를 이어 노비로 삼는 것에 대한 견해는 거의 일치한다. 대표적으로 안정복의 글을 보자.

"우리나라의 노비를 대대로 잇는 법은 실로 왕정(王政)에서 차마 하지 못할 바이다. 어찌 한 사람이 천적(賤籍)에 들면 백세(百世)토록 면하지 못함이 있을 수 있는가. 옛날에 노예는 모두 도적(盜賊)에 연좌되어 몰입(沒入)되었거나 주포(誅捕)된 자, 사이(四夷)로서 구도(寇盜)를 저지른 자로 만들었다. 그러나 벌이 후손에까지 미치지 않고 오직 그 몸에 그쳤으니,

어찌 일찍이 우리나라처럼 법을 만든 적이 있었겠는가."

이익, 유형원, 유수원 등 대부분 실학자가 이런 인식을 하고 있다. 이런 실학자들의 의견에 다산은 논거를 들어 대대로 노비로 삼는 것은 우리만 그런 것이 아니라고 반박하는 것이다.

노비제에 대해 다산이 《목민심서》에서 말한 결론은 이렇다.

"내 생각에는 노비법을 회복시키지 않고서는 난망(亂亡)을 구제할 수 없을 것으로 여겨진다."

1801년(순조 1년) 공노비제가 폐지된 후 20여 년이나 지났음에도 또 본인의 조카인 정난주(다산의 형인 정약현의 딸, 황사영의 처)가 노비의 신분에 있었음에도 이런 주장을 펼치는 다산의 의중을 헤아리기 어렵다.

물론 노비제나 신분제에 대한 견해가 다른 다산의 글도 있다.
《여유당전서》 14권 서얼론에서는 '무엇 때문에 서얼의 등용을 막는단 말인가?'라며 서얼철폐를 논한 바 있고 《목민심서》를 집필하기 불과 1년 전에 서술한 《경세유표》의 서문에서는 '우리 효종 대왕은 공법(貢法)을 고쳐서 대동법(大同法)으로 하였고, 또 우리 영종대왕은 노비법(奴婢法)과 군포법(軍布法)을 고치고, 한림천법(翰林薦法)도 고쳤다. 이것은 모두 천리에 합당하고 인정에 화협(和協)하여, 사시가 변하지 않을 수 없는 것과 같았다'라고 말 한 바 있다.

불과 1년 사이에 노비법에 관해 반대의 서술을 한 이유를 명확하게는 알 수 없지만, 《목민심서》에서는 이 변등 조뿐만 아니라 애민의 자유 조나 형전의 청송 조에서도 노비에 관한 서술을 보면 오히려 《경세유표》 서문에서 왜 이런 말을 했을까? 의문을 갖는 것이 합당할 정도로 노비제에 관한 다산의 생각은 확고하다.

## 신분제와 관련된 다산의 입장에 대한 일반적 오해

사실이 이러함에도 불구하고 왜 다산이 신분제에 부정적이었고 심지어는 노비제 철폐까지 주장했다는 말이 돌아다닐까?

먼저 거론할 수 있는 것이 우리나라의 실학 연구와 관련해서이다. 실학이 본격적으로 학문의 궤도에 오른 것은 일제 강점기이다. 실학은 민족문화의 우수성이나 민족의 자주성을 확인하기 위한 논리에 따라서 연구되었고, 해방 후는 남북한 모두 일본의 식민사관을 극복하고 내재적 발전론을 강하게 주장하기 위한 목적이 강했다. 이런 인식 속에서 다산의 노비제 등에 대한 시대적 한계는 굳이 거론할 필요성이 없었을 것이다.

그래서 다산의 논거 중에서도 주로 강조된 것이 토지제도에서는 '여전제'였고 정치 논리에서는 '탕론'과 '원목'이었다. 탕론과 원목은 역성혁명을 옹호하고 천자나 목민관을 아래로부터 선출하는 것이지 하늘로부터 떨어지는 것이 아니라는 내용이고 여전제는 공동소유, 공동생산과 일한 만큼 분배하는 토지제도를 말한다. 대체로 다산의 초기 저작들이고 《경세유표》와 《목민심서》에서 다산이 논하는 것보다는 대체로 진취적이다. 당시의 시대와 연관되어 과도하게 강조된 측면이 있다. 신분제와 관련해서는 '서얼론'이 더 강조됐음은 물론이다.

## 오해를 불러일으키는 한국고전번역원의 번역

다른 하나는 번역의 애매함을 들 수 있다. 많은 사람이 참고하는 다음 백과의 '실학'에 서술된 내용을 보자.

'정약용의 여전제(閭田制)에 의하면 양반이라는 신분의 특권 자체가 존재할 여지가 없어지게 되며, 정약용의 여전제에 의하면 노비 신분 자체가 원천적으로 소멸되는 것이었다.' 여전제는 《여유당전서》 제11권 전론(田論) 1~7까지에 그 내용이 있다. 그중 신분제와 관련된 내용은 전론 5에 있다.

다소 길지만, 이해를 위해 원문을 인용할 수밖에 없음을 이해해 주었으면 한다.

'夫士也, 何人? 士者, 仕也. 古者, 仕者謂之士. 又其學先王之道, 將進而仕於朝者謂之士. 故學也, 祿在其中. 今之所謂士者, 不任不學道, 冒士之名, 而無所爲焉. 士何爲游手游足, 呑人之土食人力哉? 夫其有士之游也, 故地利不盡闢也. 知游之不可以得穀也, 則亦將轉而緣南畝矣. 士轉而緣南畝而地利闢, 士轉而緣南畝而風俗厚, 士轉而緣南畝而亂民息矣.' (《여유당전서》 11권, 전론 5 부분 발췌)

이에 대해 한국고전번역원에서는 이렇게 해석을 하고 있다.

"대저 선비란 어떤 사람인가? 선비는 무엇 때문에 손발을 놀리면서 남의 토지를 빼앗아 차지하고 남의 힘으로 먹고사는가? 대저 노는 선비가 있기 때문에 지리(地利)가 다 개척되지 못하니, 놀고서는 곡식을 얻을 수 없음을 안다면 또한 장차 직업을 바꾸어 농사를 짓게 될 것이다. 선비가 직업을 바꾸어 농사일을 함으로써 지리가 개척되고, 선비가 직업을 바꾸어 농사일을 함으로써 풍속(風俗)이 순후(淳厚)해지고, 선비가 직업을 바꾸어 농사일을 함으로써 난민(亂民)이 근절될 것이다."

고전번역원의 번역에는 원문의 밑줄 친 부분이 추후 보충된 부분이라는 주(註)만 달려 있고 해석은 없다. 그러나 밑줄 친 부분을 포함하면 글의 뜻이 전혀 달라진다. 이 부분을 해석하면 이렇다. '선비란 벼슬하는 자이다. 고대에는 벼슬하는 사람을 선비라 말했다. 또 장차 조정에 나가 벼슬을 하기 위해 선왕의 도를 익히는 자도 선비라 했다. 그러므로 배운다는 것 자체에도 녹봉이 있었던 것이다. 지금의 소위 선비라는 자들은 맡은 벼슬도 없고 학문을 익히지도 않으며 하는 것도 없으면서 감히 선비라 칭하고 있다.'

이런 선비들이 남의 토지를 빼앗아 차지하고 남의 힘으로 먹고사는 것이지, 선비 일반이 그렇다는 말이 아니다. 당시의 시대상으로 보면 공명첩, 족보 매매 또는 위조 등의 방법으로 신분이 상승한 부유한 양민층이나 상인들이 여기에 해당한다고 할 수 있다. 다음백과에서 설명한 '정약용의 여전제(閭田制)에 의하면 양반이라는 신분의 특권 자체가 존재할 여지가 없어지게 되며' 가 아니라 진짜 양반(공부하고 벼슬하는)들만 선비로 대접해야 한다는 정반대의 결론이다. 이렇게 해석을 포함시키는지의 여부에 따라 양반제의 폐지와 유지로 결론이 달라지는데 저 해석을 빠트려 놓은 이유를 모르겠다.

일제 강점기도 지나고 군사독재정권의 시기도 지났다. 이제는 다산의 주장을 가감 없이 정확하게 들여다볼 필요가 있다. 다산이 노비제를 옹호했다는 것에는 너무도 큰 아쉬움이 남지만 이런 시대적 한계를 넘지 못했다고 해서 다산의 가치를 모조리 부정할 필요는 없다고 생각한다. 현재의 기준으로 본다면 많이 부족하지만, 당대 백성들의 고통을 이렇게 생생하게 기록하고 그 극복 방안을 제시한 것은 소중한 우리의 유산임이 분명하다. 부족한 부분을 아는 것이 한계를 극복하는데 훨씬 도움이 된다고 생각한다.

## 호찌민과 《목민심서》

다산의 진보적인 측면만 강조하다 보니 일은 엉뚱한 곳에서 벌어진 경우가 있다. 2017년 11월 11일, 호찌민 경주세계문화엑스포 개막 축하 영상 메시지에서 문재인 대통령은 이렇게 말한다. '베트남 국민이 가장 존경하는 호찌민 주석의 애독서가 조선시대 유학자 정약용 선생이 쓴《목민심서》라는 것은 널리 알려진 사실입니다' 그야말로 오 마이 갓! 이다.

이미 2000년대 중반에 한 주간지에서 베트남 측에 확인해 보니 전혀 근거 없는 얘기임을 확인한 바가 있다. 또 떠도는 말처럼 호찌민이 전쟁 중에도 항상 《목민심서》를 갖고 다녔다고 하는데 《목민심서》가 한자 40만 자에 이르는 방대한 양이다. 전쟁 중에 그렇게 쉽게 갖고 다닐 정도의 분량이 아니다. 물리적으로 불가능하다(취재기자의 말).

그러나 무엇보다 《목민심서》를 한두 번만이라도 읽어본 사람이라면 저런 말을 절대 하지 않을 뿐더러 저 의견에 절대 동의할 수가 없다. 나 역시도 그랬다. 그것은 《목민심서》의 내용 때문이다. 《목민심서》에는 위에서 본 것처럼 노비제에 대한 적극적 옹호, 신분제에 기반한 각종의 논리가 변등 조에만 있는 것이 아니다. 애민 편에도 있고 청송 편에도 있다. 《목민심서》 전편에 이런 다산의 사고가 녹아 있다. 또 여성관에도 '강간을 당한 여자는 죽는 것이 마땅하다' 는 등의 내용도 있다. 민족해방과 계급 타파를 투쟁의 중심에 놓고 치열하게 싸우던 호찌민이 읽을 만한 책은 절대 아니다. 전 실학박물관장 김태희 선생도 비슷한 글을 쓴 적이 있다. 박헌영이 모스크바 유학시절 《목민심서》를 호찌민에게 전했다는 등의 근거들을 대고 있지만 다 실없는 일이다. 《목민심서》를 읽어보지 않고 막연히 훌륭한 책이라고 알고 있는 사람들의 헛된 바람이요, 잘못된 애국심의 발로라 생각된다.

베트남 측에서 별다른 문제를 제기하지 않았으니 망정이지 문제를 제기했다면 생각만으로도 낯 뜨겁다. 외교 석상에서 대통령이 이런 잘못된 발언을 하게 된 책임은 어디에 있을까? 일차적으로야 연설문을 작성한 실무진에 책임이 있겠지만 무엇보다 《목민심서》를 대하는, 아니 위대한 고전이라고 추켜세우면서도 아무도 읽지 않는 사회적 분위기를 탓해야 하는 것이 아닐까 생각한다.

## 5. 과예(課藝)

예전(禮典) 과예(課藝) 조는 과거(科擧)에 관한 내용이다.

## 천 년 동양사회의 관료제

시험으로 관리를 선발한다는 것은 현대에서는 당연한 일이지만 다산의 시대로만 거슬러 올라가도 이야기는 달라진다. 근대 이전에 시험 제도로 관리를 선발한 나라는 중국과 조선, 그리고 베트남 단 세 국가에 불과했다.

현대에 시행되는 제도를 이미 천여 년 전부터 채택했으니 이에 대한 자부심을 가져도 좋다고 생각한다. 천 년이 넘는 동안 실행된 만큼 관련 규정은 우리가 생각했던 것보다 세밀하다. 따라서 현대에서 통용될 만한 요소들이 많다. 지금도 관리의 승진은 기본적으로 '승진최저소요연수'를 적용하고 있다. 이를 조선시대 용어로는 순자격(循資格)이라 칭한다. 이는 당나라 현종 시대인 서기 8세기에 만들어진 법으로 고려사나 조선왕조실록에도 자주 등장한다. 21세기인 현재도 공무원은 순환보직을 원칙으로 하는데, 이에 대한 논의 또한 기록에 풍부하다. 현대의 지방자치단체에서 특히 눈여겨봐야 할 조목으로 상피제(相避制)가 있다. 업무와 관련이 있는 부서에 친인척이 근무하지 못하도록 한 제도로 오늘날에도 일부분 시행하는 제도이다. 특히, 승진청탁과 같은 부분에 있어서는 오늘날의 공무원행동강령이나 청탁금지법에 비춰 봐도 훨씬 세밀할 정도.

이런 선진적 제도로 운영되던 곳이 당(唐)나라와 송(宋) 이래의 중국과 우리나라 고려와 조선의 관료사회였다. 비록 19세기의 급격한 변화를 거치면서 동양사회가 시대적 한계를 드러냈지만, 그럼에도 우리의 모든 가치를 스스로 낮게 평가할 이유는 없다고 생각한다. 다산이《목민심서》서문(序文)에서 말했듯《목민심서》는 동양사회 목민의 총화이다. 천 년 넘게 내려온 관료사회의 경험, 그 가운데에서도 지방자치단체장이 자치권의 범위 내에서 백성을 살리는 구체적 방법을 서술한 책이다. 조선과 중국, 베트남 이외의 나라로 당시에 이런 책을 집필할 수준이 되는 사회가 없었다. 필자는 이것이 우리가 외면했던《목민심서》의 가치라고 생각한다.《목민심서》의 또 다른 백미는 목민관의 승진평가 방법이다. 수령의 고적평가 방법인 54개 조는 현대의 공무원 고적평가와 비교해도 부족함이 없다. 시험으로 관리를 선출하는 사회가 아니면 나올 수 없는 책이다.

## 과거제에 대한 다산의 견해

그러나 실학자들의 생각은 달랐다. 실학자들은 대체로 과거제에 대해 부정적 인식이 강하다. 이익, 유형원, 다산도 마찬가지다. 실학자들이 주목하는 과거제의 폐단은 대체로 두 가지로 나눌 수 있다. 첫째로는 과거제가 능력 특히 학력은 시험할 수 있으나 덕행(德行)은 시험할 수 없다는 것이다. 둘째로는 정원(定員)이 없어서 온 백성이 과거에 매달려 생산이 뒷전으로 밀리는 현상에 있다. 다산과 반계의 주장이 약간의 차이는 있으나 기본적으로 과거제의 두 가지 단점을 보완하는 수단으로 공거제(貢擧制)를 공통으로 포함하고 있다. 공거제란 지방 수령이 유능한 인재를 천거하는 방식을 말한다. 주변의 추천이 있어야 응시자격이 부여되는 것이다. 과거가 자천(自薦)의 방법이라면 공거제는 타천(他薦)의 방법이다. 자천과 타천 두 가지 방식을 적절하게 혼합함으로써 과거제도의 문제점을 극복하고자 시도한 것이다.

실학자들이 이렇게 과거제를 고치려던 까닭은 과거제의 폐단이 극(極)에 달했다는 판단에 기인한다. 커닝은 기본이고, 시험관 매수, 답안지 바꿔치기, 대필(代筆) 등등 부정한 방법의 백화점이라 해도 과언이 아니다. 근 천 년을 실시한 제도니 만큼 폐단이 없을 수 없다. 반계의 방법은 학제와 과거제를 통합해 관리가 되려면 반드시 학교를 다니도록 하고 있다. 사법고시를 폐지하고 로스쿨을 도입한 것과 비슷한 맥락이다. 다산의 공거제 역시 큰 틀에서는 반계의 방안과 비슷하다.

다산은《목민심서》에서는 과거(科擧)에 관한 내용을 간략하게 서술하고《경세유표》에서 과거의 기원과 폐단, 그리고 그 대안을 자세히 서술하고 있다. 과거제도를 고친다는 것은 수령이 할 수 있는 범위를 넘어서기 때문에《목민심서》의 성격상 자세하게 다루지는 않았다. 이런 이유로《목민심서》의 과예 조만 읽어서는 당대 과거제에 대한 다산의 생각을 명확하게 이해하는 데 많은 한계가 있다. 다산은 수령의 기본 업무인 수령칠사 중 학교흥(學校興)의 수준에서 논의를 진행하는 정도로 내용을 한정하였다.

다산은《목민심서》에서 과거가 쓸모없는 공허한 학문을 강요하고 있다고 비판한다.

## 과거 공부의 폐단

이러한 다산의 문제의식은 《여유당전서》 11권 오학론(五學論) 4에 자세하다.

"실용성이 없는 말들을 남발하고, 허황하기 짝이 없는 내용의 글을 지어 스스로 자신의 풍부한 식견을 자랑함으로써 과거 보는 날 급제(及第)의 영광을 따내는 것이 과거학이다. (……) 일단 과거학에 빠지면, 예악(禮樂)은 자신과 관계없는 일로 여기고 형정(刑政)을 잡된 일로 여긴다. 그리하여 지방관(地方官)에 제수(除授)되면 사무(事務)에 깜깜하여 아전들이 하자는 대로 따르기만 한다. 내직(內職)으로 들어와 재부(財賦)나 옥송(獄訟)을 담당하는 관원에 임명되면 우두커니 자리만 지키고 앉아 봉급만 타 먹으며 오직 전례(前例)만을 물어 일을 처리하려 하고, 외직(外職)으로 나아가 군대를 이끌고 적을 막는 권한을 맡기면 즉시 군대에 관한 일은 배우지 않았다고 하면서 무인(武人)을 추대하여 전열(前列)에 세운다. 이런 사람을 천하에 어디다 쓸 수 있겠는가."

이런 수령이 앞서 얘기한 김현성과 이세정이다. 수령 자신이 청렴하다고 소문이 자자하고 학문은 당대 최고를 자랑한다. 하지만 고을의 창고는 텅 비었고, 향리들의 가렴주구는 다른 고을보다 훨씬 가혹하다. 고아한 성품과 높은 학문이 있음에도 백성의 삶을 도탄으로 밀어 넣은 것이다. 다산이 과예 조에서는 구체적으로 실용적 학문에 관한 언급을 하고 있지 않지만 《목민심서》 전편에 이와 같은 다산의 사고가 반영돼 있다.

## 과거 과목에 대한 다산의 대안

여기에 대한 해법을 다산은 《경세유표》 과거지규(科擧之規)에서 이렇게 제시한다.

"살피건대, 나라에 쓰이는 것은 이문보다 급한 것이 없으니 다른 것은 모두 겉치레이고 이것이 그 실지이다. 이문(吏文)이란 주문(奏文: 임금에게 아뢰는 글), 자문(咨文: 大國에 쓰는 것), 국서(國書), 예서(禮書: 예조의 공문으로서 일본에 보내는 글), 주장(奏狀: 어전에 직접 전달하는 글), 서계(書契: 本國에 쓰는 것), 보장(報狀: 보고하는 문서), 이문(移文: 관청 사이에 주고받는 공문서)이 모두 이것이다."

이문은 실무와 관련된 내용이다. 이문만 시험 본다는 게 아니라 이문도 교과과정의 하나로 삼아야 한다는 뜻이다. 실무와 관련된 학문을 두루 익혀야만 관리로 선발될 자격이 생긴다는 게 다산이 말하려는 핵심 내용이다.

비록 《경세유표》에서 제시한 것처럼 과거제를 고치지는 못하지만 그래도 고을 수령으로서 해야 할 일이 있다. 다산은 과례를 부지런히 한 덕분에 급제(及第)가 속출하여 문명의 고장이 되는 게 수령의 지극한 영광이라고 《목민심서》에서 말한다. 일반적으로 언급되는 수령칠사 중 학교흥(學校興)의 과제라 할 수 있다.

**제8편**

# 병전
## 兵典

병전 6조는 제1조 첨정(簽丁): 군역 대상자를 정리함. 제2조 연졸(練卒): 군사훈련. 제3조 수병(修兵): 병기를 관리함. 제4조 권무(勸武): 무예를 권장함. 제5조 응변(應變): 변란에 대비함. 제6조 어구(禦寇): 외적을 방어함으로 구성되어 있다.

병전의 내용은《목민심서》를 설명하는 분들이 가장 많이 틀리는 편(篇)에 속한다. 병전의 내용은 군사문제라기보다는 군사행정으로 인해 백성들이 어떻게 고통받고 있고 또 이를 방지하기 위해서는 수령이 어떻게 해야 하는지가 중심 내용이다. 군사문제에 대한 것은 응변 · 어구의 두 조만 해당한다고 할 수 있다. 흔히 알려진 것과는 다르게 첨정, 연졸, 수병, 권무의 결론은 '첨정 하지 말고', 연졸, 수병, 권무는 모두 '쓸데없는 일'이라는 것이 다산의 결론이다.

## 1. 첨정(簽丁)

앞글에서 봤듯이 억울한 것은 환곡이 최고지만 백성의 부담으로 따진다면 군역에 대한 부담이 가장 가혹해 보인다. 전정의 경우 토지 1결에 부과하던 세액이 대동미 포함해서 최대치가 30두(斗) 정도이다. 환곡은 정부 보유량 1천만 석을 법대로 나눠주고 모곡을 계산하면 1호당 내야 하는 쌀이 12두를 넘지 않는다. 물론 법대로만 한다면 말이다.

### 백성의 부담이 가장 심한 군정

국방의 의무인 군역은 16세부터 60세까지 양인(良人)을 대상으로 군대 가거나, 아니면 대신 포(布)로 납부한다. 그래서 군역(軍役)을 양역(良役)이라고도 한다. 장정 1인당 포 2필을 납부한다. 이 포 1필은 돈으로 환산하면 2냥, 쌀로는 6두에 해당한다(《목민심서》 기준). 즉 장정 1명이 부담해야 하는 액수를 쌀로 환산하면 12두에 해당한다. 한 집에 장정이 세 명만 돼도 벌써 36두나 된다. 당시 1결의 토지를 경작할 수 있는 최소한의 노동력을 생각한다면 한 집에 장정 세 명도 부족하다. 영조 당시 조정에서 백성의 군포 부담을 얘기할 때 예로 드는 것이 4~5명이다. 최소 인원이 다섯 명이라면 못해도 여섯 명 이상은 된다는 말이다. 여섯 명이면 72

두를 납부해야 한다. 당시 영세농의 1년 수입이 소작료 내면 300두 정도인데 결코 부담할 수 있는 수준이 아니다. 표면적 수치만으로도 전정이나 환곡에 비해 백성이 부담할 수 있는 범위를 넘어서고 있다. 그래서 나온 것이 영조시대 균역법이다. 백성의 부담을 1필로 줄이는 것이 핵심이다.

그래서 민력이 조금 펴지게 되었지만, 이후 첨군(簽軍: 병적에 기록함)이 지속해서 늘어나 백성의 부담은 오히려 늘어난다. 숙종 때 30만에 불과하던 것이 영조 때 균역법을 실시할 때 50만 명이 넘었고, 다산은 '만약 하나라도 누락하거나 숨기는 일이 없게 한다면, 팔도의 통계 숫자는 반드시 수백만 명도 넘을 것이다', '네 곱절이나 더 많으니 백성이 어찌 궁핍하지 않을 것인가?'라고 진단한다. 균역법을 실시할 때의 양정의 숫자가 50만 명이었으니 그 숫자가 200만은 된다는 말이고 양정의 숫자를 감안한다면, 오히려 균역법이 실시될 때보다 최소 두 배 이상의 부담이라는 말이다. 균역법이 실시되고 불과 100년도 되지 않아 나타난 일이다.

## 재정의 기본원칙을 무시하는 군포 산정방식

현시대에 있어서 재정의 기본원칙은 양입위출(量入爲出: 수입을 계산하여 세출을 결정함)이다. 조선시대라고 원칙이 다르지 않다. 그러나 군정(軍政)에 있어서는 이 원칙이 통하지 않는다. 군비의 쓰임새가 워낙 늘어나다 보니 줄일 곳이 없다. 그래서 양입위출의 원칙을 무시하고 전체 지출총액을 먼저 결정하고 이를 군·현에 배분하여 통보한다. 군액의 총 숫자를 배정하면 해당 고을에서는 어떠한 일이 있어도 그 군액에 해당하는 군보(軍保)를 확보하여 포를 상납해야 했다. 그래서 각 읍은 궐액이 발생하면 다른 양정(良丁)으로 이를 채워 넣어야 했다. 그런데 양정이 없으면 결국 그 지역에 할당된 군포의 책임량을 채우지 못하게 되고 그 책임은 수령에게 돌아오므로 수령들은 불법임을 알면서도 백골징포, 황구첨정을 할 수밖에 없었다.

　군포 상납액을 결정하는 것이 해당 고을 장정의 숫자가 아니다. 정부에서 배정한 것이라 각 고을의 구체적 실정과는 어차피 맞지 않는다. 그래서 '군정(軍政)을 잘 다스리는 자는 아예 군정을 다스리지 않고, 첨정(簽丁)을 잘하는 자는 아예 첨정을 하지 않는다. 허위로 등록한 군정(軍丁)을 조사하고 죽은 것을 밝혀내어, 그 결원을 보충하며 대신할 것을 문책하는 것은 아전들의 이익만 되는 일이므로 착한 목민관(牧民官)은 하지 않는다' 고 다산은 말한다.

## 백성들이 백골징포를 원하는 이유

　백골징포(白骨徵布)를 예로 들어 보자. 다산은 《목민심서》에서 오히려 백성이 백골징포를 원한다고 기록하고 있다. 백골징포는 말 그대로 죽은 사람을 군안(軍案)에 그대로 두고 군포를 징수함을 말한다. 그런데 왜 백성들이 억울해 하지 않고 오히려 고마워한다고 말했을까! 다산은 《목민심서》뿐만 아니라 〈자찬묘지명〉에서도 동일한 논리를 말한 기록이 있다. 앞서 말했듯이 군액은 장정의 숫자가 아니다. 정부에서 배정한 것을 변경하지 못한다. 그러므로 죽은 사람을 군안에서 없애면 끝나는 것이 아니라 새로운 징포 대상을 찾아 총액을 맞춰야 한다. 아비가 죽고 자식으로 대신하는 것에는 물고채(物故債) · 부표채(付標債) · 사정채(查正債) · 도안채(都案債) 등이 덧붙는다. 군포를 바치는 것은 어차피 변동할 수 없고 별도로 거두는 것이 이러하니, 죽은 자에게 그대로 군포를 바치게 하는 것이 차라리 편하지 않겠는가?

그래서 군정에 있어서 다산이 목민관에게 당부하는 것은 아무것도 하지 말라는 것이다. '살펴건대, 대개 관부에 일이 있는 것은 아전의 이익이다. 다른 일도 모두 그러하지만, 군정을 뽑는 일에 더욱 심하다' 다산이 이렇게 당부하는 이유가 있다. 군정은 일개 수령이 어쩔 수 없는 절대적인 일이기 때문이요, 복잡해서 섣불리 건드렸다간 나라에 도움이 안 되고 아전들 배만 불리기 때문이다. 백골징포와 황구첨정은 잘못된 일이다. 어느 청렴 강직한 수령이 이를 바로 잡겠다고 조사한다면 어떻게 되겠는가? 어차피 내야 할 군포 총액은 결정되어 있는데 이 총액 내에서 서류만 왔다 갔다 할 뿐이다. 왔다 갔다 하면서 물고채·부표채·사정채·도안채 등이 덧붙는다. 그뿐 아니라 다음 수령이 오면 원상복구 되면서 다시 아전들 축제의 장이 열린다. 왔다 갔다 하면서 물고채·부표채·사정채·도안채 등이 또 한 번 덧붙는다. 애꿎은 백성만 그 사이에서 죽어 나간다.

## 백성들의 자구책 – 군포계와 역근전

이렇게 과중한 군포의 부담에서 벗어나고자 백성들도 자구책을 도모한다. 먼저, 여유가 있는 백성들이 비합법적인 방법으로 군역의 대상에서 벗어나는 것이다. 같은 군역이라도 헐역(歇役)이라고 부담이 덜한 곳 혹은 계방촌(契房村), 서원(書院) 등에 투탁하거나 족보를 위조하여 양역에서 벗어나는 것이다. 조선 후기 양반의 급격한 증가는 바로 군정에 기인

한다는 것이 다산의 진단이다. 계방촌 등에 투탁하려면 아전과 안면이 있거나 뇌물이 오고 가야 하며 양반첩은 가격이 만만찮다. 이리저리 빠져나가다 보니 돈 없고 빽 없는 백성들에게만 부담이 전가된다. '이 법을 고치지 아니하면 백성은 모두 죽고야 말 것이다' 라는 다산의 탄식이 결코 과장이 아니다.

다른 방법으로는 군포계(軍布契)와 역근전(役根田)이 있다. 군포계란 것은 같은 마을에 사는 1백 집의 상족(上族)·하족(下族)을 막론하고 돈 1냥씩을 내어 이자를 불려서 해마다 그 불어난 돈으로 군미(軍米)와 군포(軍布)를 마련하여 바치는 것이다. 그런데 이 계가 설치되면서부터 군적에 적혀 있는 사람은 모두 가짜 이름으로 충당하여 허위 문서를 만들었다. 마을에서 내야 할 총액만 맞추면 되니 한 마을의 군역이 20명이면 20명, 30명이면 30명 모두가 허록(虛錄)이다. 이는 서북 지방의 계법(契法)이다. 역근전이란 백성들이 스스로 농지를 마련하고 경영하여 그 수입으로 궐액이 된 군액의 세(稅)를 수납하였던 것이다. 역시 모두 허록이다. 이는 백성들이 군포 납부를 군역 혹은 양역으로 생각하지 않고 납부해야 하는 세금으로 인식한다는 것을 보여준다. 이는 '이미 17~8세기부터 군정은 군역에 대한 개념은 사라지고 재정적 기능을 담당하는 징세(?)의 기능만 남아 있을 뿐이었다. 그러므로 군사(軍士)라 하면 문득 포(布)를 바치는 사람으로만 여기게 되고 그것이 본래 군사의 이름인 줄 모른다' 라고 한 유형원의 진단과 다를 바 없다.

이 두 가지 법은 '조정에서 시행하고 싶어도 못 했던 것을 하민들이 먼저 스스로 행하니, 조정에서는 다행으로 여겨야 할 것입니다' 라고 다산이 말한다. 그런데 '이 두 가지 법이 행해지면서 백성들이 좀 편안해졌는데, 또 어찌하여 괴롭게 흔들고 어지럽히며 아름다운 이 양법(良法)을 없애고 백성을 도탄에서 허덕이게 하는가?'라고 다산이 한탄한다.

다산이 한탄하는 이유는 무엇인가? 명분과 현실의 괴리 때문이다. 포를 걷어 들이는 것이 목적이지만 그래도 명색이 군역이다. 정부에서 총액을 정해 배분한다지만 각 고을의 재정과 인구 등을 고려하지 않을 수 없다. 기본이 되는 대상은 16세에서 60세의 양인 남성이다. 세월이 지나며 자연스럽게 변동이 없을 수 없다. 도망가거나, 죽거나 하는 변고는 1년마다 개록하고 군안(軍案)은 식년(式年), 즉 3년마다 개정한다. 그런데 백성들이 스스로 준비한 군포계와 역근전 모두 허록이다. 백성들이 문제없이 세금(?) 잘 내고 국가로서도 손해가 없다. 그런데 법적으로는 맞는 것은 하나도 없다. 사정을 잘 모르거나 원칙적이고 교조적인 수령이나 관찰사를 만나면 온 고을이 혹은 도(道) 전체에 백성들 곡소리가 날 수밖에 없는 실정이다. 아전들은 기뻐 날뛸 것이다.

명분에 집착하지 말고 백성을 생각하라고 다산이 말한다.

"통발을 놓는 것은 고기를 얻기 위함이요, 덫을 설치하는 것은 토끼를 얻고자 한 것이듯 군적을 만드는 것은 미포(米布)를 얻기 위함입니다. 이미 고기와 토끼를 얻었으면 통발과 덫은 잊어도 좋듯이, 미포를 얻었으니 군적은 잊어도 좋을 것입니다."

그래서 신신당부하는 것이다. 제발 아무 일도 하지 말라고!

## 청렴한 수령이 무서운 백성들: 첨정

다산이 아무 일도 하지 말라는 것은 섣불리 일만 키우지 말라는 뜻이다.

군정(軍政)으로 인한 백성들의 고통이 가장 심하다고 다산이 분명하게 말하고 있다. 법에서는 분명 군역(軍役)이라고 규정하고 있지만, 현실은 여러 가지 세금 중 하나일 뿐이다. 환곡도 그렇지만 군포도 마찬가지로 본래의 목적은 없어지고 오직 재정 확충의 수단으로서 징세(徵稅)의 기능만이 남아 있을 뿐이다. 유형원도 말한 바 있듯 백성들도 이를 군역으로 생각하지 않는다. 백성들이 이를 군역―국방의 의무로 생각했다면 군포계나 역근전을 만들 이유가 없다. 이를 군역(軍役)으로 취급하는 곳은 관리와 아전들뿐이다.

현실 물정에 어두운 중앙 관료들은 군정을 징세의 기능으로 이해하지 않고 원론적으로 국방의 의무로 이해하고 있다, 이에 아전들은 백성과 중앙 관료들 양쪽 사정에 밝아 군정을 이익 추구의 장으로 삼는 것이다. 그래서 슬프게도 다산이 아무 일도 하지 말라고 당부하는 대상이 탐관오리가 아니다. 부패한 관리가 잘못된 제도를 손댈 이유가 없다. 그러나 강직하거나 나라 걱정하는 그나마 괜찮은 관리들은 다르다. 나라에 변고가 생기면 군적에 의해 병사를 보내야 하는데 이 문서가 죄다 허록이니 큰일이라 생각지 않을 수 없다. 그래서 군정을 반드시 바로잡겠다고 굳은 다짐을 한다.

향승에게 물어보고, 수리(首吏)에게 물어봐도 대답은 한결같다.

"본 고을의 군정이 오랫동안 다스려지지 못하였고 대오(隊伍)도 많이 빠졌습니다. 그러나 보호(保戶)가 마련되지 않아 지적하여 거둘 수 없으므로 이웃이 그 해를 입었습니다. 이제 밝은 정치를 하는 김에 모조리 바로잡아 고친다면 이는 영원히 좋은 일이 될 것입니다."라고 한다. 여기에서 목민관은 분발하여 스스로 수정하기로 결심하는데, 수많은 부락에선 벌써 귀신의 울음소리가 처량하게 들려온다.

실제 강직한 수령이 법대로 시행했을 때의 일을 다산은 예로 들고 있다.

"병사(兵使) 조학신(曺學信)은 삼가 법대로 하고 정직하여 거짓이 없었다. 그가 봉산군수(鳳山郡守)가 되어서는 군정을 대폭 수정하여 허록을 하나도 없게 하려고 토호(土豪)·향족(鄕族)들을 모두 등록시켜 눈감아주는 일이 없으니, 온 고을이 모두 원망하여 끝내는 쫓겨나게 되었다. 그 후임이 부임하여 전임이 하던 법을 모두 철폐하자 백성들의 칭송이 크게 일었다. 군리는 여기에서 다시 뇌물을 먹게 되니, 등록된 자에게 먹는 것이 천 냥, 만 냥이요, 없애주는 데서 먹는 것 또한 천, 만 냥이나 되며, 허록은 그대로 허록이 되었다. 비록 공·황(龔黃)이 정치를 하더라도 여기에서 벗어날 수 없는 일인데, 목민관이 무엇 때문에 수고스럽게 이런 일을 할 것인가?"

이런 현실로 인해 다산이 함부로 일을 벌이지 말라고 당부한다. 이런 다산 말의 진위를 구분할 수 있어야 《목민심서》를 읽을 수 있다. 일의 전모를 파악하지 못하고 단순한 공명심에 일을 벌여 의도치 않게 아전들 좋은 일을 만드는 것을 경계하는 것이다. 전정(田政) 중 은결(隱結)에 관한 얘기가 그렇고, 첨정에 관한 입장이 그렇다. 환곡을 말하면서 미행(微行)을 어리석은 짓이라 했는데 미행을 하지 말라는 말이 아니다. 아전의 농간은 붓끝에서 나오는데 창고에서 곡식 섬을 훔치는 줄만 알고 있는 어리석음을 경계하는 뜻이다. 백성의 삶에 직접적인 영향을 끼치는 일은 전체를 파악하고 세밀한 계획을 세우기 전에는 섣불리 덤비지 말라는 뜻이다. 은결이나 군정(軍丁)을 파악하지 말고, 미행하지 말라는 의미가 아니다.

### 군정에서 다산이 제시하는 해법

군정에서 다산이 제시하는 답은 오히려 간단하다고 할 수 있다.

현실을 인정하는 것이다. 군정이니 군액이니 하는 명분은 버리고 세금부과라는 현실을 취한다. 그래야 올바른 대책을 세울 수 있다. '세금을 부과하는 법은 호구(戶口)대로 골고루 펴서 공평하게 나누는 것이다. 그러므로 세금을 적게 부과하면 만백성이 그 혜택을 고루 받았고, 세금을 많이 부과하면 만백성이 그 피해를 나누게 되었다. 법을 제정한 것은 모두 이와 같았다. 편벽되게 하나의 필부를 잡아다가 군적에 올리고 수백 냥의 돈을 내게 하는 그런 법은 고금천하(古今天下)에 없었던 일이다' 수령이 이런 관점을 가졌을 때 백성의 부담을 덜어주고 공평한 부과를 할 수 있을 것이다.

이것은 다산만의 의견은 아니다. 임진, 병자의 양난과 인조반정 이후 국방비가 국가재정에서 절대적인 비율을 차지했다. 백성들의 부담은 가중될 수밖에 없는 현실이다. 군역을 달리 양역(良役)이라 하는데 이는 양인들이 부담한다는 뜻이다. 더구나 양인 중 이래저래 빠져나가 실제로 양역을 부담하는 양인의 수가 절대적으로 부족했다. 영조 때 이조판서를 역임한 홍계희의 말에 의하면 62만 호가 져야 할 양역을 10만 호가 부담해야 하는 지경까지 이르렀다고 한다. 그래서 조정에서도 양정(良丁)을 단위로 군포를 징수하는 것이 아닌 호(戶)나 구(口)를 대상으로 군포를 징수해야 한다는 개선책이 논의되었다. 결국, 양반층 등의 반발로 근본적인 개혁을 못 하고 군포의 수를 2필에서 1필로 줄이는 균역법으로 결정할 수밖에 없었다. 일시적으로 백성의 부담이 줄어들었으나 얼마 지나지 않아 더 큰 부담이 된 것은 앞서 살펴본 바 있다. 그래서 백성들 스스로 자구책으로 찾은 것이 군포계(軍布契)고 역근전(役根田)이다. 이것이 조정에서 하고자 했던 호포(戶布)와 구전(口錢)이라고 다산은 말하고 있다.

## 백성들과 의논하여 세액을 결정

군역이라는 명분에 버리고 세금 부과라는 현실로 보면 복잡하지 않다. 6000호의 고을에 군액 총수가 6000이라면 한 호에 하나씩 그 수를 정하는 식이다. 백성의 부담을 크게 덜어 줄 수 있다. 군정이 과세의 내용만 남았다고는 하지만 군역의 형식이 남아 있어 부담이 편중될 수밖에 없는 현실을 고려한다면 공평하다는 것 자체가 대단한 의미가 있다. 공평한 과세를 위해서 먼저 할 일이 있다. 전정의 경우 은결을 모른다면 해결 방법이 없다. 마찬가지로 군역에서도 부당하게 군역을 회피한 대상을 찾아내야 공평하게 할 수 있다. 서원(書院)이나 역촌(驛村)에 회피한 대상을 찾아내고 계방(契房)을 혁파해야 그나마 군정을 고르게 할 수 있다.

이런 조사를 선행해야 척적(尺籍: 본 고을의 총 호수와 군액 총수를 가지고 공평하게 배당하는 것. 군정의 수를 기준으로 하는 것이 아님)을 수정할 수 있다. 척적을 수정한다는 것은 공평하게 한다는 뜻이다. 총액이 결정되어 있으니 이쪽에서 덜어내면 다른 쪽에 그 부담을 옮겨야 한다. 부담이 적어지는 마을이 생기고 반대의 경우도 생긴다. 불만이 없을 수가 없다. 수령이 위엄을 가지고 객관적인 자료를 갖고 있지 않다면 할 수 없는 일이다. 척적의 수정이 끝났다고 일이 마무리된 것이 아니다. 비록 수정 과정에서 객관적이고 마을의 의견을 들었다고는 하지만 어디에나 불만이 있거나, 일 좋아하는 인간들이 있게 마련이다. 이들이 소송을 걸어 척적을 훼손하면 다시 군정이 어지러워지고 군정이 어지러워지면 아전들만 살판이 난다. 이를 대비하지 않을 수 없는 일이다.

먼저 각 마을 대표 5~9명을 뽑는다. 이들에게 척적이 수정되어 군역이 균등하게 되었고 이 척적을 지킨다는 서명을 받는다. 이어 이를 순영(巡營: 감사가 일을 보던 관아)에 보고하여 인준을 받는다(감사도 안정적으로 확보된 군포를 받을 수 있으니 불만이 없다). 이 인준 받은 문서를 여러 건 등사한다. 관아에 보관하고 학궁에도 보관하고 마을마다 보관하여 영구히 상고하게 해야 한다. 모든 마을에서 보관하므로 함부로 조작할 수 없고 아전들도 어쩔 수 없을 것이다. 척적이 분명하면 군액을 보충하더라도 소란이 한 마을에만 그치지만 척적이 불분명하면 이 소란이 온 고을에 미친다. 그러므로 척적이란 백성의 이익이요, 서리들은 좋아하지 않는 것이다.

척적은 다산이 말한 대로 고을의 총호수에 군액 총수를 공평하게 배당하는 대장(臺帳)이다. 해당 고을의 군정(軍丁)이 몇 명인지가 기준이 아니다. 군포(軍布)를 군역으로 하지 않고 내야하는 세금으로 취급했다는 말이다. 앞서 다산이 말한 군포계(軍布契)를 확대 시행한 것이라 보면 된다. 전정에서 은결을 대하는 태도도 그렇지만, 당시 현행법의 기준으로 보면 불법이다. 수령은 불법을 행하지만 백성들에게는 큰 혜택이 돌아가는 일이다.

수령이 반드시 해야 할 일이 하나 더 있다. 환곡은 나누어 줄 때 수령이 직접 했지만, 군포는 걷어 들일 때 수령이 직접 해야 한다. 포목은 넓고 좁은 것, 길고 짧은 것, 굵고 가는 것, 두껍고 얇은 것이 있어서 트집을 잡으려면 한도 끝도 없다. 심한 경우 아전과 연관된 상점에서 산 포목이 아니면 퇴짜를 놓는 경우도 있다. 수령이 직접 받지 않으면 백성들이 바치는 것이 배는 늘어난다는 것이 다산의 진단이다. 비단, 해당 고을에서만 이런 비리가 있는 것이 아니다. 마을의 군포를 모아 경영(京營: 서울에 있던 훈련도감 등의 영문)에 바칠 때도 마찬가지다. 영문 아전들이 퇴짜를 놓을 가능성이 크다. 퇴짜를 맞으면 비용이 배로 늘어날 수밖에 없다. 늘어난 비용은 다시 백성들의 부담이다. 이를 방지하기 위해 다산이 곡산부사 때 항시 사용한 방법이 약간의 '뇌물' 이다. 백성들 부담이 될 수천 냥을 목민관이 수십 냥으로 방지할 수 있었다는 다산의 설명이다.

다산은 기본적으로 군포라는 이름에 부정적이다. 목숨 바치는 일을 맡기려면 먼저 전지를 주라는 것이 다산의 의견이다. 나라가 백성에게 목숨 바치는 일을 책임 지우면서 먼저 재물을 내라 하니 이런 이치가 있을 수 있겠냐는 것이다.

## 2. 연졸(練卒)

지금까지 살펴본 이전·호전·예전이 지방자치 행정권의 범위 안으로 현대의 지방자치단체에도 그대로 적용할 수 있는 내용이었다면, 병전은 군사권의 내용이다. 《목민심서》에서 다루는 내용 중 형전(刑典)과 더불어 현재 지방자치단체의 직무 범위를 넘어서는 두 편 중 하나이다.

### 수령이 가지고 있는 군사 권한

수령이 군사권을 가지고 있다고 해서 한 고을의 직제가 그대로 전시체제로 이어지는 것은 아니다. 다산에 의하면,

"우리나라 군제(軍制)에 수령의 수하에는 한 사람의 친병(親兵)도 없다. 이른바 속오(束伍: 평상시 군포를 바치는 양정)·별대(別隊: 기마대) 등은 난리가 있으면 수령이 모두 거느리고 진관(鎭管)에 나아가 바친다. 진관에서는 그것을 받아 진영(鎭營) ─곧 영장(營將)이다─ 에 바친다. 수령은 바치고 돌아와 이노(吏奴)로써 대(隊)도 만들고 초(哨)도 만들어 그들과 함께 고을을 지키게 된다. 따라서 이노의 연습은 실로 요긴한 일이다."

즉 변란이 생겼을 때 수령이 관할하는 군사의 범위는 아전과 노비로 만든 군대 이외에는 친병이 없다는 뜻이다.

속오군이 유사시에는 수령 관할의 친병은 아니지만, 훈련을 시켜야 하고 병기의 관리도 해야 하는 것이 수령이 기본 업무다. 그 기본 업무 중 첫

번째가 군사를 훈련하는 연졸이다. 다산은 병전 연졸 첫 문장에서 '연졸은 전쟁을 대비하는 요긴한 일'이라고 말하고 있다. 그러나 바로 이어서 '오늘날에 연졸이라는 것은 모두 헛된 일이다'라고 정반대 주장을 펴고 있다. 원론적으로는 해야 하는 일이지만 현실에서 실시하면 백성들에게 해가 되는 일들이다.

## 허위보고를 종용하는 사유

연졸도 마찬가지다. 국가 안위를 위해서는 해야 하는 일이지만 실시하면 아전만 좋아하고 백성은 고달파질 뿐이다.

"연졸(練卒)이란 모두 헛된 일이다. 이미 헛일인 것을 알았다면 그냥 아무것도 하지 말고 문서대로 숫자만 갖추면 될 것인데, 어찌 헛된 기세를 올려 군무를 담당한다 하겠는가. 일신(一新)의 정비를 하려고 한댔자 백성들만 괴롭힐 뿐이다. 관에서 한 번 헛된 기세를 올리면 아전들은 벌써 그 기미를 엿보고 온갖 폐단을 불러일으켜 한바탕 소란을 피우게 된다. 그러므로 항오(行伍)를 충실하게 채우고 복장을 깨끗이 갖추며 무기를 날카롭게 하고 안마(鞍馬)를 보충하기에 입술을 태우고 발을 구른다 하더라도 끝내는 모두 거짓이 되어 군리(軍吏)만 살찔 뿐이다. 백성을 다스리는 목민관이 어찌 괴롭게 이를 하려 하겠는가."

이어서 당부한다.

"군사를 점검하는 날에는 은밀히 친근한 장교에게 타일러서 모든 궐실

(闕失)을 다 덮어두고 들춰내지 말아서 무사하게 하며, 번거롭고 요란스럽게 하지 말기를 기약하게 한다."

허위 문서를 작성하고 청탁을 하라는 말이다.

다산이 군사훈련을 이렇게 얘기하는 이유가 또 있다.

"장차 목숨을 바치게 하려면 반드시 먼저 넉넉하게 살도록 하여 이 나라 백성들이 군부(軍簿)에 들어가는 것을 마치 벼슬에 오르는 것처럼 생각하여 물리침을 당할까 걱정하도록 해야 할 것이다. 그러한 후에야 그 군사를 부릴 수 있다."

백성들이 당장 굶어 죽게 생겼는데 무슨 염치로 나라를 위해 목숨을 바치라고 종용하느냐는 의미이다. 군사문제가 나라의 큰 정사임에도 불구하고 철저히 대비하지 않고 숫자만 맞추는 근본적 이유다. 그렇다고 해서 모든 군사에 관한 정무를 소홀히 하는 건 아니다.

유사시 수령의 직할 부대라 말할 수 있는 이노(吏奴)의 훈련은 철저히 실시할 것을 당부하고 있다. 기본적 기고호령(旗鼓號令: 기를 흔들고 북을 치며 신호하고 명령하는 것)과 진지분합(進止分合: 전진하고 정지하며 흩어지고 합치는 것)법 또한 익숙하게 훈련해야 한다고 강조한다. 훈련할 때는 '반드시 관에서 돈을 내어 그 부족한 것을 보충해주어야만 백성의 원성이 없고 위의 책망도 없어서 그 직무를 잘 수행하는 자가 될 것이다'라고 주문하는 걸 잊지 않는다.

## 이순신과 싸운 수군들은 산골짜기 백성들

연졸 조에는 현대로서는 이해하기 힘든 군대 편제가 있다. 수군(水軍)을 바닷가 백성들이 아닌 산간(山間) 고을의 백성들로 충원한다는 것이다. 이 문제에 대해 자세하게 기록된 것이 이순신의 《충무전서》에 기록돼 있다. 그중 대표적 글을 살펴보자.

비변사(備邊司)의 장계에,

"수륙군(水陸軍)을 바꾸어 정한 당초의 본의는, 바다 가까이 사는 백성들은 조그만 사변이 있어도 고향을 그려 달아나기 쉬우므로 먼 산간 고을 사람들로 수군을 정한 데 있습니다. 그러나 산간 고을의 어리석은 백성은 배 부리는 것을 익히지 못한 사람들입니다. 하루아침에 배 부리는 곳으로 몰아넣으면 직무가 바뀌어 일이 실패할 뿐 아니라, 멀리 와서 수자리 사는 것을 탄식하게 되고 노고는 갑절이나 될 것입니다. 지난번에 대가(大駕: 임금의 행차)가 해주(海州)에 머물러 계실 때 백성들의 고통을 물으시니, 한 도의 백성이 모두 이것이 제일 큰 폐단이라 하였습니다. 해변 사람으로 수군을 정하고 산읍(山邑) 사람을 육군으로 바꾸어 정하면 양쪽이 모두 편리할 것입니다. 그러나 옮길 즈음에 그 바꾸어 옮기는 것을 백성들 뜻대로 하여 각각 원하는 바대로 하게 할 따름입니다. 그러니 우선 감사(監司)에게 명하시어 먼저 본도에 시험하여 편리한가의 여부를 살펴서 아뢰게 하는 것이 어떠하겠습니까?"

수군사(水軍使) 이순신의 장계는 이러했다.

"서로 바꾸어 방어하는 것은 중대한 일입니다. 수륙으로 적과 대치하고 있으니 함부로 바꾸어 처리할 수 없습니다. 조정에서는 다시 자세히 헤아려 처리하여주시기 바랍니다."

이상은 정유년(1597년, 선조 30년)에 왜군이 쳐들어왔을 때 서울과 지방의 공문이다. 충무공 이순신은 적과 대치 중인 상황이라 수군을 산골 백성으로 그대로 있게 고려해 달라는 장계이다. 같은 시기 병마사인 선거이(宣居怡)도 같은 취지의 장계를 올린다. 전시임을 고려해서 산골 백성을 수군으로 배치하는 것은 바뀌지 않는다.

당시 충무공과 함께 왜군과 전투한 병사 중 많은 수(數)가 연해고을(沿海: 바닷가) 백성들이 아니라 먼 산간 고을의 백성들이라는 말이다. 바다라고는 구경한 적도 없을 산골 출신 병사들을 통솔해 23전 23승을 거둔 충무공의 능력에 경탄을 금치 못하는 바이다.

그러나 왜적을 평정한 뒤에도 여러 차례 논의가 있었으나, 이는 바뀌지 않는다.

다산이 진단한 바뀌지 않는 이유가 기막히다.

"각각 적당한 곳에 씀으로써 만물이 모두 순조롭게 되는 것이다. 이제 산간 고을에서 화전을 일구던 백성으로 파도 속을 넘나들면서 돛대를 잡도록 하니 그 몸놀림이 어찌 자연스러울 수 있겠는가. 지금은 해안 방어가 무탈하기 때문에 수군이란 것은 해마다 돈 2냥만 내어 수영(水營)에 바치면 모두 무사하게 된다. 이것이 곧 수군을 산간 고을에 흩어두고 바꾸어 정하기를 생각하지 않는 까닭이다."

애초 연해 백성들이 변란이 있으면 도망가기가 쉬워 먼 산골 장정을 배치한다는 시각도 문제이지만, 문제점을 충분히 인식하고 있으면서도 개인적 이득을 위해 백성의 고통을 무시하는 나라가 온전히 지탱되기는 어려울 것이다.

문제가 이렇지만 어쩌겠는가?

"산읍과 연해의 군사를 바꾸어 정하는 것은 한 고을의 수령으로 능히 변통할 일이 아니다. 군제고(軍制考)에 모두 자세히 보이므로 여기에서는 생략하기로 한다.

그런데 다산이 거론한 군제고가 후세에 전해지지 않는다.


## 3. 수병(修兵)

### 수령의 기본업무: 병기 관리

수병(修兵) 조는 병기 관리를 말한다. "병(兵)이란 병기(兵器)를 말한다. 병기는 백 년 동안 쓰지 않아도 좋으나 하루라도 준비가 없어서는 안 되니, 병기를 관리하는 것은 곧 수령의 직무이다." 수병 조의 첫 문장이다.

이 문단 역시 제목과 본문의 내용이 일치하지 않는다. 당시 고을마다 군기고를 설치하였고 간직하는 병기는 활, 창, 조총, 화약, 갑주, 장막 등등이다. 그 파손된 것을 수리하고 없어진 것을 채우는 일이 곧 수령의 직무라는 말이다.

그러나 다산의 생각은 다르다.

"그러나 나는 그렇지 않다고 생각한다. 대개 세상 물건이란 사용하지 않으면 썩고, 좀먹고, 쥐가 쏠고, 곰팡이가 생기는 법이다. 지금 태평한 세상에 앉아 해마다 돈 천만 냥을 허비해가면서 활, 화살, 창, 칼 등 모든 병기를 만들어 지방 창고에 간직하는데, 며칠이 못 가서 습기가 오르고 비에 젖어 화살이 좀먹고 깃이 떨어지고 쇠가 녹슬고 칼자루가 썩고 수놓은 것의 색깔이 변하고 포백이 삭아 못 쓰게 되며, 화약과 염초가 모두 습기에 젖어 성능을 잃게 된다. 그러므로 화약에 불을 달아도 총은 소리가 나지 않고, 활줄을 당기면 활은 벌써 썩어서 꺾어진다. 금년에 모두 고쳐서 보수하여도 명년에 다시 못 쓰게 되니, 만일 불행한 일이 생기더라도 군기고에 간직한 것은 백에 하나도 쓰지 못하게 된다. 성인은 쓸데없는 비용을 아끼고 지혜로운 자는 실속 없는 일을 싫어하는 법이라, 비록 상사가 그 잘못을 책망하고 어사가 그 죄를 논한다 하더라도 성심으로 이런 일을 하는 자가 없을 것이다. 옛사람의 수병(修兵)은 모두 기미를 살피고 일에 앞서 조짐을 보아, 미리 만반의 준비를 하였다가 뜻하지 않은 변란에 대처하였다. 조야(朝野)가 태평하여 만일의 염려도 없는데 수병(修兵)하는 것은 한갓 재물만 낭비할 뿐이다."

병기를 수리하지 말라는 다른 이유 하나는 이를 핑계로 백성을 침탈하기 때문이다.

"부유한 민가로부터 무기를 수보한다는 핑계로 희사금을 받아, 그 10분의 7은 끊어먹고 나머지 10분의 3만 가지고 겉만 치장하여 남의 눈만 속이며, 혹은 깃대를 만든다는 핑계로 백성들의 대밭을 침범하여 천백 개의 대를 마구 베어 서울로 가는 배에 실어다가 등대[燈竿]를 만들어 팔며," 등등 이런 연유로 상사(관찰사)가 책망하고 어사가 죄를 논한다 하더라도 성심을 다하기 힘들다는 것이다.

### 다산의 병기 관리 방안

그렇다고 해서 그냥 방치하자는 건 아니다. 다산이 제시하는 해법을 보자.

"동(銅) 1천 근, 백 번 불린 빈철(鑌鐵) 3~4천 근, 흑각(黑角) 3~4백 근, 우대우(牛戴牛) 3~4백 근, 표교(鰾膠) 1백 근, 전죽(箭竹) 1만 개, 화피(樺皮)·치우(雉羽) 등 50~60근, 정제하지 않은 염초(焰硝)·화약(火藥) 6~7백 근, 유황(硫黃)·비황(砒黃)·자분(磁粉)·사기 가루[砂沙]·송향(松香)·역청(瀝青) 등의 신연 독화(神煙毒火)를 만들 수 있는 재료 1~2백 근 등, 이러한 모든 물건을 창고에 간직하여 두는 것이 또한 좋지 않겠는가. 사교(四郊)에 변란이 있으면 그 조짐이 먼저 나타나는 법이다. 이때를 당하여 한편으로는 두드려 만들고 한편으로는 섞어 제조하여 칼날이 새로 숫돌에 갈리게 하고, 활깍지가 새로 아교에 붙게 하고, 신기롭고 독한 신연 독화가 새로 가마에서 끓게 하는 것이 또한 옳지 않겠는가. 대개 진실한 마음으로 나라를 다스리는 자가 이 뜻을 알아 힘껏 대비하여 수병(修兵)하지 못한 죄를 속죄하게 되면 속마음에 부끄러움이 없을 것이다."

매해 들어가던 재정도 절약하게 되고 효율성도 훨씬 증가한다. 그러나 항상 훈련을 고려해야 하는 훈련도감 같은 직업군인들에게 있어서는 이렇게 해서는 안 될 것이다. 수령이 다스리는 고을의 속오군은 전시에는 군사에 편제되지만, 현실에서는 세금을 바치는 역할이 더 중요한 농민일 뿐이다. 농번기를 피하고 각종 부역을 고려하면 실제로 훈련할 기일을 잡는 것도 쉬운 일이 아니다. 다산의 방법은 이러한 농민의 현실을 고려하고 국방의 중요성도 고려한 현실적인 대안이라고 볼 수 있다.

그러나 수병은 법전에 나와 있는 내용이다. 다산의 말대로 "조정의 명령이 엄중하다면 보수하는 일을 하지 않을 방법이 없다." 달리 말하면 조정의 명령이 엄중하지 않다면 구태여 할 필요가 없다는 의미다.


## 4. 권무(勸武)

### 활쏘기만 잘한 민족

권무(勸武) 조는 말 그대로 무예를 권장하는 일이다. 현재 우리나라 양궁은 타의 추종을 불허하는 독보적 강국이다. 이게 다 이유가 있는 듯하다. 다산은《목민심서》에서 '우리나라 풍속은 온순하고 근신하여 무예를 즐기지 않고 익히는 것은 오직 활쏘기뿐'이라고 말하고 있다. 그래서 활을 잘 다룬다는 결론을 기대했지만, 다산의 진단은 전혀 다르다. 활쏘기를 잘한다는 의미보다는 다른 병장기(干戈)가 무엇이지 잘 모른다는 의미가 더 크다. 다산에 따르면 활쏘기도 잘한 게 아니라 활쏘기만 잘했다고 할 수 있다.

우리는 조선의 활이 대단한 강궁이고 사정거리도 멀다고 흔히 알고 있지만 이에 대한 다산의 평가는 매우 인색하다.

"힘줄은 얇은데 아교만 두텁게 칠하기 때문에 처음에는 강하나 나중에는 약하며, 겨울에는 강하나 여름에는 약하며, 갠 날에는 강하나 비 오는 날에는 약하다. 활고자[活弭字]가 항상 벗겨지고 양쪽 끝이 항상 어그러져서 한 번 쏘고는 한 번 불에 쬐어 말려야 하고, 한 번 당기고는 한 번 도지개[檠]에 바로잡아야 한다. 그리고 시위를 매는 데 힘이 들고 뿔이 부러지는 데 애를 먹으니 이런 활을 활이라 할 수 없다." 화살 역시 "화살을 만들 때는 대의 껍질을 벗기고 불에 지졌기 때문에 비와 습기에 견딜 수가 없고, 살 끝에 쇠촉[鏃]이 없으니 오직 내기하는 데에나 쓰일 뿐이다."라고 혹평하고 있다. 그래서 만일 난리가 나더라도 손에 집을 것이 없어 맨손으로 적을 대적해야 한다고 진단하고 있다.

## 조선에서 활쏘기가 사라진 이유

그나마 무예의 명목을 잇던 활쏘기마저 무과(武科)의 폐단이 날로 극심해져 한 명도 활을 잡고 나서는 자가 없게 되었다고 다산은 한탄한다. 과거의 일반적 폐단에 대해서는 과예 조에서 대략 말한 바 있다. 다산이

《목민심서》와 《경세유표》에서 무과 시험의 폐단으로 따로 지목한 것이 격축(擊逐), 공로(空老), 징포(徵布), 만과(萬科), 무액(無額) 다섯 가지다. 그중 근본적인 요인 두 가지를 말하자면 다음과 같다.

"징포(徵布)란 무엇인가? 비근한 예로, 무과 출신은 그 자서제질(子婿弟姪)을 모두 군적에 예속시켜 유청군관(有廳軍官)이라 이름하고 해마다 포목 1필씩을 징수한다. —돈으로 내면 2냥이다— 이에 병조(兵曹)에서 장부를 조사하여 어린아이 하나라도 숨기거나 빠지는 일이 없게 하며, 혹시 빠진 자가 있으면 군리(軍吏)들이 찾아내어 한량없이 재물을 토색한다. 군안에 등록된 자나 등록되지 않은 자나 돈 바치는 것은 한결같으니, 이 때문에 문중에 무과 한 사람이 나면 삼족이 모두 그 피해를 본다. 그리하여 본래의 군역(軍役)이 있던 자는 거듭 내게 되고, 본래의 군역이 없던 자는 지금 새로 걸려들게 되는 것이다. 과거라는 것은 본래 영화(榮華)를 위해 보는 것인데, 영화를 구하다가 얻지 못하면 도리어 재앙과 욕을 당하게 된다. 이로써 백성들을 모집하니 누가 이에 응하겠는가. 그러므로 자손에게 무예를 익히지 말라고 훈계하니, 이것이 응시자가 끊어지게 되는 까닭이다."

"만과(萬科)란 무엇인가? 나라에 큰 경사가 있을 때 과거로써 그 기쁨을 장식하는데, 한 개의 화살이라도 맞히는 자는 모두 출신(出身)으로 인정하였기 때문에 그 숫자가 혹 천 명이 넘어 수천 명에까지 이르게 되었으니 이것을 일러 만과라 하였다. 과거 이름이 이렇게 천하다 보니 백성들이 과거 출신으로 대접하지 않았고, 전조(銓曹)에서도 녹용(錄用)하지 않았다. 그리고 또 한 개의 화살이 명중함으로써 성공하게 하니, 능숙하게 쏘는 자도 제일(第一)이요 잘 쏘지 못하는 자 역시 제일이라, 우열의 분별도 없고 현우(賢愚)의 분별도 없다. 백성이 어찌 서로 권장하겠는가. 비록 무예를 익히지 않아도 급제는 쉽게 얻을 수 있으니, 이것이 응시자가 끊어지게 되는 까닭이다."(《목민심서》 병전, 《경세유표》 15권)

## 한 해 과거급제자가 18,251명

무과도 문과와 마찬가지로 3년에 한 번 시험을 치른다. 그런데 무과는 대체로 식년시 규정인 28인보다 훨씬 초과하는 경우가 많아 보통 몇백 인, 심할 때는 몇천에 달하기도 하였다. 1618년(광해군 10년) 정시의 3,200인, 1620년 정시의 5,000인, 1637년(인조 15년) 별시의 5,500인의 급제자를 뽑았던 예가 그것이다. 그뿐만 아니라 1676년(숙종 2년)의 정시에서는 1만 8251인을 뽑아 이른바 만과(萬科)라는 명칭을 낳기도 하였다. 그 결과 조선시대 무과 급제자의 총수가 15만 인을 초과하기에 이르렀다(문과 급제자의 총수는 약 1만 4500인). 광해조·인조 시절이야 워낙 위급한 때이니 이해가 가지만 그 이후의 선발 인원수는 아무리 북벌이 최고의 정치 논리라 해도 이해하기 어려운 일이다. 그 이유 중 하나가 앞의 징포다.

격축(擊逐)은 실력 있는 시골의 무사를 서울 세가의 자제들이 시험장에 나가지 못하도록 반병신을 만드는 것이고, 공로(空老)는 설사 실력 있는 시골 무사가 등과(登科)하더라도 진급에서 한없이 밀려나는 일이며, 무액(無額)은 시험에 정원이 없는 것이다. 그래서 지금은 일방(一榜)에 10명이면 10명이 모두 대신 쏘고, 일방에 백00 명이면 백00 명이 모두 대신 쏘니, 돈이 있는 자는 결습(決拾)도 모르면서 소년에 등과하고, 돈이 없는 자는 그 무예가 유·예(由羿: 중국 고사에 등장하는 활의 명인) 같아도 백발이 되도록 초라하게 지낸다. 그리하여 온 나라 사람들이 눈을 부릅뜨고 주먹을 불끈 쥐며 오직 돈만을 생각하게 되니, 어찌 다시 활 잡는 자가 있을 것인가. 이에 자손을 훈계하여 무예를 익히지 못하게 한다. 이것이 응시자가 끊어지게 되는 까닭이다. 무예를 익힐 까닭이 없다.

그래서 다산이 한탄한다.

"수령이 비록 입술이 타고 혀가 닳도록 백성들에게 무예를 권장해도 익히는 자를 얻지 못할 것이다."

그나마 익히던 활쏘기도 명맥이 끊기고 돈으로 무과시험을 치른 자들이 나라의 안위를 책임지고 있으니 그 나라가 온전할 수 있을까?


## 5. 응변(應變)·어구(禦寇)

병전 응변·어구의 주제는 변란과 외적의 침입에 수령이 어떻게 대응하느냐의 내용이다.

### 민란의 시대

응변이나 어구가 뜻이 비슷해 보이지만 차이가 있다. 응변은 소위 내란(內亂)에 대한 대응이고, 어구는 외환(外患)에 대비하는 일이다. 수령이 군사권을 갖고 있으니 침입한 적을 막아내는 어구는 당연한 일이다. 그래서 《경세유표》고적지법에도 어구에 관한 내용은 있지만, 내부 변란에 관한 내용은 기록하고 있지 않다. 다산이 《경세유표》에서는 말하지 않던 응변에 관한 내용을 《목민심서》에서 다루는 것은 다음과 같은 이유인 듯하다.

"요즘에 와서 부역이 번거롭고 관리들의 악행이 스스럼없이 행해지니 백성들이 편히 살 수 없는 지경이라, 모두가 난리가 일어나기를 바라기 때문에 요망스러운 말들이 사방에서 일어난다. 이를 법대로 죽이게 되면 백성들은 하나도 살 사람이 없을 것이다."

이런 분위기에서 어느 곳에서 난리가 나더라도 이상한 일이 아니다. 실제 19세기를 표현하는 말 중의 하나가 민란의 시대다. 다산이 《목민심서》를 집필하던 시기는 민란이 본격적으로 터지기 시작하는 시기다. 다산의 말처럼 이를 법대로 다 처벌했다가는 온 나라가 곡소리로 가득할 것이다.

변란이 나타나기 전에 각종 유언비어가 횡행하는데 이것만 잘 살펴 대처해도 대부분 변란은 예방할 수 있다고 다산은 말한다. 다산은 응변 조에서 유언비어를 대략 세 가지로 정하고 이에 대한 대응책을 말하고 있다. 대부분 유언비어는 근거가 없이 일어난다. 收訛言入麥根(수화언입맥근: 유언비어가 거두어져서 보리 뿌리로 들어간다)이라는 말이 있다. 이 말은 보리가 익고 농사일이 바빠지면 백성들이 서로 오고 가지 않으므로 유언비어가 저절로 없어진다는 뜻이다. 그러므로 이러한 것은 들어도 못 들은 체하고 조용히 대응하는 것이 좋다고 말한다.

그러나 그렇지 않은 경우도 있다. 다산은 그 예로 1728년의 이인좌의 난과 1811년 홍경래의 난을 예로 들고 있다.

"대개 이러한 때를 당하면 목민관은 마땅히 자질친빈(子姪親賓) 중 기밀 정보에 치밀한 자를 골라서, 그에게 근방 고을에 돌아다니면서 그 근원을 찾아내고 그 소굴을 엿보아 응변의 방책을 도모하게 해야 관직을 제대로 수행했다 할 수 있을 것이다. 만약 그렇게 하지 못하고 변이 일어난 날 앉아서 죽임을 당한다면 비록 그 절의에는 흠이 없을지 모르나, 관직을 제대로 수행하지 못한 과실은 면할 수 없다. 그런데 조정에서는 항상 이와 같은 자들에게 장한 일을 하였다는 뜻으로 그 절의를 포상하고 그의 허물은 가볍게 여겼다. 그러나 나라의 녹을 먹는 자는 절개로만 보답할 것이 아니라, 절개 외에 기미를 살피고 변란을 조사하면서 먼저 대비에 힘써 변란의 시초를 막고 화근을 끊어 없애버려야 그 직무를 충실히 수행했다고 할 것이다."

세 번째로는 각종 투서(投書), 쾌서(掛書: 일종의 대자보)와 관련해서이다. 대부분의 투서나 쾌서는 익명서이다. 익명서는 예전이나 지금이나 정식 안건으로 취급하지 않는다. 현재에도 공익신고, 부패신고, 각종 민원을 접수할 때도 익명으로는 접수 자체가 되지 않는다. 조선시대 역시 마찬가지였다. 법전에 "익명서(匿名書)는, 비록 국사에 관계되는 일이 있더라도 부자간에도 또한 이야기할 수 없다. 만약 이야기하는 자가 있거나 여러 날 동안 두고 불사르지 않는 자는 모두 법률에 의하여 논죄한다."라고 하여 현재보다 더 엄격하게 적용하고 있다.

투서나 쾌서를 법대로 처리해야 하지만 수령의 업무와 관련된 것에 있어서는 다산이 융통성을 발휘한다.

"관리들끼리 서로 모함하여 그 비밀을 폭로하는 것에는 혹 재결(災結: 재해가 난 토지의 세금을 감면해 줌)을 훔쳐 먹었다고 하거나, 창고의 곡식을 환롱(幻弄)했다고 하거나, 첨정(簽丁)할 때 뇌물을 받았다고 하거나, 백성의 재물을 속여서 빼앗았다고 한다. 이와 같은 일들은 대부분 실상이고 거짓이 아니니 은밀히 염탐꾼을 시켜 그 사실의 증거를 잡아 징계할 일이요, 투서한 자가 흉악하다 하여 그만 덮어두어서는 안 된다. 대개 이런 일을 당하는 자는 수리(首吏)와 권리(權吏)이다. 권리는 조석으로 친근하게 지내는 사람이라 동렬(同列)들도 감히 바른대로 말하지 못한다. 그러나 밀고가 있는 데에도 숨긴다면 되겠는가?"

공식적으로 처리하지는 않지만, 부패를 저지른 관리를 수령이 요령껏 처벌해야 한다는 말이다.

## 이계심 사건

다산은 실제 곡사부사로 근무 시 백성들 고소(告訴) 사건에 대해 위에서 말한 것보다 훨씬 진취적이고 모범적으로 이를 해결한 바가 있다. 비록 《목민심서》에서 자세하게 다루고 있는 내용은 아니지만, 다산을 얘기할 때 항상 거론하는 유명한 일화니 만큼 여기서 얘기하는 것도 다산을 이해하는 데 도움이 될 것으로 판단한다.

소위 '이계심 사건'으로 불리는 내용이다. 다산이 〈자찬묘지명〉에서 직접 거론한 내용을 들어보자.

"곡산 백성에 이계심(李啓心)이란 자가 있었는데, 본성이 백성의 폐단을 말하기를 좋아하였다. 전관(前官) 때에 포수보(砲手保) 면포 1필을 돈 9백 전(錢)으로 대징(代徵)하였다. 이계심이 소민(小民) 1천여 인을 거느리고 관부(官府)에 들어가서 다투었다. 관에서 그를 형벌로 다스리려 하니, 1천여 인이 벌떼처럼 이계심을 옹위하고 계단을 밟고 올라가며 떠드는 소리가 하늘을 진동하였다. 이노(吏奴)가 막대를 휘두르며 백성을 내쫓으니 이계심은 달아나버렸다. 그리고 오영(五營)에서 수사하였으나 그를 잡지 못하였다."

용(다산을 말함)이 경내에 이르니, 이계심이 민막(民瘼) 10여 조를 쓴 소첩(訴牒)을 가지고 길옆에 엎드려 자수하였다. 좌우에서 그를 잡기를 청하였으나 용이 말하기를,

"그러지 말라. 이미 자수하였으니 스스로 달아나지는 않을 것이다."

하고, 이윽고 석방하면서 말하였다.

"관이 밝지 못하게 되는 까닭은 백성이 자신을 위한 계책을 잘하여 폐단을 들어 관에 대들지 않기 때문이다. 너 같은 사람은 관에서 천금(千金)으로 사들여야 할 것이다."

면포 1필의 값은 돈으로 따지면 2냥인데 9냥을 받았으니 이러고도 가만히 납부할 백성은 없다. 흔히 '이계심의 난(亂)'이라는 표현을 쓰고 있지만, 현대식으로 표현하자면 난이라기보다는 '집단민원'이라는 표현이 더 어울릴 것이다. 다산은 실제 이계심을 칭찬했을 뿐 아니라 《목민심서》

에서도 집단민원을 호소하는 백성 중에서 쓸 만한 사람을 잘 살펴 측근으로 임용할 것을 말한 바 있다.

"한 고을에 무슨 일이 있으면 반드시 군소(群訴: 집단민원)가 있게 마련이니, 그 속을 가만히 살펴보면 옳은 인재를 얻을 수 있다. 그 모습을 보고 말솜씨를 들으며, 어리석은지 슬기로운지를 분별하고 충성스러운가, 간사한가를 구별한다. 그래서 그 사람의 주소와 성명을 적어서 향원(鄕員)에게 물어보고 향교 유생에게도 물어보고 해서 이리저리 확증을 얻으면 그 실상을 알 수 있을 것이다. 올바른 인재를 얻음에 따라 한 자리를 만들고 그 사람으로 메워 나간다. 이렇게 한 달에 몇 사람씩 쓰게 된다면 반년도 채 못 가서 향청(鄕廳)·무청(武廳)·풍헌(風憲)·전감(田監) 모두 고을의 신망을 얻을 것이다."

이는 당시의 시대상으로 보자면 매우 진취적인 면모다. 조선시대에는 부민고소금지법(部民告訴禁止法)이 있었다. 중앙 관서의 서리(書吏)·고직(庫直)·사령(使令) 등 하례(下隷)와 지방 관서의 아전(衙前)·장교(將校) 등이 상급자인 관원을 고소하거나 지방의 향직자(鄕職者)·아전·백성이 관찰사나 수령을 고소하는 것을 금지하던 제도이다. 모든 경우에 관원·관찰사·수령에 대한 고소를 금지하는 것이 아니었다. 이들의 비리·불법행위·오판 등으로 인해 원통하고 억울한 일(訴冤)을 당한 당사자는 서울은 주장관(主掌官), 지방은 관찰사에게 호소할 수 있었다. 이와 같은 분위기 속에서 백성 천여 명을 몰고 관아를 들이친 이계심을 풀어주고 칭찬한다는 것은 생각하기도 어려운 일이다.

곡산민란

다산이 곡산부사를 그만둔 지 12년 후에 다시 곡산부에서 비슷한 사건
이 발생한다. 곡산민란이라고 하는데 이 사건에 대한 처리를 보면 다산의
대처가 얼마나 진취적인 것인지 알 수 있다.

"수십 년 전에는 곡산 백성들이 군포(軍布)를 많이 거둔다 하여 천여 명
이 일제히 관가에 몰려와 호소하며 난을 일으켜 관장을 쫓아내겠다고 선
언하였는데—이계심 사건을 말함, 그런 지 십여 년(1811년. 순조 11년) 뒤
에 과연 난민이 도호(都護)를 쫓아냈다. 이에 안핵어사(按覈御史) 홍희신
(洪羲臣)이 이대성(李大成) · 한경일(韓經一) 등 40여 명을 죽이고 수백 명
을 여러 곳에 나누어 귀양 보냈으니, 이는 모두 관장이 기미에 밝지 못하
여 일어난 일이다. 이러한 일을 다스리는 법은 그 두목만을 잡아 죽이고,
위협에 못 이겨 따른 자들은 벌주지 말아서 민심을 안정시킬 뿐이요, 잡
아 죽이는 것을 최선으로 삼아서는 안 될 것이다."

조선왕조실록에 기록된 당시 곡산 백성들이 한 행위는 구체적으로 이
렇다.

"본부사(本府使)가 창고의 곡식이 부족하다는 이유로 서 · 북창(西北倉)
의 감색(監色)을 모두 부옥(府獄)에다 가두어 버리자, 북면(北面)의 주민
수백 명이 각기 짧은 몽둥이를 가지고 관아의 동헌에 돌입하여 관례(官
隷)를 때려눕히고 병부와 인신을 빼앗아 겸읍(兼邑)으로 보내고, 부사(府
使)를 끌어내어 빈 섬[空石]으로 만든 들것에 마주 들고서 읍과 30리(里)

거리인 지역까지 갔으며, 이어서 내아(內衙)로 들어가 부녀들을 몰아서 내쫓고 갇혀 있던 각창(各倉)의 감색들을 모두 석방하여 내보냈다고 하였습니다."

"이 옥사로 체포된 죄수가 모두 130인인데, 한 사람도 살려 줄만 한 자가 없고 반드시 처벌해야 할 대상이 아닌 자가 없습니다. 심낙화 등 4명은 더러 주민을 모아 부서를 나누기도 하며 관아에 침범하여 병부를 빼앗았고, (……) 지금 이 41인은 더욱 여러 죄수 가운데서 지극히 흉악하고 아주 도리에 어긋나니, 안핵사(按覈使)와 도신(道臣)에게 분부하여 주민들을 감영 아래에다 크게 모으고 빨리 부대시(不待時)로 효시(梟示)하는 법을 시행하여 완악함을 경계하고 변란을 징계하는 바탕을 삼도록 하며, (……)"

부대시(不待時)는 부대시참(不待時斬)이다. 참형(斬刑: 칼로 목을 벰)은 보통 추분 이후부터 춘분 이전 사이에 집행하게 되어 있는데 역모 따위의 큰 범죄는 이에 구애받지 않는다는 의미이고, 효시(梟示)는 죄인의 목을 베어 높은 곳에 매달아 사람들에게 보인다는 의미다. 관장을 죽인 것도 아니고 인신과 병부를 빼앗고 쫓아냈다. 이 일로 곡산 백성 40명이 효수되는 벌을 받는다. 백성을 수탈한 박종신은 그저 울산으로 유배형에 처할 뿐이다. 당시 지배층이 백성의 관에 대한 불만에 얼마나 가혹하게 대처했는지를 보여준다.

이런 시대 분위기 속에서 다산은 이계심을 체포도 하지 않을뿐더러 오히려 칭찬하고 그가 말한 폐막(弊瘼)을 고친다. 더구나 이계심은 오영(五

營: 훈련도감)에서 찾던 인물이었으니 대단한 각오가 없으면 실행할 수 없는 일이다.

　어구(禦寇)는 외적의 침입과 방어에 대한 사례들이다. 몽고의 침입부터 병자호란까지 충신(忠臣)과 명장(名將)들의 사례가 풍부하게 들어있다. 관심 있는 분들이 따로 읽어도 무난한 내용이다.

제9편

# 형전
## 刑典

형전은 소송(訴訟)과 형옥(刑獄)에 관한 내용이다. 현재로 치면 법무부의 소관이다. 더 자세하게 나누자면 첫 조항인 청송(聽訟)은 민사(民事)의 범위이고 나머지 단옥(斷獄), 신형(愼刑), 휼수(恤囚), 금포(禁暴), 제해(除害) 다섯 개조는 형사(刑事)·치안(治安)에 해당하는 일이라고 보면 크게 무리가 없다.

## 1. 청송(聽訟)

### 조선시대 민사소송

민사에 대한 소송이니만큼 청송 조에는 당시 사회상이 그대로 반영되어 있다. 재산에 대한 다툼은 그때나 지금이나 별반 다르지 않고, 또 힘 있는 자들의 침탈도 여전하다. 사채(私債)에 관한 법은 현시대와 비교해서도 결코 모자람이 없다. 묘지에 대한 송사를 별도로 서술할 정도로 특이한 사항도 있다. 그럼에도 '노비를 나누어 주는 법에 대해 지금 논의할 것이 없는 일이지만, 이것 역시 재물을 나누는 법이므로 따라서 의논하는 것이다' 라는 글에서 보듯이 다산은 노비에 대한 한계는 청송에서도 드러나고 있다.

청송 조에서 다루는 재산, 골육, 채무, 묘지, 노비에 대한 송사는 민과 민의 문제가 대부분이다. 민과 관리의 소송도 있지만, 이는 수령의 해당 업무가 아닌 같은 민으로서의 소송이다. 수령이 다스리는 것과 관련된 소송(현재로 보면 고충 민원이 이에 해당한다고 할 수 있다)은 부임(赴任) 이사(莅事) 조에 나와 있다.

## 소송을 줄이는 방법

다산은 백성의 소송을 줄이는 방법은 재판을 잘 하는 데 있는 게 아니라 정치를 바르게 하는 것이라 말한다.

"백성의 고락(苦樂)과 치적(治績)의 득실은 소장의 제판(題判)에 달려 있는 것이 아니요, 오직 그 큰 강령이 바르게 되면 소소한 제판의 잘잘못은 논할 것이 못 된다. 전정(田政)·군정(軍政)·창정(倉政)·요역(徭役)·호적(戶籍)·진휼(賑恤) 등 여섯 가지 일은 정치의 강령이니, 이 여섯 가지 일에 대하여 지혜를 써서 법을 세우면, 아전들은 농간을 부릴 수 없고 백성들은 그 혜택을 입지 않음이 없을 것이니, 이에 소장은 저절로 적어질 것이다."

이 내용이 소송, 재판에 대한 유교적 기본관점이라고 할 수 있다. 송사를 줄인다는 것인데, 곧 공자가 《논어》에서 말한 '청송(聽訟)은 나도 다른 사람만큼 할 수 있으나, 요는 송사를 없게 하는 것이 중요하다'는 것이다. 그래서 다산도 청송 조의 첫 문장이 '청송(聽訟)의 근본은 성의(誠意)에 있고, 성의의 근본은 신독(愼獨)에 있다'로 시작한다.

원론이 그렇다는 말이다. 다산은 《목민심서》에서 원론적인 얘기를 자주 하지만 거기에 매몰되지 않고 현실을 직시한다. 송사를 줄이는 것은 신독에 그 근본이 있고 이를 바탕으로 치인(治人)을 하는 것이 기본이지만, 여기에 대해 자세히 원론적 강의를 하지 않는다. 백성을 다스리는 것은 현실의 영역이지 고아한 담론이 있는 것이 아니기 때문이다.

송사를 줄이는 구체적인 방안을 자세하게 서술하고 있다. 먼저, 송사를 줄이려는 사람은 판결을 반드시 더디게 해야 한다는 것이다. 물 흐르듯 처리하면 오히려 일이 더 많아진다. 눈앞의 일은 없어질지 몰라도 판결의 옳고 그름이 분명치 않게 된다. 그래서 소장을 받을 때마다 새로운 송사는 거의 없고 옛 송사가 10중 7~8이나 된다는 것이다. 또 송사는 관(官)에 있어서는 작은 일 같으나 백성에게는 실로 큰일이다. 조금이라도 의혹이나 억울함이 있다면 백성의 송사는 다섯 번, 열 번까지 이르게 된다.

더디게 하라는 건 자세하게 살피라는 말이지 일을 미뤄두라는 의미가 아니다. 백성에게는 절박한 일이기 때문이다. 더디게 해도 되는 송사도 있다. 일시적인 격분으로 고소장을 내더라도 시일이 지나면 향촌 공동체에서 화해를 시키거나 노여움도 차츰 풀려 진정되는 경우다. 이런 건 그야말로 '더디게' 해도 무방하다.

다산이 말하는 두 번째 방법은 이사 조에서 말한 순막구언(詢瘼求言: 백성에게 민폐를 묻고 의견을 경청한다)을 행정의 기본으로 해야 백성들이 어려운 일이 있으면 언제든지 수령에게 말할 수 있는 분위기를 만들어 놓아야 한다는 것이다. 이와 더불어 '사품(査稟: 조사하여 아뢰다)' 두 글자를 경계하라는 말이다. 다산의 말을 들어보자.

"관장의 성질이 번거로운 것을 싫어하거나 일을 잘 알지 못하여, 모든 소장에 '사품(査稟)'이라는 두 글자로 급한 일을 막는 수단으로 삼아 향청(鄕廳: 수령 보좌기관)으로 보내거나, 관계 아전에게 주거나, 혹은 향갑(鄕甲)에게 주거나, 전감(田監)에게 주는 데 수령은 백성들의 고발이 모두 이들의 장난으로 말미암아 가져오는 줄을 모른다. 그 소장 중에 이들 몇 몇 사람의 이름자는 없다 하더라도 얽힌 사연은 모두 이들에게 저촉된 것이라, 그 위세가 무서워서 감히 송사하여 말하지 못한 것뿐이다. 관에서 정말 한 번 조사하여 규명한다면, 이 무리 중에는 필시 태장을 맞을 자도 있고, 돈을 토해 놓아야 할 자도 있는데, 이제 도리어 이들로 하여금 이 일을 조사해 판결하게 하니 이 또한 원통한 일이 아니겠는가. 어린아이가 호랑이에게 쫓겨 부모의 품 안으로 들어오는데, 부모가 도리어 그 어린아이를 가져다가 호랑이 아가리에 던져 넣는다면 누가 그 부모를 인자하다고 하겠는가. 목민관의 '사품' 이라는 말이 무엇이 이와 다르겠는가."

한가한 고을이라면 모르겠지만 모든 소송업무를 수령이 직접 챙길 수는 없다. 여기서 말한 내용은 전정(田政)·군정(軍政)·창정(倉政)·요역(徭役)·호적(戶籍)·진휼(賑恤) 등 여섯 가지 정치의 기본 강령이다. 아전과 관련된 업무니 반드시 수령이 직접 챙겨야 한다. 그렇지 않으면 백성들 원망을 해소하지도 못하고 일은 더욱 번거롭게 될 것이라는 다산의 설명이다.

이어서 다산은 인륜(人倫), 전지(田地), 우마(牛馬), 재물(財物), 묘지(墓地), 노비(奴婢), 차대(借貸), 군첨(軍簽)을 구체적 사례를 들어 설명한다. 인륜, 전지, 우마, 재물에 관한 내용은 옛 선인들(주로 중국)의 판결이 주요 내용이다. 명쾌한 판결도 있고 억울한 판결도 있고 여기저기 인용되는 유명한 판결 위주로 되어있다. 특별히 동시대만의 문제는 아니다. 반면, 묘지, 노비, 대차, 군첨의 경우는 우리나라의 사례를 구체적으로 들어 설명하고 있는데 이는 당시 사회문제화 되던 내용이라 할 수 있다. 그중 노비에 대한 것은 앞서 예전(禮典)에서, 군첨에 관한 것은 병전(兵典)에서의 내용과 크게 다르지 않다.

## 사채에 대한 소송

조선시대 법전에 차대(借貸) 즉, 대차(貸借)에 관한 문제 중 사채(私債) 규정이 엄격하다. 사채에 관한 규정은《경국대전》과《속대전》이 다르다.

《경국대전》형전(刑典)에서는 '사채의 이자를 지나치게 많이 받는 자는 장(杖) 팔십에 처한다' 라고 되어 있고 그 주(註)에 '연월이 많이 지나더라도 이자는 본전의 갑절을 넘지 못한다' 고 하였다. 이른바 자모정식(子母定式: 이자가 원금을 넘지 못함)이다.《속대전》호전(戶典)의 규정은 좀 더 엄격하다. "빚을 징수함에 있어 공사채를 막론하고 10분의 2를 넘는 자는 장 팔십 도 2년(杖八十徒二年)에 처하며, 사채를 배로 놓은 자는 장 일백을 쳐서 귀양 보낸다. 대차 관계에서는 비록 10년이 되었더라도 1년분 이자만을 받는 것이요, 이것을 넘기는 자는 장 일백에 처한다." 라고 되어있다.

《경국대전》보다《속대전》의 규정이 훨씬 강화됐다. '국초에는 돈을 사용하지 않아 사채의 폐단이 심하지 않았으므로 그 법규가 조금 너그러워서 어긴 자에 대한 벌이 장 80에 지나지 않았다. 숙종조(肅宗朝) 이래로 돈이 크게 유통되어 사채의 폐단이 증가하니 소민(小民)들의 몰락이 모두 이 사채 때문이다' 라며 다산은 처벌이 강화된 이유를 설명한다.《경국대전》과《속대전》의 규정이 다르다면 당연히《속대전》의 규정을 따라야 한다. 당시에도 신법 우선의 원칙이 일반적으로 적용되었다. 그럼에도 불구하고 빚을 받는 문제에 있어서만 유독 신법이 아닌 구법을 따르는 세태를 다산은 비판하고 있다. 빚을 준 사람은 당연히 《경국대전》을 따르고 싶어 할 것인데, 돈을 꿔준 사람은 부자들이거나 권세 있는 사람들이다. 다산은 이를 경계하는 것이다.

### 묘지에 대한 소송

묘지에 대한 소송도 지금의 시각으로 보면 상상을 불허한다.

'격투, 구타의 살상 사건이 절반이나 여기서 일어나며, 남의 분묘를 발굴하여 옮기는 괴변을 스스로 효도하는 일이라 생각하고 있으니' 라고 기록할 정도이다. 그래서인지 청송 조에서 가장 많은 부분을 할애해서 설명하는 것이 묘지 소송에 관한 내용이다. 묘지 소송의 근본은 모두 풍수설에 기원한다. 다산은 《여유당전서》 11권 풍수론1~5에서 풍수설에 대한 비판적 입장을 얘기한 바 있다. 특히 《풍수집의》라는 풍수에 관한 책을 집필함으로써 유교적 관점에서 합리적이고 체계적인 풍수지리비판을 집대성한 바 있다. 다산뿐만 아니라 당시 실학자이던 이규경, 박제가, 박지원 등도 풍수에 대한 합리적 비판을 한 바가 있다. 많은 실학자가 관심을 두고 비판해야 할 정도로 풍수설에 의한 피해가 컸다는 반증이라 할 수 있다.

풍수설로 인해 구타, 살상이 일어날 뿐만 아니라 묘지가 국토를 잠식하는 원인이 되기도 한다. 호전 전정 조에 개량(改量: 토지를 다시 측량함) 전에 조사해야 하는 항목으로 묘진(墓陳)이 나온다. 묘진이란 무덤 때문에 전지를 묵히는 일이다. 풍수설에 현혹된 사람들이 산에 빈 혈(穴)이 없으면 평지에 별도의 혈을 만든다. 이래서 비옥한 전지가 황폐하여 묘역이 되어 국토가 날로 줄어드니 실로 작은 일이 아니라고 말한다. 그래서 매양 개량하는 날이면 사대부의 묘역은 모두 묘진으로 면세되는데 어진 수령은 그것을 허락해서는 안 된다는 것이 다산의 의견이다.

이어 다산은 풍수에 관한 역대 중국 유학자들의 견해 및 《경국대전》, 《속대전》 등에 규정된 풍수에 관한 논의를 소개하는데 《풍수집의》의 발췌 정도라고 이해해도 무방할 듯싶다. 이 글은 이해하기가 쉽지도 않고 재미도 없다. 이해하기 쉬운 것은 《여유당전서》 11권의 풍수론이다.

지금 어떤 사람이 길에 떨어뜨린 보따리를 주워 풀어보니 은(銀) 1정(錠)이 들어있었다고 하자. 이 화폐의 가치는 베 1필을 살 수 있는 것에 불과하지만 오히려 사방을 휘돌아보면서 품속에 숨겨 남이 뺏으러 쫓아오기라도 하는 양 조금도 지체하지 않고 빨리 달려간다. 이것은 인정(人情)이다.

이른바 길지(吉地)라고 하는 것은, 위로는 부모의 시체와 혼백을 편안하게 하고 아래로는 자손들이 복록(福祿)을 받아 후손을 번창하게 하고 재물이 풍족하게 함은 물론, 혹 수십 세대토록 그 음덕(陰德)이 그치지 않는다고 한다. 그렇다면 이것은 천하에 더없이 큰 보배이다. 따라서 천만금의 보옥(寶玉)을 가지고도 바꿀 수 없는 것이 자명하다. 지사(地師: 지관, 풍수지리설에 따라 집터나 묏자리 따위를 가려잡는 일을 업으로 하는 사람)가 이미 이런 큰 보배 덩어리를 얻었다면, 어째서 자기의 부모를 그곳에다 몰래 장사 지내지 않고 도리어 빨리 경상(卿相)의 집으로 달려가서 이를 바친단 말인가. 어째서 자기에게 청렴(淸廉)하기는 오릉중자(於

陵仲子)보다 더하고 경상들에게 충성(忠誠)하기는 개자추(介子推)보다 더할 수 있단 말인가. 이것이 내가 깊이 믿을 수 없는 점이다.

어떤 지사가 손바닥을 치면서 자기가 잡아준 길지에 대해 신나게 떠들었다.

"산줄기의 기복은 용과 호랑이가 일어나 덮치는 듯한 형세이고 감싼 산줄기는 난새와 봉황이 춤추는 모습이다. 인시(寅時)에 장사지내면 묘시(卯時)에 발복(發福)하여 아들은 경상(卿相)이 되고 손자는 후백(侯伯)이 될 것이 틀림없다. 이야말로 천리(千里)에 한자리 있을까 말까 한 길지다."

나는 한참 동안 그의 얼굴을 물끄러미 바라보다가 이렇게 말하였다.

"아니 그렇게 좋은 자리이면, 어째서 너의 어미를 장사 지내지 않고 남에게 주었느냐?"《여유당전서》11권 풍수론 2 전문

## 다산의 유머감각

풍수설이《주례》에 어떻게 기록돼 있고, 가공언이나 정현(모두 유명한 유학자)의 풍수에 관한 논리를 읽는 것보다 훨씬 설득력이 있다. 다시 말하지만, 다산은 결코 고리타분하고 원론적인 사람이 아니다. 사대부가 산 꼭대기 전지에 쓰는 묘지는 면세해 주라고 안내하는 자상하고 세심한 사람이다. 그런데《속대전》에는 이렇게 나와 있다.

"산허리로부터 그 위는 개간 경작하는 것을 엄금한다. 산허리 이하의 구전(舊田)은 불문에 부치고 새로 나무를 베어내고 밭을 만드는 것은 일체 금지한다."

## 2. 단옥(斷獄)

단옥(斷獄)은 옥사(獄事)에 대한 판결이다. 사람의 목숨이 달린 중한 일이기 때문에 보다 밝고 신중해야 하며 형벌을 남용하지 말고 은혜를 베풀며 옥리들의 횡포를 막아 사건이 일어난 고을에 피해가 미치지 않게 해야 한다는 게 주요 내용이다.

### 《흠흠신서》를 지은 이유

알다시피 이와 관련해서는 다산이 《흠흠신서》를 편찬한 바가 있다. 《목민심서》를 지은 지 1년 뒤인 1819년의 일이고 강진에서 해배된 후의 일이다. 《흠흠신서》서문(序文)의 첫머리에 책을 편찬한 사유가 잘 나와 있다. "오직 하늘만이 사람을 낳고 또한 죽이니 인명(人命)은 하늘에 달려 있다. 사목(司牧)은 그 사이에서 선량한 자는 편히 살게 하고 죄 있는 자는 잡아 죽이니 이것은 천권(天權)을 나타내는 것이다."라고 하여 사람의 목숨을 빼앗는 극형은 오직 천권을 대행(代行)하는 군주만이 가지는 특권으로 보았다. 이러한 생각은 우리나라와 중국의 전근대사회 지식인들의 보편적인 사유 경향과 같은 것이었다. 그리하여 그 당시의 법관들은 사형수에 대해서는 독자적으로 판결할 수는 없었고 반드시 임금에게 주의(奏擬)해서 판단을 받도록 하였다.

앞의 청송 조에서 봤듯이 유학자들에게 있어서는 정치를 잘해서 백성을 교화시켜 소송을 줄이는 것이 첫 번째고, 백성을 형률(刑律)로 다스린다는 건 대체(大體)를 벗어난 말무(末務)에 속하는 일이었다. 법률에 관한 일은 중인들의 일로 취급됐고 천시했다. 이런 풍토에서 다산이 법 해설서인 《흠흠신서》를 편찬했다는 것은 상당히 진취적이라 할 수 있다. 또 이 책에서는 검시(檢屍) 등의 실무에 있어 청나라의 여러 사례를 소개하고 있다. 《목민심서》에는 수많은 중국의 고사가 등장하지만, 청나라의 사례는 여기 단옥의 사례 하나를 빼면 하나도 없다. 본문에 청나라가 거론되는 건 정묘·병자의 난과 관련된 일뿐이다. 《북학의》와 《열하일기》를 통해 청나라를 인용하지만 농정, 분묘 등 기술적 부분에 한정돼 있다.

## 법에 무지한 수령

다산은 단옥 조에서 법을 모르는 사대부들의 실태를 이렇게 얘기한다.

"형명학(刑名學)은 시론(時論)이 천하게 여기는 바이다. (……) 요즘 군자(君子)들은 학업을 익히면 항우(項羽)·패공(沛公)의 시를 극치로 삼고, 한가로이 있으면 마적(馬吊)·강패(江牌)의 노름을 아주 뛰어난 재주로 여긴다. 《대명률(大明律)》 1부와 《속대전(續大典)》, 《세원록(洗寃錄)》 등 몇 권의 책도 보지 못하였으면서 겨우 6품(品)에 나오면 먼저 수령을 구한다. 그리하여 갑자기 큰 옥사를 당하면 생살(生殺)의 권한을 잡게 되는데, 죄인을 심문할 때 아전들의 입만 쳐다보고 옥사의 번복이 사랑하는 기생의 손에 놀아나게 되어, 원통한 일이 늘 수두룩하고 복록(福祿)이 끊어지니 매우 슬픈 일이다. 지금 청인(淸人)의 입법(立法)을 보면, 교관(敎官)·학정(學政)의 과목과 경의(經義)·책문(策問) 외에 별도로 형률(刑律) 한 조목을 두어 아울러 고시를 행하고 있다. 그런데 우리나라는 이 영향도 없어 사람의 목숨을 초개같이 보며, 국법을 울타리 밖에 버리면서 스스로 명사(名士)의 맑은 풍도로 삼으니 아! 참으로 잘못된 일이로다.”

비현실적인 학문 풍토에 관한 얘기가 이전(吏典) 편에도 있고 호전(戶典) 편에도 있다. 법률 한 가지 분야에만 그치는 게 아니라 전체적인 학문 풍토의 문제다.

이런 수령들로 인해 폐해가 어떤지 《흠흠신서》 서문에서 밝히고 있다.

“사람이 하늘의 권한을 대신 쥐고서 삼가고 두려워할 줄 몰라 털끝만 한 일도 세밀히 분석해서 처리하지 않고서 소홀히 하고 흐릿하게 하여, 살려야 되는 사람을 죽게 하기도 하고, 죽여야 할 사람을 살리기도 한다. 그러면서도 오히려 태연하고 편안하게 여긴다. 또는 부정한 방법으로 재물을 얻고 부인(婦人)들을 호리기도 하면서, 백성들의 비참하게 절규하는 소리를 듣고도 그것을 구휼할 줄 모르니, 이는 매우 큰 죄악이 된다. 인명(人命)에 관한 옥사(獄事)는 군현(郡縣)에서 항상 일어나는 것이고 지방관이 항상 만나는 일인데도, 실상을 조사하는 것이 항상 엉성하고 죄를 결정하는 것이 항상 잘못된다.”

다산은 단옥의 첫 문장을 ‘경전(經傳) 중 형옥(刑獄)의 의의(義意) 및 고금 인명(人命)에 관한 옥사를 논한 그 글을 모아 《흠흠신서》를 만들었으므로 지금 다시 논술(論述)하지 않는다’ 고 시작하는데, (《목민심서》가 먼저 편찬되었으므로 시간상으로는 맞지 않는 글임) 실상 단옥 내용의 3분의 2가 형옥의 의의 및 고금 인명에 관한 옥사의 내용이다. 그만큼 당시 억울한 옥사가 많다는 뜻이다. 즉, ‘정조 시대에 감사(監司)와 수령 등이 항상 이것 때문에 폄출(貶黜)을 당했으므로, 차츰 경계하여 근신하게 되었다. 그런데 근년에 와서는 다시 제대로 다스리지 않아서 억울한 옥사가 많아졌'고 진단한다. 1800년 정조의 죽음 이후 본격적으로 시작된 세도정치의 폐단이 옥사에서도 만연했음을 알 수 있다. 앞의 응변 조에서 말한 이계심 사건 같은 경우에도 이런 시기에는 불가능한 일이다. 정조 때니까 가능한 일이고 다산이 임금의 측근이 아니라면 언감생심이었을 일이다. 그렇지 않다면 일개 부사(종 3품)가 오영(五營)에서 찾는 인물을 그리 쉽게 방면하지는 못했을 것이다.

위에서 본 바대로 사형에 해당하는 사건은 수령이 혼자 결정할 수 있는 일이 아니다. 변 사또가 성춘향을 사형에 처하는데 그건 소설에서나 가능한 일이다. 수령의 권한은 아니지만, 사건보고서는 수령이 작성한다. 수령이 어떻게 쓰느냐에 따라 사람의 운명이 결정된다. 그래서 신중하고, 인정을 베풀고, 법문에 매달리지 말고, 잘못 판결한 것은 감히 숨기지 말라고 거듭 강조한다.

## 살인사건을 신고하지 않고 숨기는 이유

옥사가 한 번 일어나면 사건 당사자는 물론이고 사건이 일어난 마을도 쑥대밭이 된다. 마을이 쑥대밭이 되는 이유를 다산은 세 가지를 들고 있다. 첫째로 간증(看證: 증인)·인보(隣保: 다섯 집을 묶어 연대책임을 지고 치안을 유지하던 제도로 사건 당사자의 이웃)는 원래 죄가 없다. 그러나 사건에 관련되어 엮이면 본인이 투옥되기도 하고 곤장을 받기도 한다. 그래서 도망가는 자들이 많은데 이들을 잡는 과정에서 아전·장교들이 행악을 부리는 것이다. 두 번째로는 검시관(檢屍官) 일행의 규모가 너무 거대하여 밑에서부터 간사한 짓을 행하기 때문에 마을의 경비가 갑절이나 든다. 세 번째로는 증인과 이웃을 옥에 가두는 것이다. 옥에 한 번 들어가면 옥에 들어가는 비용[踰門], 칼을 벗기는 비용[解枷]이 들어가고 구류(拘留)되면 먹을 것, 입을 것, 담뱃값, 연료비 등의 비용이 들어간다. 사건 조사가 언제 끝날지 모른다. 열흘이 넘어가고 한 달이 넘어가니 그 비용을 감당할 수가 없다.

이런 까닭에 마을에서 살인이 일어나도 관에 고하지 않는 것이 대부분이다.

"내가 오랫동안 민간에 있었기 때문에 모든 살인 옥사를 잘 안다. 그중 고발하는 자는 10에 2~3명이고 그 7~8은 모두 숨기는 것이다. 진실로 검시를 한 번 치르면 드디어 폐촌이 되어 해를 넘기지 못하고 다 시들고 병들어서 흩어져 버리고 만다. 그러므로 고주(告主: 피해 당사자의 친속)는 대개 그 슬프고 원통함이 가슴에 치밀지만, 마을 부로와 호강한 자들의 만류를 듣게 된다. 여기서 범인은 쫓아 버리고 고주에게 뇌물을 주고 급히 매장하여 그 입을 막는데, 혹여 권리(權吏)와 무교(武校)들이 알고 위협하면 마을 안에서 돈 2~300냥을 모아 뇌물을 주고는 끝내 고발하려 하지 않으니 그 해독의 심함을 여기서도 짐작할 수 있다. 목민관이 된 자는 깊이 유의해야 한다."

그래서 다산은 처음 수령으로 처음 부임하면 방을 붙여 이런 폐단을 없애겠다고 백성과 약속해야 한다고 말하고 있다. 다산은 살인사건이 일어낮을 때 조사단 일행의 규모를 줄이는 것을 실례를 들어 설명하고 있다. 청계 땅에서 살인사건이 일어났는데, 서둘러 말을 타고 나가 일행을 둘러보니 선두와 후미가 깃발이며, 형구며, 말 탄 자, 보병 등이 5리(里)에 걸쳐 뻗쳐 있었다고 한다. 다 돌려보내고 형리 등 5명으로 출발하여 사건을 조사하고 처리했다고 기록하고 있다. 5리에 걸쳐 일행이 뻗쳐 있었다는 건 과장이겠지만, 저 인원이 한 고을에 들이친다면 그 고을이 망할 수밖에 없을 것이라는 말은 과장이 아닐 것이다. 이런 대규모 일행을 수령이 특별한 명령이 없었는데 아전들이 알아서 이렇게 출발시킨 것이다. 그동안의 관례가 어땠는지 알 수 있다.

수령이 일행의 규모를 줄여야 하는 이유가 하나 더 있다. 살인사건이 일어나면 해당 고을의 수령이 초검(初檢)을 하고 인근 고을의 수령이 복검(覆檢)을 하는 것이 통례다. 해당 고을 수령이 설사 이웃 고을 수령의 직급이 낮더라도 복검관의 행차 규모를 강제할 수는 없는 일이다. 다만, 수령 스스로가 모범을 보인다면 복검관도 규모를 신경 쓰지 않을 수 없을 것이다. 또 복검하는 아전·장교들에게 '민간을 침해하는 일이 있으면 염찰할 것이니 절대로 일을 저지르지 말라'고 전한다. 이런 결과 청계의 사건 때는 복검관이 해를 끼치지 않았다고 한다. 간악한 이웃 수령을 만나면 어쩔 수 없지만 복검관도 당사자의 고을이 아니므로 대개는 해당 고을의 전례를 따르는 게 순리다.

### 허위보고를 종용하는 다산

살인사건이 일어나면 범인과 조력자뿐만 아니라 관련자, 증인, 향갑,

이정, 친한 이웃 등도 모두 가두는 것이 당시의 통례였던 것으로 보인다. 그래서 살인 옥사가 일어나면 마을이 망하는 이유가 되고 또 고발하지 않는 주요한 요인이다. 다산은 가두는 것은 도망할 것을 염려하는 것인데 도망할 염려가 없다면 굳이 가둘 필요가 없다고 말한다.

말만 이렇게 하는 건 아니다.

"복검관이 돌아가면 관련자 이하 여러 사람은 곧 내보내서 각자 돌아가서 농사에 힘쓰도록 한다. 비록 감영에 올리는 보고장에는 그대로 가두었다고 하더라도 편의대로 곧 내보내는 것은 의리에 해로울 것이 없으니 구애될 필요가 없다."

복검관은 내 통제 권한 밖이니 복검관이 돌아가기를 기다리는 것이고, 복검관을 기다릴 때도 옥에 가두는 것이 아니라 저리(邸吏)의 집에 머무르게 한다. 그리고 상급기관인 감영에는 가뒀다고 보고하고 석방하라는 말이다. 백성의 편의를 위해 허위보고를 해도 무방하다는 뜻이다.


## 3. 신형(愼刑)

신형(愼刑)은 형벌을 신중하게 하라는 뜻이다.

조선시대 공식적인 형벌의 종류는 《대명률》에 따라 태(笞)·장(杖)·도(徒)·유(流)·살(殺)의 오형(五刑)이 있다. 순서대로 처벌의 수위가 높아진다고 보면 된다. 태와 장은 볼기를 때리는 형벌이고, 도는 현재의 징역형, 유는 먼 곳으로 보내 거주하게 하는 것이고, 살은 사형에 해당하며 대벽(大辟)이라고도 한다.

## 형벌에 관한 수령의 권한

《목민심서》에 의하면 이중 수령이 할 수 있는 형벌은 태형 50을 스스로 결정하는 데 불과하니 여기서 넘은 것은 모두 남형(濫刑)이라 말하고 있다. 또 목민관의 용형(用刑)은 3등으로 나누고 있다. 민사(民事)는 상형을 사용하고, 공사(公事)는 중형을 사용하며, 관사(官事)는 하형을 사용하며, 사사(私事)는 형벌이 없어야 한다고 말한다.

민사는 전정, 부역, 군정, 곡부, 소송 등 모두 백성들에게 관계되는 일과, 아전과 향갑 등이 백성을 해롭게 하는 것을 말한다. 공사는 조운, 세납, 물선의 공물, 경사(京司), 상사(上司)에 수납하는 물품, 공문서 기안 등 일체의 공공사무 관리, 서리, 향갑들이 포흠(逋欠: 관의 물품을 사사로이 씀)을 지고 결손을 많이 내며 기일을 어기고 지체하는 것들이다. 관사는 제사, 빈객, 조알(朝謁)의 예절과 본 현의 사무로서 그 관부를 유지하는 것과, 이속(吏屬)들이 조심하지 않고 근면하지 않아서 법령을 어기는 걸 말한다. 사사는 가묘의 제사, 친구 접대, 권속의 거처에 물품을 대는 것 등의 일이다.

더불어 '민사에 관계되면 비록 범한 죄는 좀 경하더라도 형은 중죄로 다스려야 하고, 관사에 관계되면 범한 죄는 비록 중하더라도 형은 경죄로 다스려야 한다'고 말한다. 백성에게 피해가 가는 일을 가장 중요하게 여기고 있다.

《대전통편》에 곤(棍)의 사용에 대한 자세한 규정이 있다.

"군무(軍務: 군사에 관한 사무)와 관계되는 사건 외에는 곤장을 사용할 수 없다. 중곤(重棍)은 병조판서, 군문(軍門)의 대장, 유수, 감사, 통제사, 병사, 수사가 사용하되, 사형에 해당하는 죄가 아니면 사용하지 못한다. 대곤(大棍)은 삼군문의 도제조, 병조판서, 군문대장, 금군별장, 포도청, 군문의 중군, 유수, 감사, 통제사, 병사, 수사, 토포사와 군무를 띤 2품 이상의 사성(使星)이 사용한다. (……) 치도곤(治盜棍)은 포도청, 유수, 감사, 통제사, 병사, 수사, 토포사, 겸토포사, 변지수령, 변장이 도적을 다스릴 때 및 변방의 정사와 송림(松林)의 정사에 관계되는 일 이외에는 사용하지 못한다." 즉 내지 수령은 비록 목사·부사(정 3품, 종 3품으로 수령 중 직급이 가장 높음)라도 곤장을 사용하지 못한다는 것이다. 그럼에도 풍속이 거칠어지고 법례를 알지 못하여 태장은 다 폐하고 오직 곤장만을 사용하고 있음을 다산은 한탄하고 있다.

### 변사또가 춘향이한테 가한 벌은 모두 불법

〈춘향전〉을 보면 당시 수령들이 형벌을 어떻게 남용하고 있는지 잘 나타나 있다. 먼저, 춘향이가 수청을 거부한 것은 처벌 대상이 될 수 없다. 민사도 아니요, 공사도 아니고, 관사의 일도 아닌 사사의 일이다. 형벌의 대상이 될 수 없다. 또 태장이며 곤장을 한 아름 안다가 곤장을 치는데 외관직 남원부사(종 3품)의 권한 밖이다. 칼을 채워 옥에 하옥시키는데 칼을 채우는 것도 역적이나 사형수로 한정돼 있다. 원전(原典)에는 사형 장면이 등장하지 않는데 또 춘향이가 죽음 운운하는데 역시 사형 역시 사또의 권한 밖이다. 설사 사형을 윤허 받았다 하더라도 추분과 춘분 사이가 아니면 집행하지 못한다(대역 죄인은 제외). 어사 출도 당시 농사철인데 사형을 집행할 수 있는 기간이 아니다. 법에 맞는 것은 하나도 없지만 이런 얘기가 널리 알려진 데는 당시 수령들이 형벌을 집행하는 데 별다른 죄책감이나 거리낌이 없었다는 반증이다.

형벌을 주로 사용해야 한다고 하는 부류도 논리가 없는 것은 아니다. "간사한 아전과 교활한 장교들은, 양심은 이미 없어지고 악한 습관만이 고질화되었으니 인의로서는 감화시키지 못하며, 오직 형벌로서만이 제복(制伏) 시킬 수 있는데 그대가 포편(蒲鞭: 풀로 만든 채찍으로 관대한 정치를 말함)으로 다스리고자 하니 이 어찌 어리석은 일이 아닌가?"라며 자신의 행위를 정당화한다. 그러나 이에 관한 다산의 입장은 확고하다.

"나의 시비가 이미 밝으면 전정(田政) · 부역(賦役) · 첨정(簽丁) · 분곡(分穀) 등의 일들이 자연 명백하게 되니, 아전은 감히 속이지 못하고 백성들은 감히 농간질을 못 한다. 여기에 다시 형벌을 덜고 작은 허물을 용서하면 그 혁혁한 칭찬은 한층 더 높아질 것이다. 그런데 나의 판단이 어리석으면 전정 · 부역 · 첨정 · 분곡의 일들이 자연 거칠고 어지러워지니, 아전들의 농간질이 벌어지고 백성의 비방이 비등하게 되는데, 여기에 다시 함부로 치는 형장으로 포악한 기세를 올리면, 그 아우성 지르는 원망은 사방에 사무칠 것이다. 그러니 다스리고 다스리지 못하는 것은 그 사람에 달렸고 형벌에 있는 것이 아니다."

바꿔 말하면 아전이 간사하고 장교가 교활하다는 건 다 핑계요, 정치를 제대로 못 하는 부류들의 자기변명이라는 말이다. 누차 강조하지만, 형벌은 백성을 바르게 하는 일에서의 최후 수단이라는 것이다. 자신을 단속하고 법을 받들어 엄정하게 임하면 백성이 죄를 범하지 않을 것이니, 그렇다면 형벌은 쓰지 않더라도 좋을 것이라는 게 다산이 《목민심서》에서 말하는 의견이다.


## 4. 휼수(恤囚)

### 조선시대 감옥의 신고식

휼수(恤囚)는 죄수를 불쌍히 여긴다는 의미다.

오형(五刑) 중 태, 장은 곤장의 형태이다. 맞는 것으로 집행이 종료된다. 도(徒)는 장형을 맞고 일정 기간 지정된 장소에서 노역에 종사하게 하는 형벌이다. 언뜻 먼 곳으로 보내는 유배보다 심한 형벌로 보이지만 3년 이하의 기간이 정해져 있고 유형지보다 가까운 곳에 배치되었다. 원칙적으로 종신형인 유배보다 가벼운 형벌이다. 그러므로 감옥에 수감되어 있는 부류는 아직 형이 정해지지 않은 미결수와 집행 이전의 사형수라고 볼 수 있다. 옥중의 온갖 고통을 이루 다 말할 수 없지만, 그중 큰 것을 들면 모두 다섯 가지 고통이 있다고 다산은 말한다.

"첫째가 형틀의 고통이요, 둘째가 토색질 당하는 고통이요, 셋째가 병들어 아픈 고통이요, 넷째가 추위와 굶주리는 고통이요, 다섯째가 오래 지체하는 고통인데, 이 다섯 가지가 줄기가 되어 천만 가지의 고통이 여기로부터 비롯되는 것이다. 사형수는 곧 죽을 것인데 먼저 이 고통을 당해야 하니 그 정상이 가긍하고, 경범자는 그 죄가 중하지 않은 데도 같이 이 고통을 받아야 하고, 원통한 죄수는 잘못 모함에 빠져 억울하게 이 고통을 당해야 하니 세 가지가 모두 슬픈 일이다."

정조 7년 해주에서 감옥 토색질로 죄수가 사망하는 사건이 발생한다.

"해주(海州) 죄수 이종봉(李從奉)이 살인하고 옥에 갇혀 있는데, 박해득(朴海得)이라는 자 또한 무슨 일로 인하여 옥에 들어가게 되었다. 옥졸 최악제(崔惡才)가 이종봉을 시켜서 박해득을 잡아 담 아래 세우고, 쓴 칼끝을 두 발등에 세우게 한 다음 새끼로 칼판과 다리를 합하여 묶어 놓으니, 여기서 박해득의 몸은 머리에서 발까지 쭉 곧아서 지탱하기 어렵게 되었다. 앞으로 꾸부리지도 못하고 뒤로 펴지도 못하여 썩은 나무가 저절로 거꾸러지듯 공중으로 엎어지며 그만 담장에 부딪혀 목뼈가 부러져 운명하게 되었다."

옥졸 최악재가 죄수가 으레 내는 돈을 주지 않아 이종봉을 사주한 것이다. 정조가 엄명을 내려 추후에 이런 일이 발생하면 관찰사까지 책임을 묻겠다고 엄명을 내린다. 《속대전》에는 "감옥 죄수에게 칼을 달아매는[懸枷] 형벌을 금한다."라고 되어있고 또 "내외 관리에게 옥 안을 청소하게 하고 질병을 치료하게 하며, 집안사람으로 간호 부양할 사람이 없는 자는 관에서 옷과 양식을 주게 하라. 만약 태만하여 봉행하지 않는 자가 있으면 엄히 다스리라."라는 영조의 하교도 있었음에도 이런 일이 발생했다.

그래서 다산은 백성이 죄를 범하면 절대로 가두지 말고, 혹 가두더라도 형리나 옥졸을 경계하여 침해하지 못하도록 하고, 또 작은 죄를 만들어 시동(侍童)을 거짓으로 가두어 형리, 옥졸을 감시해야 한다고 얘기하고 있다.

## 유배 대상자에 대한 정사

휼수 조의 마지막은 유배형과 관련된 내용이다. 다산 자신의 경험과 관련된 내용도 다수 있다. 다산은 유배를 네 등급으로 분류하고 있다. 하나는 공경대부로서 귀양 온 것이요, 둘은 죄인의 친족으로 연좌되어 온 것이요, 셋은 탐관오리로서 귀양이요, 마지막은 천인 잡범으로 귀양 온 경우다. 이 중 연좌의 경우는 가장 억울하고 사람들이 학대가 심하다고 말한다. 죄를 지은 것도 아닌데 아버지나 아들이, 그 형제가 무슨 죄가 있냐고 항변하고 있다.

이 유배자들에게 집과 양식을 주어 편안히 거처하게 하는 것이 목민관의 책임이라 다산은 말하고 있다. 유배 죄인의 생활비는 그 고을이 부담한다는 특명이 없는 한 스스로 부담하는 것이 원칙으로 알려져 있다. 다산도 유배 시, 해당 고을에서는 각박하게 대했다는 기록을 보면 목민관의 책임 얘기하는 건 법전에 있는 것은 아니고 다산의 주장인 듯하다.

그렇다고 해서 유배 온 모든 자의 양식을 대주라는 건 아니다. 공경대부로서 유배 온 자 중 정국이 변복될 희망이 있는 자라면 수령이 몰래 먹을 걸 보내고 아전도 충성을 바칠 것이다. 탐관오리야 가진 게 많으니 그다지 구휼할 필요도 없다. 그렇지 못한 공경대부나 연좌되어 온 자, 그리고 천류로서 귀양 온 자들을 돌봐 주어야 한다는 말이다. 세상인심이라는 게 각박해서 귀양 온 사람과의 정리가 두터웠던 사람이 오히려 업신여기고 학대하는 것이 다른 사람보다 더한 법이다. 죄인과 친하다는 혐의를 피하기 위함이다.

이 중에서도 천한 사람들과 잡범이 가장 고통스럽다. 다산이 곡산부사로 있을 때 기와집 한 채를 사서 10명이 함께(한 고을에 귀양 온 사람이 대개 10명을 넘지 않는다고 한다) 거처하게 한 일이 있다. 이름하여 겸제원이라 했는데 주민과 유배 온 자들이 모두 편하게 여겼다고 한다. 이런 걸 보면 목민관이 유배 온 자들을 돌봐야 한다는 게 본인의 경험이라기보다 백성을 위한 정치의 일부분이라 보인다.


## 5. 금포(禁暴)

금포 조는 공식적인 행정(관찰사, 수령, 향리)의 영역 이외에 백성들 삶에 악영향을 끼치는 부류의 형태와 이에 대한 목민관의 대처 방안을 말한 조항이다. 행정이 법의 이름으로 백성들을 수탈하고 위협하는 영역이라면 금포 조의 내용은 법보다는 '주먹' 의 영역에 가깝다. 즉, 치안(治安)의 내용이다. 일부 둔전 등 제도적 영역도 있으나 큰 비중은 아니다.

## 치안정책

다산은 백성의 삶에 악영향을 끼치는 부류를 호강(豪强)으로 칭하고 모두 7종으로 분류하고 있다. 1은 귀척(貴戚), 2는 권문(權門), 3은 금군(禁軍), 4는 내신(內臣), 5는 토호(土豪), 6은 간리(奸吏), 7은 유협(游俠)이다. 귀척은 종친(宗親)을 말하고, 권문은 권문세가요, 금군은 임금의 친위군 대요, 내신은 환관 및 비서실로 보면 무방하고, 토호는 지방의 토착 세력이고, 간리는 간사한 아전 그리고 유협은 본래 협객의 의미가 강하지만 여기서는 주로 악소배(惡少輩)라는 용어를 쓰며 현대로 치면 조폭과 양아치의 중간 정도로 보면 될 듯하다.

같은 호강으로 분류하지만 귀척, 권문, 금군, 내신은 중앙의 권력 실세들이고 나머지 토호, 간리, 유협은 지방의 토착 세력이다. 토착 세력은 수령의 권한으로 어느 정도 통제가 가능하지만, 정권 실세의 횡포를 일개 수령이 단호하게 내처한다는 게 쉬운 일이 아니다. 다산도 금포 조에서 효종(孝宗) 때 훈련원과 정조(正祖) 때의 장용영 교졸들이 세력을 믿고 횡행하는 자가 많았는데 관장(官長)들도 감히 그들에게 손을 대지 못했다고 쓰고 있다.

청송 조에 구체적인 사례로 나와 있는 게 있다. 정재륜(鄭載崙)이 이렇게 말한 적이 있다.

"한 무관이 고을 원이 되었는데, 백성 중에 밭으로 다투는 자가 있어 그 무관 원은 갑시을비(甲是乙非: 갑이 옳고 을이 틀리다)로 공정하게 판결하여 주었다. 어떤 세도 있는 대신이 을의 뇌물을 받고 무관 원에게 글을 보내어 위엄을 보이며 엄포하니, 무관이 갑이라는 사람을 불러 놓고 눈물을 흘리며 말하기를, '내가 세도 있는 대신의 말을 듣지 않으면 나의 벼슬을 보전하지 못할 것이니 그릇 판결하지 않을 수 없다. 너는 후일 지하에 가서 나를 도산옥(刀山獄)으로 찾아오라' 하니, 갑이라는 자가 가슴을 치며 통곡하고 물러갔다는 것이다. 세상에 이렇게 한심한 일도 있다."

정재륜(효종의 부마)은 '세상에 이렇게 한심한 일'이라 표현하지만 이런 일이 다반사이다. 권력이 있는 중앙의 당사자뿐만 아니라 대감 집 종의 횡포도 일개 수령이 어떻게 하지 못하는 경우도 허다하다. 정복시가 고부군수가 되었는데 이때 윤원형의 종이 그 고을에 살면서(외거노비) 백성을 침탈하였다. 전후의 수령들이 감히 무어라 말을 못 하였는데 정복시는 부임하자 곧 잡아들여 법으로 다스리고 조금도 용서하지 않았다고 한다. 즉, 웬만한 배포가 없는 수령들은 권력자의 노비도 손을 못 댔다는 말이다.

그래도 대감 집 종이면 법으로 다스리고 사형으로 다스릴 수도 있다. 아무리 중앙 권력자라 하더라도 체면상 따질 수 없는 게 당시 분위기이기도 하다(물론 그렇지 않은 경우도 있지만). 하지만 권력 당사자가 연관된 경우라면 일개 수령이 할 수 있는 게 많지 않다. 이럴 때는 투홀이거(投笏而去: 홀은 벼슬의 징표, 곧 벼슬을 버리고 떠남)할 수밖에 없다.

반면, 수령의 권한으로 지방 토호 세력을 통제할 수 있는 게 많다. 수령이 백성의 삶에 얼마나 관심을 가지고 업무에 임하느냐의 태도 문제다.

원론적으로 그렇다는 것이지 세상일이라는 게 그리 간단하지는 않다. 수령은 혈혈단신으로 부임한다. 동행할 수 있는 인원이 없다(부임 조에 보인다). 행정 실무와 보좌하는 역할 모두 토호 세력(특히 향리)의 몫이다. 또 토호 세력은 대대손손 그 고을에서 지내며 기득권을 누려온 자들이다. 관찰사와 밀통하기도 하고 중앙의 권력과 교류하기도 한다. 해남현감 이복수처럼 아전에게 쫓겨나는 수령이 생기는 게 특수한 경우가 아니다. 역시 원칙이 확고한 수령이 아니면 지방 토호 세력을 견제하는 것도 쉬운 일이 아니다.

## 6. 제해(除害)

제해 조는 자연재해 외에 백성들에게 해가 되는 여러 가지 일을 말한다. 자연재해에 관한 건 애민(愛民) 구재(救災) 조에서 나와 있다. 백성들에게 피해를 주는 세 가지 들고 있는데 '첫째는 도적이요, 둘째는 귀신붙이요, 셋째는 호랑이다. 이 세 가지가 없어야 백성의 걱정이 제거될 것이다'라고 말하고 있다.

### 도둑을 못 잡는 이유

도적은 절도와 강도를 포함한다. 산적도 이 범주에 들어간다.

다산은 도적이 생기는 이유로 세 가지를 들고 있다. '위에서 위의를 단정하게 못 하고, 중간에서 명령을 받들어 행하지 않고, 아래에서 법을 무서워하지 않기 때문이다'

위에서 위의를 단정히 하지 않는다는 것은 위로는 관찰사로부터 수령에 이르기까지 탐욕과 불법을 자행한다는 말이다.

"지금 온갖 도둑이 이 땅 위에 가득 찼다. 밭에서는 재결(災結)로 도둑질하고, 호구에서는 부역을 도둑질하고, 기민 구제하는 데에서는 곡식을 도둑질하고, 창고에서는 이익을 도둑질하고, 송사에서는 뇌물을 도둑질하고, 도둑에게서는 장물을 도둑질한다. 그러나 안찰사와 병사, 수사가 서로 짜고서 숨겨 주고 들추지 않는다. 그 지위가 높을수록 도둑질의 힘은 더욱 강해지고 그 녹이 후할수록 도둑질의 욕심은 더욱 커진다. 밖에 나가면 깃대를 세우고 집에 있으면 장막을 드리우며, 푸른 도포와 붉은 실띠의 치장 또한 선명하다. 이처럼 종신토록 향락을 누려도 누가 감히 무어라고 말하지 못하는 것이다. ……."

중간에서 명을 받들어 시행하지 않는다는 것은 대개 다음과 같은 말이다. 무릇 토포군관(討捕軍官)이 모두 도둑의 우두머리인 까닭에 군관을 끼지 않으면 도둑이 도둑질을 할 수 없다. 길거리나 큰 장터에 도둑을 몰아넣어 자리 잡게 하고 안팎으로 짜고서 빼앗고 훔치는 것이니, 단신 도둑은 본래 도둑질을 할 수 없는 법이다. 도둑이 부잣집과 세도가의 의복과 기물을 도둑질한다 하더라도 팔 수가 없으니 그것을 파는 것은 군관이다. 대개 장물 값이 10금(金)이면 도둑이 그 3분을 먹고 군관이 7분을 먹으니 전례가 원래 그런 것이다.

아래서 법을 무서워하지 않는다는 것은 대개 다음과 같은 말이다. 도둑의 소굴은 모두 성읍(城邑) 근처 주막집에 있는 것이요, 산 밑의 외로운 마을은 도둑의 소굴이 아니다. 주막집에는 하루에도 많은 사람이 드나드니 비록 생소한 나그네가 있더라도 사람들이 의심하지 않지만 조용하고 궁벽한 산골에는 한 나그네만 와도 이웃에서 캐물어 종적이 곧 탄로되고 말이 널리 퍼진다.

아래위가 이 모양인데 어찌 도둑을 잡을 수 있겠는가? 그래서 비록 도적을 없애려 하여도 되지 않는다고 결론부터 내리고 있다.

이런 이유로 다산은 도적에 대해서 무조건 단속하거나 법대로 처리하는 건 하책에 속한다고 말한다.

임금의 덕의를 펴고(올바른 정치를 하라는 뜻) 그 죄악을 용서하여 그들이 악행을 버리고 스스로 새로워져 각각 본업으로 돌아가게 하는 것이 상책이다. 이렇게 한 후에야 악행을 고치고 도적이 자취를 숨기며, 백성은 길에서는 흘린 것을 줍지 않고(道不拾遺: 정치가 잘 돼 법을 어기는 사람이 없는 사회를 말함) 부끄러워할 줄 알며 또 바르게 될 것이다. 그럼에도 불구하고 '간악하고 세력 있는 자들이 서로 모여 악행을 자행하며 고치지 않으면, 강한 위력으로 처부수어서 백성을 편하게 하는 것이 그다음 방법일 것이다'라고 정리한다.

이어서 도적을 잡아들이는 방법도 매우 구체적으로 나열하고 있다. 이들을 잡을 때도 다산이 반드시 당부하는 말이 있다. 평민을 잡아다가 고문하여 강제로 도둑을 만드는 예가 있다. 많이 없어졌다고는 하지만 21세기에도 버젓이 일어나고 있는 일이다. 무고(誣告)로 인한 옥사도 다반사로 일어나던 사회다. 다산이 곡산부사 때 장교의 무고로 죽을 뻔한 백성 40~50명의 목숨을 구한 일이 있다. 그래서 이 원통함을 잘 살펴야 어진 목민관이라 할 수 있다는 것이다.

## 《목민심서》에서 유일하게 올려야 한다고 주장하는 세금

귀신붙이에 대한 다산의 입장은 명확하다. '귀신으로 인한 걱정은 반드시 사람이 만드는 데서 오는 것으로서 음란한 사당집과 요사한 무당이 곧 귀신이 의지하는 곳이 된다. 때문에 귀신의 환을 없애는 일은 요사한 것을 제거하는 것으로 근본을 삼는다'라고 말한다. 귀신이 문제가 아니라 사람이 문제라는 것이다. 《목민심서》에서 다산이 유일하게 증액해야 한다는 세금이 있다. 바로 무녀포다.

"무녀포(巫女布)의 경우, 다른 요역은 모두 줄일 것이나, 이 부담만은 마땅히 증가해야 할 것이다. 왜냐하면, 세 집만 사는 마을에도 무당이 한 명씩 있어서 요사한 일을 만들고 현혹한 짓을 부채질하며 함부로 화복(禍福)을 점쳐 남의 옷장을 비게 하고 남의 쌀독을 바닥나게 하면서 그 자신은 비단옷만 입고 진수성찬만 먹으니, 이는 당연히 억제해야 할 것이다."

귀신을 퇴치하는 다산의 방법이다.

## 호랑이 가죽 한 장 가격은?

호랑이 역시 귀신과 마찬가지다. 호환도 문제지만 더 문제는 사람이다.

대개 포수가 사냥하면 열 명, 백 명씩 떼를 지어 촌락에 횡행하며 주식을 토색하여 그 피해가 도리어 범보다 심하다. 또 호랑이를 잡아 오면 관에서 가죽을 거의 강제로 빼앗는다. 표범 가죽의 값은 반드시 2관 −20냥−을 넘고 호랑이 가죽도 1관을 넘는데, 관에서 상 주는 것은 많아야 조 한 섬 −2냥 50전− 정도에 지나지 않아 사냥에 들어간 비용도 충당하지 못한다. 호랑이를 사냥할 이유가 없다. 마땅히 시중 가격에 맞춰 주어야 하며 호랑이 사냥에 공이 많은 자는 선발하여 군관으로 삼고 1년 만이라도 군적에서 제하고 그 집의 부역을 감면해야 한다고 다산은 말한다. 그러면 자연스레 호환은 사라질 것이다.

형전 조에서 다산이 말하는 바는 명확하다. 정치가 잘 돼야 소송도 줄고 도둑도 줄고, 귀신도 줄고 호랑이도 줄일 수 있다. 그러니 함부로 백성들 데려다 고문하고, 투옥하고, 함부로 죽이지 말라는 것이다. 신중하고 또 신중하게 처리하라는 뜻이다.

**제10편**

# 공전
## 工典

공전의 내용은 소나무에 대한 정사 및 지역특산물 등을 다룬 산림(山林), 농사와 직결되는 천택(川澤), 공공시설물의 신축과 개축에 관한 선해(繕廨), 외적을 방어하기 위한 성(城)에 관한 수성(修城), 물류의 통행을 위한 도로(道路), 백성들 생활에 도움을 주는 기구의 제작 등을 말한 장작(匠作)의 여섯 조로 구성돼 있다. 이·호·예·병·형의 다섯 편이 백성을 수탈하는 것과 이를 방지하는 것이 중심내용이라면 공전은 비교적 백성의 실생활에 도움이 될 수 있는 방안들이 전편(前篇)에 비해서는 많이 등장한다. 기중기를 만들고, 배다리를 놓고, 수원화성을 설계한 공학자 다산의 진면목을 알 수 있는 글이 많다.

## 1. 산림(山林)

산림 조는 말 그대로 산림에 대한 정사(政事)다. 소나무에 대한 정사 즉 송정(松政)을 중심으로 우리나라의 특산물이라 할 수 있는 인삼(人蔘), 돈피(獤皮: 담비 가죽) 광물인 금, 은, 동, 철 그리고 지역 특산물에 관한 내용을 다루고 있다

### 백성의 고혈을 빨아먹는 남산 위의 저 소나무

산림에 관한 정책 중 가장 중요한 것은 송정이다. 법전에 규정된 송정에 관한 내용은 지금의 시각으로 본다면 상상을 초월한다. "큰 소나무를 불법으로 베어낸 것이 10그루 이상이면 사형으로 논죄한다. 9그루 이하면 사형을 감하여 정배한다."《대전통편》형전에 있는 내용이다. 또 일반 범죄에 비해 태·장의 사용범위도 다르다. '치도곤(治盜棍)은 포도청, 유수, 감사, 통제사, 병사, 수사, 토포사, 겸토포사, 변지수령, 변장이 도적을 다스릴 때 및 변방의 정사와 송림(松林)의 정사에 관계되는 일 이외에는 사용하지 못한다' 라고 규정되어 있다. 그만큼 소나무에 대한 정사가 엄정했음을 법전에서 볼 수 있다.

물론 위의 법조문이 나라 안의 모든 소나무를 대상으로 하는 건 아니

다. 나라에서 특별히 지정하여 관리하는 구역이 대상이다. 나라에서 관리하는 곳은 중요도에 따라 대략 세 종류로 나눌 수 있다. 첫째가 황장(黃腸)으로 가장 질 좋은 소나무를 기르는 곳이라 할 수 있다. 둘째는 봉산(封山)으로 소나무 벌채를 금한 곳이라 할 수 있고, 셋째 송전(松田)은 황장, 봉산보다는 규제가 덜하나 역시 소나무를 기르는 곳이 있다. 이 황장, 봉산, 송전은 경기와 관서를 제외하고 전국에 걸쳐 분포돼 있다. 《만기요람》에의하면 당시 봉산이 282개, 황장이 60개, 송전(松田)은 293개소가 있는데, 황장은 강원도에 많고(43곳), 봉산은 전라도(142곳), 송전은 경상도(264곳)에 많다.

규제의 정도는 덜하지만, 국가에서 지정한 구역만 이런 규제를 하는 건 아니다. 정조 22년에 반포한 《금송절목》에는 이렇게 되어 있다. '바다 연변의 30리 이내에는 비록 사유림일지라도 일체 벌채를 금지한다' 또 《대전통편》의 주(註)에는 '산 소나무(生松)를 벌채한 자로부터 사사로 속전을 받은 수령이나 변장(邊將: 변방의 장수)은 장물로 계산하여 논죄한다' 라고 되어있는 걸 보면 소나무는 봉산이건 사유림이건 허가 없는 벌채가 금지되었던 듯하다.

공·사유지를 막론하고 이렇게 세밀하게 규제하고 있는 것은 '우리나라에는 아름다운 재목이 없어서 오직 소나무만을 사용' 하기 때문이라고 다산은 말한다. 다시 말하면 온 나라가 다 규제 대상이라 해도 틀린 말은 아니다. 궁궐에서만 소나무를 쓰고 민간에서는 쓰지 않을 수 없는 일이다. 법은 세밀하고 엄하게 규제하지만, 법을 다 지키고는 백성들이 생활을 제대로 영위할 수 없다.

대표적으로 완도(莞島)를 예로 들어 보자.

"완도는 황장봉산(黃腸封山)이다. 첨사(僉使)가 지키고, 현감(縣監)이 관리하고, 수사(水使)가 벌채를 금지하고, 감사가 통할하여 범법의 정도가 작으면 곤장(棍杖)의 형을 결행하니 그 비용이 5천이요, 크면 신장(訊杖)을 결행하니 그 벌금은 4천이며 비용도 수만이나 된다. 그러나 완도 주위 수백 리 땅은 집을 짓는 자도 완도만을 쳐다보고, 배를 만드는 자도 완도만을 쳐다보고, 관곽을 만드는 자도 완도만을 쳐다보고, 농기구를 만드는 자도 완도만 쳐다보고, 소금 굽는 자도 쳐다보고, 옹기 굽는 자도 쳐다보고, 나무꾼도 쳐다보고, 숯 굽는 자도 쳐다본다. 땅에 까는 온갖 것, 물에 띄우는 것, 아궁이에 때는 것, 화로에 피우는 것, 그 어느 하나도 완도의 나무가 아닌 것이 없다. 이것으로 본다면 제정된 법령에 좋지 못한 점이 있으니 위반자를 모두 논죄(論罪)할 수는 없다. 백성 한 사람이 수금(囚禁)되면 나무는 100주(株)나 더 베어진다. 본래 나무 때문에 붙잡혀 들어왔으나 도리어 나무의 힘으로 풀려나며, 본래 나무 때문에 죽게 되었으나 도리어 나무의 힘으로 살게 된다. (나무를 도벌하여 그 돈으로 속전을 내는 것을 말한다)."

지금으로 치면 육군(첨사)·수군(수사)·지방자치단체(현감)가 다 감시하고 도지사(관찰사)가 총괄한다. 벌도 기본적으로 장(杖) 이상의 곤장, 신장이며 비용은 적어도 40냥이며 많으면 100냥(원문에 4천, 5천은 비용의 단위가 나와 있지 않은데 당시의 벌금 등에 비추어 보면 40냥도 다른 죄에 비해 절대적으로 과한 금액이다.)이나 된다. 황장봉산은 소나무의 벌채만 금하는 게 아니다. 삽자루를 갈아 끼우고자 나무 하나 베는 것도 법 위반이다. 봉산 주변 백성들이 일상생활을 영위하자면 법 위반을 하지 않고는 불가능하다.

이런 법은 고쳐야 한다. 고치지 않으면 모든 백성이 탐오한 관리와 아전의 먹잇감이다. 그러나 송정에 대한 정사는 수령이 어떻게 할 수 없는 일이다. 그저 다산의 말대로 봉산(封山)의 양송(養松)에 대해서는, 그에 대한 엄중한 금령(禁令)이 있으니 마땅히 조심하여 지켜야 하며, 법을 위반하는 백성은 관대하게 처리하고 세밀하게 살필 뿐이다.

이렇게 기른 소나무를 벌채하는 것 역시 봉산 주변 백성들에게는 큰 고역이다. 해마다 벌목하는 건 아니고 전라·경상도는 10년에 1번이고 강원도는 5년에 1번 차례가 돌아온다. 부역에 동원되는 백성들 역시 부유한 마을과 부유한 집은 모두 돈으로 부역을 피하고 가난한 백성들만 동원되는데 이 역시 목민관이 생각해야 할 일이라고 다산은 적고 있다. 더불어 소나무를 옮길 때는 유형거(游衡車)와 기중소가(起重小架)를 사용하여 백성들에게 피해를 주지 않고 일을 마무리하는 방안을 제시하고 있다.

다산이 제시한 유형거는 기중기에 비해 많은 주목을 받지 못하고 있는데 유형거 역시 백성들의 노고를 덜어줄 수 있는 유익한 기구다. 실제 수원화성을 지을 때도 기중기보다 더 많은 백성들의 노동력을 덜어 줬다는 말도 있고, 다산도 평부 조에서 세곡의 운반과 목재의 운반을 위해 필요한 일이라고 적고 있다.

목재의 운반을 비롯한 백성들의 역역(力役)에 대한 글은 호전(戶典) 평부(平賦)에 있는데 이 글에서 다산은, "유형거 한 대를 만드는 비용이 돈 수십 문(文)에 불과한데, 이처럼 적은 비용을 아끼느라 저처럼 많은 인력을 동원하니, 어리석은 백성들을 어찌 나무랄 것인가, 부끄러워할 사람은 수령인 것이다."라고 수령의 책임을 강조한 바 있다.

## 그 많던 해남·강진의 귤이 없어진 이유

소나무 말고도 나라에서 심으라고 권장하는 종류가 있다. 일반적으로는 닥나무, 옻나무, 전죽(箭竹) 등과 오동나무, 뽕나무 등 일상생활에 필요한 종류들이다. 이 외에도 감귤(柑橘)이 있다. 당시만 해도 제주 말고도 영·호남의 바닷가도 모두 귤의 생산지였다. 당시의 귤은 대단히 귀한 과일이었다. 과거(科擧) 과목에 황감과라고 있다. 매년 12월 제주목사가 특산물로 진상한 감귤을 성균관과 사학의 유생들에게 나누어 줄 때 어제(御製)를 내려 과거시험을 볼 정도였다. 다산도 황감과 초시 수석의 기록이 있다. 또 왕실의 제사에 귤이 올라갔다는 기록이 있다.

영·호남의 바닷가(소속 섬에는 더욱 풍성했다고 함)에 풍성하던 귤이 사라지는 과정을 보면 소위 지역 특산물이 그 지방에 어떤 피해를 주고 있고 또 선량한 목민관이 지역 특산물을 극구 감추고 상부에 알리려 하지 않았는지 다음의 글을 보면 알 수 있다.

"매년 중추(仲秋)가 되면 저졸(邸卒)이 이첩(吏帖)을 가지고 와서 그 과실의 덩이 수를 세고 그 나무에 봉인(封印)하고 갑니다. 그것이 누렇게 익으면 비로소 와서 따는데, 어쩌다 두어 개쯤 바람에 떨어진 것이 있어도 즉시 추궁하여 보충시킵니다. 만약 보충할 수 없으면 그 원가를 징수합니다. 이처럼 몽땅 가져가면서도 1전도 보상하는 일이 없습니다. 또 닭을 삶고 돼지를 잡아 대접하기에 그 비용이 과다한데, 온 이웃이 모두 떠들고 일어나 귤나무나 유자나무 가진 집을 원망하며 이 비용을 그 집에 물립니다. 그리하여 남몰래 그 나무에 구멍을 뚫고 호초(胡椒)를 비벼 넣어 나무를 저절로 말라 죽게 하니, 이는 그 나무가 말라 죽어야 곧 대장에서 삭제되기 때문입니다. -호초를 나무속에 넣으면 나무가 저절로 죽는다.- 싹이 옆에서 나오면 끊어 버리며, 종자가 떨어져서 싹이 나면 나는 대로 뽑아 버리는데, 이것이 귤과 유자가 없어진 까닭입니다."

## 임금님 '진상품' 이라는 말이 싫은 이유

이어 다산은 '요사이 들으니 제주에서도 이러한 버릇이 있다고 한다. 만약 이 폐단이 그치지 않는다면 몇 해를 넘기지 않아 우리나라에 귤이나 유자가 없어질 것이다' 라고 쓰고 있다. 영·호남의 바닷가에 귤이 사라진 것이 아전들의 탐학이 그 원인이었던 것이 분명하다. 귤만이 이런 건 아니다. 소위 말하는 지역 특산물이라는 게 다 이렇다. 경주의 수정, 성천의 황옥(黃玉), 면천의 오옥(五玉), 장기의 뇌록(磊綠), 남포의 연석(硯石), 해남의 양지석(羊脂石) 등이다.

《대전통편》에는 '각 고을에 보물이 생산되는 곳은 대장을 만들어서 공조(工曹)와 그 도(道), 그 고을에 비치하고 간수한다' 라고 되어있다. 법이 이렇게 되어 있을지라도 곧이곧대로 보고하면 백성들이 끝없는 수탈을 당하는 원인이 된다. 그래서 다산은 법과 정반대의 권유를 하고 있다. "무릇 보물의 소산이 다 그 지방 백성들에게 뼈저린 병폐를 주게 되는 것이니, 목민관은 마땅히 이러한 사정을 알아서 혹 얻어 달라는 요구가 있더라도 응하지 말며 보물이 있다는 보고가 있더라도 채굴하지 말아야 한다. 그리고 해임되어 돌아가는 날에는 그 한 조각도 짐 속에 넣어가는 일이 없어야 비로소 청렴한 관리가 될 것이다." 지역 특산물을 수령이 가지고 가지 않는 이유가 개인의 청렴보다는 백성들에게 해가 되기 때문이다.

## 산삼 한 뿌리의 가격

서북지역의 특산물로는 삼과 돈피가 있다. 삼과 돈피는 지역 특산물을 넘어 나라의 소중한 재화(財貨)이다. 그래서 여기에 대한 금령(禁令)도 매우 엄격하다. 삼상(蔘商)이 강계(江界: 평안북도, 삼의 주산지)에 내려갈 때 호조에서 황첩(黃帖)을 주고 세를 받는다. 한 장에 세금 3냥이다. 황첩 없이는 들어갈 수가 없고 매매도 할 수 없다. 삼을 캐려는 자들 역시 관첩을 받고 입산한다.

"그들이 산속에 들어가 한 해 가을과 겨울을 풍찬노숙(風餐露宿)으로 넘기면서 위험한 모든 산짐승과 함께 지내다가 구사일생(九死一生)으로 모든 고초를 겪고 산에서 나오게 되는데, 산에서 나오는 날이면 관에서 그 주머니와 전대를 뒤지고, 그 품 안과 옷소매를 수색하여 한 조각의 삼도 용서 없이 모두 헐값으로 강탈하여 관에 들여가는데 나라에 바친다고 핑계하지만 실은 사복을 채우는 것이다. 간사하고 교활한 이교(吏校)가 아래에서 조종하여 뇌물을 주고 서로 빠질 구멍을 뚫으니 국법(國法)은 시행되지 않고 관리의 사악(邪惡)만이 조장된다. 마침내 무슨 유익함이 있겠는가. 나라는 그저 황첩 한 장에 3냥의 수입만 있을 뿐이다."

　나라에 바친다는 건 그야말로 핑계다.《만기요람》에 의하면 숙종 때까
지는 강계에서 경사(京司)에 30근을 세(稅)로 정했는데 차츰 줄여서 정조
때는 6근 정도에 불과했다. 그래서 나라에 바친다는 건 핑계라고 다산이
말하는 것이다. 목민관은 이를 알아서 그 나라에 바치는 것은 제값을 다
주고 −공삼 1냥쭝에 본값이 400냥이다.− 나머지는 마음대로 팔도록 허
락하고 한 조각도 빼앗지 말아야 한다고 말한다. 삼 1냥에 400냥이라는
건 다산의 오류인 듯하다.《만기요람》에 의하면 숙종 때 삼 1근 값이 공목
1동 −50필을 1동이라 함− 이고, 정조 때는 12근 8냥이 무명 18동 37필이
다. 돈으로 환산하면 삼 1냥에 숙종 때는 6.25냥, 정조 때는 4.5냥 정도 나
온다. 400냥이면 쌀로 80석인데 이 정도면 조선 팔도 백성들이 다 삼 캐러
다닐 듯하다. 400전을 잘못 쓴 듯하다. 뒷글에 나오는 다산과 동시대 인물
인 영일현감 장만석의 상소에도 1돈쭝에 40냥으로 나온다.

## 온 나라가 다 금의 생산지

　또 산림정책에 포함되는 것으로 금(金), 은(銀), 동(銅), 철(鐵)이 있다.
원론적으로 다산은 광산을 개발하는 것에 적극적이다. "금, 은, 동, 철은
널리 제련장(製錬場)을 설치하여 국가의 비용에 충당하고 금전(金錢), 은
전(銀錢), 동전(銅錢)은 각각 가치에 차등을 두어 국가의 화폐(貨幣)로 해
야 한다는 것이 곧 나의 고심하는 바이다." 그러나 현실에서는 곧바로 실
시할 수가 없다. 그 이유를 다산은 이렇게 설명하고 있다.

"지금의 제련장은 다 간사한 백성이 사설(私設)한 것이라, 호조(戶曹)에서 세를 징수하는 것은 매우 적다. 또한, 도망자를 감추고 간민(奸民)을 숨겨서 도적을 모으고 변란(變亂)을 일으키는 장소가 된다. 그러므로 농사짓는 자는 품팔이꾼이나 머슴을 구할 수 없고, 장사하는 자는 재화(財貨)를 다룰 수 없다. 좋은 전지가 날로 축소되고, ㅡ금광에서 전지(田地)를 사서 도금(淘金)한다ㅡ 대지(大地)가 날로 뚫어지니, ㅡ은광(銀鑛)이 산을 뚫어 백 길에 이르기도 한다ㅡ 다른 날 비록 조정에서 의논하여 관(官)에서 채굴하는 법을 시행한다 하더라도 산의 정기(精氣)가 빠지고 무너져서 다시는 샘솟듯 하지 않을 것이다. 지금에 해야 할 계책은 오직 엄금하는 일뿐이다."

전면적으로 채굴을 반대하는 건 아니다. 정조가 금점(金店)도 '일체 폐쇄하여 백성들이 농사짓게 하라'는 비답(批答)을 내린 적이 있다. 이에 대해 다산은 간사한 백성이 사사로 채굴하는 건 엄금해야 하지만, 호조에서 관리를 파견하여 감독한다면 폐단을 없을 것이라 말하고 있다.

마지막으로 김호군(미상)의 사금론(篩金論: 금을 채취하는 방법)을 소개하고 있는데 그 첫 문장이 이렇다.

"우리나라는 팔도에 다 금이 생산된다."

그리고 금을 채굴하는 방법을 자세히 기록하고 있으니, 궁금하신 분들은 참고하기를 바란다.

## 2. 천택(川澤)

### 미완성인 《경세유표》의 형전과 공전

《목민심서》를 읽으면서 느낀 생각은, 기본적으로는 《경세유표》의 틀 내에서 《목민심서》를 이해했을 때 다산이 말하고자 하는 바를 완벽하게 이해할 수 있다는 것이었다. 다산은 이 책 곳곳에서 '자세한 것은 ○○를 참조하라'라고 하는데 그 대부분이 《경세유표》에 있는 내용이다. 《경세유표》가 국가개혁서이고 《목민심서》는 그 개혁이 불가능한 현실에서 목민관이 할 바를 서술한 것이니 당연한 결론이기도 하다.

그런데 《경세유표》는 미완성이다. 이·호·예·병·형·공의 육전(六典) 중 형전과 공전의 내용이 없다. 형전의 미진한 부분은 《흠흠신서》로 보충해 놓았으니 진정한 미완성은 공전 1편이라 볼 수 있다. 그만큼 공전의 내용은 다른 부분에 비해 참조할 만한 자료가 부족하다. 또 웬만한 내용은 《여유당전서》의 론(論), 설(說), 의(議), 변(辨) 등에 기본적인 내용이 있어 참조할 만한 것이 있는데 공전에 대한 것은 성(城)에 대한 설(說) 몇 개를 제외한 산림, 천택, 도로, 선해, 장작에 관한 다산의 의견은 공전의 내용이 유일하다고 할 수 있다.

그런데도 공전의 내용은 다른 편에 비해 다산 자신의 주장과 국내의 사례가 빈약하다. 그중 천택 조가 가장 심하다. 호전 전정의 경우와 비교하면 이 차이는 확연히 드러난다. 전정 전편에 중국의 사례는 단 두 개만 소개하고 나머지는 다산 자신의 주장과 조선의 사례다. 또 천택과 관련해서 백성의 해가 되는 부역과 대안으로 제시하는 공전(公田)의 내용은 호전의 평부 조에 있다. 천택의 정사에 대한 다산의 명확한 생각을 파악하기가 쉽지가 않다. 그나마 다행스러운 건 《경세유표》 2권 동관공조에 공조(工曹) 소속 기관이 나오는데 여기에 천택에 관한 다산의 견해를 그나마 엿볼 수 있다.

"국법이 완비되지 못한 연고로 산림과 천택은 백성이 스스로 주인이 되어 1전도 내지 않는다. 이리하여 나라의 용도가 부족하니 이에 환곡(還穀)·군포(軍布)·민고(民庫)·결미(結米) 따위 제도를 만들어서 온갖 방법으로 백성의 재물을 착취하게 되어 환과(鰥寡: 홀아비와 과부가 원뜻인데 극빈자를 지칭함)들이 곤란을 당하는 그 비참한 정상을 차마 볼 수가 없다. 균역법을 창설했으나 겨우 어염(魚鹽)과 선박에 그쳤을 뿐, 산림과 천택은 거론하지 않았고 토호(土豪)와 관리에게 그 이익을 독차지하도록 하니, 나라의 무법(無法)이 이와 같을 수 없다."

"천하에 모든 큰 산과 큰 숲, 큰 소택과 큰 하천은 왕공(王公)이 주인이 되어서 거기에서 생산되는 산물을 거두었던 까닭에 국가가 풍족했었다. 지금은 산림과 천택을 버려두고 수입하지 않으면서 오직 농사하는 백성만 벗기고 족친다. 이리하여 공사 간에 쓰임이 모자라고 상하가 아울러 곤란을 받는데, 오직 탐관오리와 토호간민(土豪奸民)이 그 이(利)를 독차지하니, 나라의 무법이 이 지경까지 이르렀는가?"

## 국가의 수입과 무관한 산림과 천택의 이익

윗글은 산림을 관장하는 임형시(林衡寺)와 천택을 관장하는 택우시(澤虞寺)에 관한 내용이다. 균역법을 창조했으나 겨우 어염과 선박에 그쳤다는 건, 균역법의 시행으로 줄어든 국가재정을 보충하기 위해 국가 세목을 확충했는데 거기서도 산림과 천택은 제외됐다는 뜻이다. 산림과 천택에서 생산되는 산물을 거두었던 까닭에 국가가 풍족했다거나 반대로 나라의 용도가 부족했다는 건 토지에 모든 세금이 집중되는 현상을 표현한 것이다. 모든 세금이 토지에 집중되므로 농사짓는 백성만 벗기고 족친다는 것인데 이는 다산이 《경세유표》와 《목민심서》에서 핵심적으로 일관되게 주장하는 내용이다. 산림과 천택에서 나오는 이익을 탐관오리와 토호들이 독차지하는 현실을 강조하는 표현이라 볼 수 있다.

마땅히 법을 바꿔야 하겠으나 수령의 권한 밖이다. 법의 테두리에서 백성에게 이득이 되는 것은 적극적으로 행하고 피해가 가는 것은 마땅히 줄여나가야 한다. 천택 조에서 다산이 백성을 위한 일을 여러 가지 들고 있는데 하나는 둑을 쌓는 등의 부역(賦役)에 관한 일이요, 또 하나는 민고(民庫)의 피해를 줄이기 위해 공전(公田)을 만드는 일이고 다른 하나는 토호와 귀족이 수리를 멋대로 이용하여 자기의 전지에만 물 대는 것을 금지하는 일이다.

## 사사로운 저수지 축조를 거부해야

둑을 쌓고, 도랑을 파고, 저수지를 준설하는 부역과 관련해서는 전정

평부 조와 천택 조에 걸쳐 나와 있다. 그런데 천택 조에는 '살피건대 여러 궁방과 권세가 및 간활한 토호가 사사로이 제방을 축조하는 것은 일체 엄금하며, 마땅히 수령이 백성을 동원하여 방죽을 축조하여 민역에 보충하여야 한다. 모두가 부역 편에 나와 있으므로 여기서는 다시 논급하지 않는다'라고 나와 있고, 부역 조(부역 조는 따로 없는데 내용으로 보면 호전 평부 조)에는 '천택 편(川澤篇)에 상세히 밝혔으니, 여기서는 생략하겠다'라고 나와 있다. 내용상 천택 조에 상세하게 나와야 할 듯한데 천택 조에는 부역에 관한 내용이 거의 없다. 오히려 평부의 내용이 더 상세하다.

둑을 쌓는 일은 수재(水災)를 막고 수리(水利)도 일으키는 두 가지 이익이 있는 방법이다. 그런데도 궁방(宮房)과 여러 관아(官衙)에서 백성을 부역에 동원하는 것을 반대하고 있다. 이는 법에도 규정되어 있는 내용이다. 기본적으로 백성들에게 이익이 돌아가는 것은 수령이 적극적으로 나서서 부역을 공평하게 동원하면 되는 일이다. 문제는 그렇지 않은 경우다. 궁방과 여러 아문에서 저수지를 만들고 둑을 쌓아서 혜택을 보는 땅은 궁방과 각 아문의 소속이고, 여기는 면세전이다. (지방 토호 세력이 궁방이나 아문과 결탁해서 사칭하는 경우도 있다) 요역이 면제된다. 요역을 부담하는 호수가 줄어들면 나머지 호에서 요역을 부담해야 한다. 백성들로서는 부역에 동원돼 일하면 자신들 요역을 더 가중시키는 일을 하게 되는 것이다. 백성들로서는 땅을 치고 통곡할 일이다.

그런데 일개 수령으로서는 궁방과 각 아문의 요구를 거절하기가 쉽지 않다. 중앙의 여러 아문에서 도장(導掌)을 파견하기도 하고, 관찰사가 공문을 보내기도 한다. 그런데도 수령은 이를 받아들이지 말고 이유를 들어

보고 해야 한다고 말한다.

"비록 이웃 고을이 모두 순종하더라도 나만은 휩쓸리지 말아야 할 것이다. 본심이 이미 백성을 사랑하는 뜻에서 나왔다면 상사로서도 문책할 말이 없을 것이다. 가령 이 일로 폄척(貶斥: 벼슬이 떨어짐)을 받아 자리를 보존하지 못한다고 하더라도 받아들일 수 없는 것이다."

## 나라의 큰 저수지가 모두 제구실을 못 해

반대로 백성의 이익이 되는 대표적인 게 공전(公田)을 만드는 일이다. 공전은 다산이 《목민심서》 평부 조에서 민고의 피해를 줄이는 장구한 계획으로 제시한 내용이다. 공전은 정전제에서 말하는 그 공전의 내용을 취한 것이라 보면 된다. 비록 전체적인 토지개혁을 할 수는 없다 하더라도 한 고을에서나마 공전의 효과를 볼 수는 있을 것이다. 호전 평부 조에서 '남방의 여러 고을은 대개 제방을 쌓고 수로를 내면 공전을 만들 수 있는 곳이 매우 많으며, 수령이 진실로 마음을 기울인다면 어찌 방법이 없음을 근심하겠는가' 라고 말하고 있다. 이어 천택 조에서도 '목민관은 마땅히 지형(地形)을 살펴서 도랑을 내고 공전(公田)을 경작하여 그 세입(歲入)으로 민고(民庫)를 보충한다면 장차 만민(萬民)의 이익이 될 것이라고 말하고 있다. 이어서 말한다. '이런 일로 백성이 부역한다면 왜 원망하겠는가?'

궁방이나 아문에서 사사로이 백성을 동원하여 제방을 쌓고 저수지를 축조하는 것을 금지하고 있지만, 제방을 관리하고 저수지를 준설하는 것은 본래 목민관의 업무다. 《속대전(續大典)》에는 이렇게 되어 있다.

"각 읍의 제방은 모두 구안(舊案)에 좇아 측량하고, 제언사(堤堰司)에서 때때로 낭청(郎廳)을 파견하여 살펴보고 조사하여, 금지 구역을 함부로 경작하는 자는 처벌한다. 폐기되어 버린 것은 그 수령(守令)과 감관(監官) · 색리(色吏)를 모두 불수하방률(不修河防律)로 논죄한다. 무릇 보(洑)나 제언(堤堰)을 새로 축조함에 있어서는 백성들에게 관에 와서 호소하도록 허락하고, 수령이 친히 살펴서 여러 백성이 이득을 볼 수 있는 곳이면 제언사(堤堰司)에 논보(論報)하고, 그 고을의 수령이 출력(出力)하여 공사를 돕는다."

이렇게 법이 갖추어지지 않은 것이 아님에도 나라 안의 저수지나 제방이 폐기되지 않은 것이 하나도 없다고 다산은 한탄한다. 구체적인 예로 유형원의 글을 인용한다.

"김제(金堤)의 벽골제(碧骨堤), 고부(古阜)의 눌제(訥堤), 익산(益山)과 전주(全州) 사이의 황등제(黃登堤) 등은 다 저수지로써 큰 것이어서 한 지방에 큰 이익을 주는 것이다. 옛날에 온 나라의 힘을 다하여 축조한 것인데 이제 다 폐결(廢決)되었다. 그러나 폐결된 것은 두어 길[數丈]에 불과하니, 그것을 수축하는 공력(功力)을 계산한다면 1000명의 10일 동안의 노역(勞役)에 지나지 않는다. 처음 축조할 때의 공력에 비하면 10000분의 1도 못 되건만 아무도 건의하는 이가 없으니 매우 애석한 일이다. 만약 이 세 저수지가 1000경의 물을 저축할 수 있는 저수지가 되게 한다면 노령(蘆嶺) 이상은 영원히 흉년이 없을 것이다."

그뿐만 아니라 나라 안의 큰 저수지인 함창(咸昌)의 공골제(空骨堤), 제천(堤川)의 의림지(義林池), 덕산(德山)의 합덕지(合德池), 광주(光州)의 경양지(慶陽池), 연안(延安)의 남대지(南大池) 등이 있는데, 이것 역시 지금은 모두 앙금이 앉자 막혀 버렸는데 이는 고을을 책임지는 수령의 잘못임을 분명히 하고 있다.

## 간척사업으로 농지를 확보해야

보를 만들고, 강이나 바다에 제방을 쌓아 백성을 재해로부터 보호하고 기름진 전지를 만들라고 다산은 말하고 있다. 그러나 이런 일은 부역을 시킨다고 쉽게 할 수 있는 일이 아니다. 특히 바닷가에 제방을 쌓아 전지를 만드는 일은 법에 하라고 되어 있는 것도 없으니 웬만한 수령은 엄두도 내지 않는다. 그러나 백성들 부담을 덜어 주고자 한다면 해야 하는 일이다. 그래서 다산은 보를 쌓는 것에 있어서도 기중기와 유형차의 사용을 권하고 있고 특히 간척함에 있어서는 그 방법을 자세하게 안내하고 있다.

"제방을 쌓는 법은 모름지기 기중가(起重架)를 사용하여 큰 돌을 운반하여야 한다. 또 한조대(捍潮臺)를 만들어서 조수의 세력을 감쇄시켜야 한다. 대개 조수의 기세가 멀리 대해(大海)로부터 밀려와서 제방의 전면에 부딪히면 장성(長城)이라 할지라도 무너지니, 한 덩이의 진흙으로 된 작은 둑이야 말할 것이 있겠는가. 모든 제방을 쌓고자 하는 자는 먼저 방파제(防波堤)의 중추 ―물이 깊은 곳이다― 를 정하고, 중추에서 5, 6보 떨어진 곳의 조수가 들어오는 어구에 먼저 한대(捍臺)를 쌓는다. 한대라는 것은 삼각대(三角臺)로서, 그 대의 1각으로 직접 조수의 충돌을 받는다.

조수가 이 대의 일각에 부딪히고는 그 기세가 나누어져서 두 날개처럼 되어 가로 달린다. 이러는 동안 그 사나운 기세가 감쇄된다. 그 한대의 크고 작음은 조수 기세의 완급(緩急) 정도와 제방의 장단(長短)을 보아 적당하게 결정할 것이며, 일정한 제도가 있는 것은 아니다. 이 한대(捍臺)를 쌓는 기초에는 마땅히 2000근 이상의 큰 돌을 써야 하는데, 기중가(起重架)가 아니면 엄두도 낼 수 없다. 이와 같은 것은 기중가에도 또한 활차(滑車)와 고륜(鼓輪)을 설비하여야 하며, 다만 구형(鉤衡)만으로는 할 수 없는 것이다. 대(臺)를 쌓는 일을 마치면 제방의 기초를 축조하여야 한다. 그 제방도 또한 활줄처럼 곧게 하여서는 안 되며, 반드시 경쇠처럼 허리가 꺾인 형태로 만들어야 한다. 그리하여, 그 첨각(尖角)으로써 제방의 허리로 삼아서 한대(捍臺)와 직선이 되게 한다. 첨각(尖角)에서 비스듬히 꺾어서 좌우익(左右翼)이 되게 하여 각각 산 밑〔山根〕에 도달하면 그 조수를 받는 힘이 맹렬하지 않아서 영구히 충돌하여 파괴되는 병폐가 없을 것이다."

성호(星湖)의 말처럼 천하에 가장 아까운 것은 유용한 것으로써 무용한 것을 만들어 버리는 일이다.


## 3. 선해(繕廨)

### 관사 퇴락의 이유

근래 들어 잠잠해졌지만, 얼마 전까지만 해도 지방자치단체의 호화로운 청사가 심심찮게 뉴스에 등장했다. 지방재정이 열악한 환경에서 천억이 훌쩍 넘게 들어가는 호화청사는 비판받아 마땅한 일이다. 비단 지방자치단체뿐만 아니라 각종 '공사'도 호화청사로 언론의 오르내리는 게 지금의 현실이다.

다산이《목민심서》를 집필하던 시기는 이와는 반대의 현상이 일반적이었던 것으로 보인다. 청사가 '비록 바람에 쓰러지고 비에 깎이는 일이 있더라도 일찍이 나무 하나를 가져다가 버티게 하는 일이 없으며, 돌 하나를 올려놓는 일이 없었다'라고 말한다. 또 '청사(廳舍) 같은 것은 백 번 무너져도 고칠 생각을 하지 않는다'라고 말하는 있는 것으로 보아 어느 한 고을만 그런 게 아니다. 이렇게 청사가 퇴락해도 고치는 않는 것에는 이유가 있다. 당시 현행법으로 적용되던《대명률(大明律)》에 이렇게 되어 있다.

"무릇 관사(官司)에서 영조(營造)할 것이 있을 때는 마땅히 상사(上司)에게 품신(稟申)해야 하는데 그것을 품신하지 아니하거나, 또 마땅히 상사의 회보(回報)를 기다려야 하는데 그것을 기다리지 아니하거나, 함부로 인부와 공장(工匠)을 일으켜 부리는 자는 각각 인부의 삯과 공장의 공전을 계산하여 장(贓)으로 논죄한다. 그러나 성이나 담이 무너지고 창고나 청사가 파괴되었을 때 임기응변으로 인부나 군인을 동원하여 수리하는 것은 예외로 한다."

또 이런 조항도 있다.

"무릇 각처의 청사, 창고 및 국(局)·원(院)에 소속된 건물이 특히 파손되었을 때는 해당 담당 관리가 즉시 주무관(主務官)에게 통첩을 내어 수리하게 하여야 하는데, 이것을 위반한 자는 태(笞) 40에 처한다. 또, 영조(營造)에 대한 설계와 드는 비용과 인부, 공장(工匠)들의 다소를 잘 참작하여 신청해야 하는데, 만약 이 일을 부실하게 하는 자는 태(笞) 50에 처한다."

법에 함부로 공사를 일으키는 걸 금지하고 있지만, 또 파손되는 걸 그대로 내버려 두는 것도 죄가 중하다. 게다가 수선하는 경우 이를 핑계 삼아 백성의 고혈을 거둬들이는 일이 허다하다. 서리가 도둑질을 했다고 해도 수령이 면책되는 건 아니다. 이래서 청사를 수선하는 일은 죄에 빠지는 함정으로 인식돼, 비록 청렴하고 유능한 수령이라 할지라도 조심하고 가만히 있는 것을 상책으로 여긴다.

## 관사의 수리원칙

그렇다고 해서 관사를 무너지게 방치할 수는 없는 노릇이다. 다산은 오직 백성들을 부리고 공사비 지출하는 것을 기준과 절도 있게 하면 된다고 강조한다. 이를 여러 사례를 통해 설명하고 있다.

이치(李穉)가 진위현령(振威縣令)이 되어, 객관을 지었는데, 하륜(河崙)이 다음과 같이 기(記)를 지었다.

"수령으로서 영조(營造)에 능하다고 이름난 자는 민력(民力)을 이용하는 것이 상례이었고, 혹은 백성들의 농사철을 앗아버리게 되어 백성의 근심거리가 되게 하였다. 이후(李侯)의 이 공사는 놀고 있는 무리를 사역하는 데에만 그쳐, 현관(縣官)이 공사하고 있다는 것을 온 고을의 농민들이 알지 못하게 하였으니, 이것은 참으로 글로 적어 둘 만한 일이다."

백성들 농사에도 피해가 없고 재산에도 피해가 없다. 더불어 사역하는 무리는 수령의 봉록으로 먹였으니 책잡힐 일이 없다. 이와 더불어 향리와 관노들을 사역에 보탬이 되게 한다면 백성에 피해가 가지 않게 영조를 할 수 있다고 덧붙인다.

### 경비와 인원을 조달하는 방안

정자나 객관 같은 작은 규모는 이렇게 백성들 모르게 할 수 있지만, 규모가 크면 수령의 봉급으로도 부족하고 백성들 부역을 시키지 않을 수 없다. 이에 대한 방안을 상산부(象山府)의 정당개건일력(政堂改建日曆; 다산이 곡산부사로 있을 때 정당을 개축한 기록으로 보인다)에 일을 주관할 사람을 얻는 방안부터 장부 처리하는 일까지 열 가지로 나눠 자세히 기록하고 있다. 그중 비용을 취합하는 일과 인부를 조달하는 방법을 보면, 백성에게 피해가 가지 않는 방안이 구체적으로 나와 있다.

"경비를 조달하는 방법은 대체로 감사(監司)와 상의하고 창고의 양곡을 환롱하는데, 이것은 이미 죄(罪)를 범하는 행위이며 또 백성의 원망을 듣게 되는 것이니 매우 옳지 못한 일이다. 혹 여러 창고의 물품을 절용하여 저절로 남는 것이 있어도 진실로 자신이 착복하지 않는다면 이것은 경비에 쓸 재물이 되는 것이고, 혹 상사(上司)의 조율(照律)에서 다액의 속전을 징수하라는 제사(題辭)가 내린다면 이것도 경비에 쓸 재물이 되는 것이다. 혹 큰 바람에 넘어진 나무를 즉시 상사에 신청하여 당장 베어 고사(槁死)하지 않게 한다면 벌레가 먹는 일이 없을 것이며 따라서 그것을 쓰라는 제사를 얻는다면 이것도 경비에 쓸 재물이 되는 것이다. ―모름지기 비국(備局)의 허가가 있어야 쓴다.― 혹은 우리 고을에는 풍년이 들고 다른 여러 도는 흉년이 들었다면 곡식을 사서 저장하였다가 봄을 기다려서 내고 그 남은 이익을 취득한다면 이것도 경비에 쓸 재물이 되는 것이다. 관장(官長)은 비록 가난하더라도 부자인 상인보다는 나은 것이다. 적어도 장사를 하려고 한다면 어찌 상술 없음을 걱정할 것인가? 이미 공용(公用)에 충당하였다면 내게는 부끄러울 것이 없으니 구애할 필요가 없다.”

인원을 조달하는 방법은 마땅히 아전과 관노를 주로 하고, 백성의 인부는 보조하는 정도로 하여야 한다. 일을 시작하는 날 문무 장교와 아전과 관노들을 불러서 타이르기를,

“이 집이 누구의 집인가. 목민관은 나그네라, 명년에는 또 어느 곳에 가 있을지 모른다. 이것이 어찌 목민관의 집이겠는가. 농민은 들에 사는 사람들로서 뜨거운 날에도 심한 비에도 이 집의 신세를 조금도 지지 않는다. 이것이 어찌 농민들의 집이겠는가. 아버지가 정해 주면 아들이 이어받으면서 볕을 가리고 비를 가리는 혜택을 입는 것이 너희들이 아니고 누구이겠는가. 너희들의 집을 짓는데, 나로 하여금 홀로 수고하게 하고 농민들로 하여금 피땀을 흘리게 하는 이러한 사리(事理)가 있을 수 있겠는가.”

“늙은 장교와 늙은 아전들은 나무가 흔들리지 않도록 잡아줄 수가 있고, ―도끼질 톱질할 때에는 반드시 나무를 진정시키는 자가 있어야 한

다— 젊은 장교와 젊은 아전들은 톱을 당겨 줄 수 있으며, 종들은 운반하고 다듬고 벨 수 있을 것이다. 몸이 약한 자는 쉬어가며 번을 들고, 건강한 자는 줄곧 번을 서며, 미천한 자와 가난한 자에게는 점심을 먹인다. 그리고 노래로써 권장하고, 회초리를 쳐서 독려한다면 일할 인부는 염려할 것이 없다. 부민(部民)을 통산(通算)하여 부유한 민호(民戶)에는 이틀의 부역을, 편호(編戶)에는 하루의 부역을 시킨다. 아침에 왔다가 저녁에 돌아갈 수 있는 자는 몸으로 부역을 때울 수 있지만, 먼 곳에 살고 있어서 자고 가야 하는 자는 돈으로 대납하게 하되 25닢을 넘게 받아서는 안 된다. 그중에 혹은 멀더라도 몸으로 부역하겠다는 사람이 있으면 그도 거절하여서는 안 된다. 술에 취하여 싸우는 자는 벌로 2일간의 부역을 시키고, 남을 구타하여 상해를 입힌 자는 벌로 3일간의 부역을 시키며, 호세(豪勢)를 부려서 남을 구타한 자는 벌로 10일간의 부역을 시킨다. 대개 죄과가 있어서 벌을 주어야 할 자들에게 부역을 부과한다면 또한 인부를 더 보탤 수 있을 것이다."

이뿐 아니라 돌을 채취하고 흙을 채취함에 있어서도 기중소가(起重小架)나 유형거(游衡車)를 이용하여 경비와 노동력을 절약하도록 안내하고 있다. 향리가 농간을 벌일 가능성이 농후한 재목 채취에 있어서는 더욱 자세하게 안내한다.

"재목을 벌채하는 명령은 특히 자세하고 신중해야 한다. 만약 사전에 소문이 퍼진다면, 곧 사산(私山)에 나무 기르는 자들은 가만히 이교(吏校)들과 결탁하여 좋은 재목은 빼고 그 주수(株數)를 줄이도록 꾀하여 농간하는 구멍이 뚫릴 것이다. 목민관이 장차 청사를 수선하려면 먼저 칸살의

도면을 만들어서 비밀히 친근한 사람으로 하여금 서울에서 목수들을 불러 상의하게 한다. 상의할 때 재목의 소요량을 조목으로 열거하여 대들보가 몇 개, 동자기둥이 몇 개, 기둥이 몇 개, 서까래가 몇 개, 외(椳)·문지방·빗장·문설주 등의 소요 숫자를 하나하나 들어 말하면 목수가 산목(山木)을 계산하여 큰 소나무가 몇 그루, 중간치가 몇 그루, 잡송이 몇 그루, 작은 나무 몇 그루가 소요된다는 것을 알 수 있을 것이다. 여기에서 그 열거된 것을 가지고 넌지시 사방 관내를 살펴보아, 10리 이내에서는 큰 나무를 베고, 20리 이내에서는 중간치를 베며, 30리 이내에서는 작은 나무를 베게 하니, 그것은 수송하는 데 있어서 노력이 다르기 때문이다. ─ 혹 수로(水路)로 운반할 수 있다면 100리 밖에서 큰 나무를 베어도 좋다. ─ 아무개의 동산에서 큰 소나무 몇 그루, 아무개네 언덕에서 중간치 몇 그루를 비밀히 스스로 배정하여, 모두 성산(成算)이 되면 곧 문무(文武)의 장교와 아전들을 불러서 청사를 수선하는 이유를 들어 타이른 다음, 이미 만들어 놓은 계산서를 여러 아전에게 나누어 주고 즉시 파견하여 벌목하게 한다. 각각 그루 수를 적은 인첩(印帖)을 주어서 산주에게 찾아가 보이고 가감(加減)하지 못하게 한다면 농간이 없을 것이다. 또 나무를 벌채하는 방법은 마땅히 《주례(周禮)》의 전례에 따라서 반드시 중동(仲冬)에 하는 것이 좋다. 만약 나무에 물이 오를 봄과 여름철에 나무를 베어 재목으로 한다면 두어 해를 못 넘겨서 벌레가 먹어 상할 것이다. 또 나무를 끌어오는 것이 큰 역사이다. 마땅히 늦가을에 먼저 도로를 닦아 놓고, 겨울철에 이르러 따로 유형거(游衡車) 10여 대를 만들어서 얼음을 타고 끌어들인다면 백성의 노력이 많이 덜어질 것이다."

이렇게 하면 비록 백성을 동원하더라도 백성들이 부담하는 건 하루의 부역이든가 돈 25닢이다. 설사 농사철이라 하더라도 굳이 구애될 필요가 없을 것이다.


## 4. 수성(修城)

수성(修城)은 성의 수축(修築)에 관한 일이다. 수성의 내용은 모든 성루(城壘)의 시설과 그에 대한 관리를 말한 것이다. 나라와 백성을 보장하는 방비로써 언제나 견고함을 유지해야 하고, 또 관방(關防) 요처마다 새로 성을 쌓아 불의의 변을 대비해야 한다고 강조하였다. 이에 성을 쌓음에 있어 인력 동원은 언제나 농한기를 택할 것과 지형지물을 이용하여 인력과 물자를 절약하는 것이 현명한 처사라고 말하였다. 끝으로 평시에는 옛 성을 잘 보수하여 유관(遊觀)의 자료로 삼는 것도 그 지방의 운치를 살리는 일이므로 수령 된 자는 이것도 유념할 일의 한 가지라고 말하였다.

성과 관련해서는 다산의 유명한 작품이 있다. 수원화성이다. 다산을 얘기할 때마다 빠지지 않고 등장하는 단골 메뉴다. 다산이 수성 조에서 서술한 많은 내용이 이 수원화성의 건설과정에서 나온 경험을 기반으로 하고 있다. 수원화성의 건설과정을 살펴보는 것도 다산이 수성에서 말하는 내용을 더 깊게 이해할 수 있다고 본다.

### 거중기 제조 과정

먼저 다산 스스로 〈자찬묘지명〉에서 수원화성과 관련해 말한 내용을 보자.

"이해 겨울에 수원(水原)에 성을 쌓게 되었다. 주상이 이르기를, '기유년(1789, 정조 13) 주교(舟橋)의 역사에 용(鏞)이 그 규제(規制)를 진달하여 사공(事功)이 이루어졌으니, 그를 불러 사제(私第)에서 성제(城制)를 조진(條陳)하도록 하라' 하였다. 용이 이에 윤경(尹畊)의 보약(堡約)과 류 문충공(柳文忠公) 성룡(成龍)의 성설(城說)에서 좋은 제도만 채택하여 모든 초루(譙樓)·적대(敵臺)·현안(懸眼)·오성지(五星池) 등 모든 법을 정리하여 진달하였다. 주상이 또 《고금도서집성(古今圖書集成)》, 《기기도설(奇器圖說)》을 내려 인중법(引重法)·기중법(起重法)을 강구하도록 하였다. 용이 이에 《기중가도설(起重架圖說)》을 지어 올렸다. 활거(滑車)와 고륜(鼓輪)은 작은 힘을 써서 큰 무게를 옮길 수 있었다. 성역(城役)을 마친 뒤에 주상이 일렀다. '다행히 기중가(起重架)를 써서 돈 4만 냥의 비용을 줄였다'."

기유년 주교 역사에 용이 그 규제를 진달하여 일이 이루어졌다는 건, 정조의 수원 행차 때 다산이 한강에 놓은 배다리를 말한다. 성제를 조진하라는 뜻은 성의 건설 등에 관한 내용을 조목별로 낱낱이 고하라는 말이다. 즉, 한강에 배다리 놓았을 때 일을 잘 했으니 수원성 짓는 데 어떻게 해야 하는지 글을 지어 올리라는 뜻이다. 이에 다산이 성제에 대해 조목별로 올렸다는 것이고, 정조가 다시 '옹성(甕城: 성문을 엄호하기 위해 성문 바깥쪽에 반원형으로 쌓은 성)·포루(砲樓: 포를 설치하고 쏠 수 있는 구조물)·현안(懸眼: 적병에게 물을 쏟는 용도의 홈)·누조(漏槽: 성문 등에 고인 빗물이 빠지도록 하는 장치) 등의 제도와 기중(起重)의 모든 설

(說)을 빨리 강구하라' 는 명령을 내리며, 《고금도서집성》과 《기기도설》을 내렸다는 것이다. 그 유명한 다산의 기중가가 만들어진 과정이다. 그 결과 무려 4만 냥의 경비를 절약하게 된다. 비변사의 기록을 보면 총 경비는 76만 냥이 들었다.

기중도설만이 아니라 정조가 말한 옹성, 현안, 포루, 누조에 관한 내용도 함께 올린다. 이렇게 해서 나온 작품이 수원화성이다. 수원화성은 건축학적 가치를 인정받아 1997년 유네스코 세계문화유산으로 지정된다. 수원화성박물관의 소개 글에는 이렇게 나와 있다. "수원화성은 조선시대 성곽 문화의 꽃이자 우리 민족 문화유산의 자랑입니다. 나아가 전 세계인이 인정하는 세계유산이기도 합니다. 수원화성은 조선의 축성 기술을 기반으로 중국, 일본의 축성방식과 서양의 축성 기술을 도입하여 만든 세계 성곽의 총화이기도 합니다. 더불어 정조대왕의 위민과 개혁정책을 추진하기 위한 기반도시이기도 합니다."

## 인류 역사에서 유일한 수원화성의 가치

수원화성에는 건축학적 가치보다 더 위대한 가치가 있다고 필자는 생각한다. 수원화성의 건설과정은 동 · 서양을 통틀어 흔히 국가적 대역사가 이뤄지는 과정과 다르다. 앞서 선해 조에서 본 바와 같이 일개 지방자치단체 청사 공사에 있어서도 백성들의 노동력과 돈이 들어가는 게 당연시되던 사회다. 하물며 국가적 차원에서 진행되는 사업에서 어쩔지는 미루어 짐작하기 어려운 일은 아니다. 우리가 인류의 대표적 문화유산이라고 알고 있는 만리장성, 피라미드에는 백성(혹은 노예)의 노동력과 재산

뿐만 아니라 무수한 생명까지 들어가 있다. 각 나라에서 대표적 문화유산이라고 내세우는 것 중 여기에 해당하지 않는 걸 찾는 것이 쉬운 일은 아니다.

그러나 수원화성은 다르다. 다산이 《목민심서》에서 말한 것처럼 국가 차원의 대규모 토목공사를 하면서 백성의 부역도 없고, 백성의 돈을 수탈하지도 않는다. 그것도 국가 차원의 공사를 하면서 이루어낸 일이다. 수원화성은 정조 17년(1793년) 축조하기 시작하여 2년 반 만인 1796년 완성된다. 건설과정에서 인력 동원과 재원 조달에 대한 논의가 기록에 남아 있다. (이하 인용은 조선왕조실록의 기록임)

## 성의 모양을 바꾼 이유

정조 18년 갑인(1794) 1월 15일(계묘) 화성 축조에 대해 하명하다.

"지금 깃발을 꽂아놓은 곳을 보니 성 쌓을 범위를 대략 알겠으나, 북쪽에 위치한 마을의 민가를 철거하자는 의논은 좋은 계책이 아닌 것 같다.
현륭원이 있는 곳은 화산(花山)이고 이 부(府)는 유천(柳川)이다. 화(華) 땅을 지키는 사람이 요(堯)임금에게 세 가지를 축원한 뜻을 취하여 이 성의 이름을 화성(華城)이라고 하였는데 화(花)자와 화(華)자는 통용된다. 화산의 뜻은 대체로 800개의 봉우리가 이 한 산을 둥그렇게 둘러싸 보호하는 형세가 마치 꽃송이와 같다 하여 이른 것이다. 그렇다면 유천성(柳川城)은 남북이 조금 길게 하여 마치 버들잎 모양처럼 만들면 참으로 의의가 있을 것이다. 어제 화성과 유천의 뜻을 이미 영부사에게 언급한 바 있지만, 이 성을 좁고 길게 하여 이미 버들잎 모양처럼 만들고 나면 북쪽 모퉁이의 인가들이 서로 어울려 있는 곳에 세 굽이로 꺾이어 천(川) 자를 상징한 것이 더욱 유천에 꼭 들어맞지 않겠는가. (……) 아까 성터의 깃발 세운 곳을 보니 성 밖으로 내보내야 할 민가가 있었다. 어찌 이미 건축한 집을 성역(城役) 때문에 철거할 수 있겠는가. 이는 인화를 귀중히 여기는 뜻이 아니다."

## 임금노동자의 사용

정조 18년(1794년) 5월 건설의 총책임자인 영중추부사 채제공이 아뢴다.

"국가에 큰 역사(役事)가 있을 경우 백성을 부리지 않을 수 없는 것은 나라를 다스리는 데 있어 통용되어 온 관례입니다. 공자(孔子)도 역시 '백성을 시기적절하게 부린다'고 하였지 언제 백성을 부리지 말라고 한 적이 있습니까. 이번 화성(華城)의 성역(城役)은 국가의 대사이므로, 일의 체모로 말한다면 나라가 백성들에게 역사를 맡기지 않을 수 없고 도리로 말한다면 백성이 나라를 위하여 부역을 하지 않을 수 없습니다. 그럼에도 우리 성상께서 백성을 너무 아낀 나머지, 한 사람이라도 노역에 지치는 폐단이 있을까 싶어서 아직까지 백성을 적절히 부리라는 명령을 내리지 않고 계시니, 이는 벌써 '사랑한다면 수고롭게 시키려 해야 한다'는 의리를 저버리고 있다 하겠습니다. 승군(僧軍)의 경우 더더욱 이런 일에 쓰기에 합당합니다. 신의 생각으로는 백성과 승군을 묘당으로 하여금 그 거리의 멀고 가까움을 감안하고 그 수효의 많고 적음을 균등하게 하여 그들로 하여금 며칠 동안 성역에 부역하도록 조발하는 것은 어쩔 수 없는 일일 듯

합니다." 하니, 상이 이르기를,

"경이 말하지 않더라도 내가 어찌 사세가 이러함을 모르겠는가. 그러나 본부의 성역에 기어코 한 명의 백성도 노역시키지 않으려고 하는 것은 내가 뜻한 바가 있어서이다." 하였다.

## 경비조달 방안

정조 20년 병진(1796) 10월 22일(갑오) 백성들에게 피해를 주지 않고 국가 경비를 조달할 것을 이시수에게 이르다.

"(……) 화성(華城)의 성을 쌓는 공사를 3년 만에 완공시키면서도 백성들을 번거롭게 동원하지도 않았고 국가의 경비를 축내지도 않았었다. 이는 비록 종전부터 내탕고에 비축해 두었던 저축 덕분이기는 하지만, 그중 40만은 바로 금위군 10여 초(哨)의 번을 10년 동안 중지함으로 얻은 효과였다. 10초의 번을 10년간 중지해서 40만이 남은 것을 보면 우리나라 경비가 대부분 군인을 양성하는 데에 들어간다는 것을 알 수 있다."

## 풍운지회의 결과물 수원화성

지금도 수원화성을 소개하는 글에 '봄의 버들잎 같은 모양' 혹은 '내천(川)자 모양'으로 안내하는 문구가 많다. 위의 첫 번째 기록은 성의 모양이 직선으로 되지 않고 구불구불하게 된 사유를 설명해 준다. 유교 경전의 근거를 말하고 있지만, 성의 모양이 버들잎 모양으로 된 것은 구역

안에 있는 민가로 인한 것임을 말해 주고 있다. 관찰사의 순행 길을 확보한다고 민가를 헐어내는 걸 다반사로 하던 시기임을 고려한다면 대단히 진취적이라 할 수 있다. 강제수용이 다반사인 현시대에도 이런 사례를 찾는 건 불가능하리라 생각한다.

두 번째 기록은 백성을 부역에 동원하자는 내용이다. 지방 청사 하나 짓는 데도 백성의 부역을 당연히 여기던 사회다. 하물며 채제공이 말한 바대로 국가의 큰 역사다. 백성을 동원하는 것이 나라를 다스리는 통례이고 공자(孔子)의 말에도 어긋나지 않는다. 그래서 백성을 단 며칠이라도 부역에 조발(調發)하자는 것이다. 이마저도 단호하게 결정하는 정조다.

세 번째 기록은 전체적인 국가재정을 논(論)하면서 정조가 내린 명령 중 일부이다. 나라 경비를 축내는 것이 군비(軍費)보다 심한 것이 없으니 점차 필요 없는 인원을 줄이고 지나친 지출을 절감하는 방법을 찾으라는 명령을 내리면서, 국가적 대사인 화성을 지으면서도 백성을 동원하지도 않았고 국가재정을 축내지도 않은 경우를 들어 설명하고 있다.

수원화성의 진정한 가치는 여기에 있다고 생각한다. 성곽이 구불구불하게 된 것은 민가를 철거하지 않았기 때문이요, 건설과정에서 백성들 재물과 노동력을 수탈하지도 않고, 국가재정을 축내지 않고 군비를 절약해서 국가의 대규모 토목사업이 이루어졌다.

풍운지회(風雲之會)라는 말이 있다. 용이 구름을 만나 기운을 얻는 것처럼, 총명한 임금과 어진 신하의 만남을 표현하는데 다산과 정조의 만남을 얘기할 때 흔히 표현하는 말이다. 정조가 아무리 현명한 군주라 하더라도 똑똑한 신하가 받쳐주지 않았다면 화성과 같은 역사에서 등장하기 힘든 일을 해내기는 어려웠을 것이다.

화성은 세 사람의 작품이라고 볼 수 있다. 정조, 채제공 그리고 다산이다. 정조와 다산에 비해 채제공은 한 일보다 덜 알려져 있다는 느낌이다. 개인적 소견으로는 조선시대 최고의 행정가 세 명을 꼽으라면 이원익, 김육과 더불어 채제공을 꼽을 것 같다. 다산의 기중기를 비롯해 활차, 유형차 그리고 돌 캐는 법, 도로를 닦는 법이 획기적으로 비용을 줄여 백성에게 피해가 가지 않게 하는 방법이라도 채제공의 행정적 능력이 없었다면 일이 이렇게 진행되지 못했을 것이다. 그래서 정조가 믿고 맡긴 것이기도 하고.

건축학적으로 화성의 가치가 어떤지 평가할 능력은 없지만, 그 속에 담긴 역사적 의미는 세계문화유산으로서는 으뜸이 아닐까 생각한다. 유홍준 교수는 《나의 문화유산답사기》에서 '우리의 모든 문화유산이 다 사라진다 해도 석굴암만 남아준다면 한민족이 쌓아온 문화적 긍지는 손상 받지 않을 것' 이라고 석굴암에 최고의 미적 찬사를 보냈지만 나는 수원화성에 최고의 찬사를 보내고 싶다.

## 5. 도로(道路)

도로는 도로, 교량, 나루터 등의 시설과 관리는 말하고 있다.

다산은《목민심서》에서 '도로를 보수하여 길 가는 나그네가 그 길로 다니기를 원활하게 만드는 것 또한 훌륭한 목민관의 정치이다' 라는 원론적 당위성 이외에 별다른 주장을 펼치지는 않고 있다. 다만, '使行旅, 願出於 其路(사행려 원출어기로)' 의 의미는 더 새겨 볼 필요가 있다. 한자 자체로만 보면 위와 같은 뜻이다. 이 말은《맹자》공손추(公孫丑)에 나오는 말로 '나그네' 의 의미보다는 물류의 통행이 원활할 것이라는 의미가 강하다.

도로를 보수함에 있어 "부호(富戶)는 사사로이 뇌물을 받고 놓아주고, 가난한 작인만이 부역에 억눌려 지나치게 고통을 당한다. 목민관은 마땅히 이것을 알아서 단연코 아전과 장교들을 내보내지 말아야 한다. 간혹 할 수 없어서 보내게 되면 거듭거듭 엄중히 신칙하여 횡포를 부리지 못하게 하여야 한다."라고 당부하고 있다.

## 수레바퀴의 통일과 도로의 규격화

다산은 도로의 관리를 등한시하는 당대의 풍경을 이렇게 묘사하고 있다.

"우리나라에서는 왕성부내(王城部內)의 아오갯재〔牙聱峴〕 곧 서강(西江)으로 나가는 길과 약점고개〔藥店峴〕 곧 용산(龍山)으로 나가는 길은 미곡을 운반하는 데 수레가 서로 부딪고 어깨를 서로 스치는 곳이다. 그러나 돌 한 개 빼내지 않고, 샘 하나 치지 않는다. 돌이 많아서 발붙일 땅이 없고, 질퍽질퍽하여 가문 날씨에도 언제나 진창이다. 이 재를 한 번 지나자면 자국에 괸 진흙물이 튀어서 도포(道袍)와 적삼 자락이 모두 흙투성이가 된다. 나라의 한복판이 이러하니, 지방의 다른 여러 곳이야 형언할 수 있겠는가. 높은 영(嶺)과 험한 벼랑을 그대로 두고 매양 우리나라의 지세가 험준해서 차량이 통행하지 못한다고만 말하니, 어찌 한심한 일이 아닌가. 어떤 이는 말하기를 '관방(關防)의 땅은 깎아서 평탄하게 해서는 안 된다'라고 하나, 역시 사정에 맞지 않는 말이다. 관방(關防)의 견고함은 험애(險隘)한 관방 시설을 설비하는 데 있는 것이다. 혹은 성을 쌓고, 혹은 보루(堡壘)를 만들어서 요해를 지키는 것이지, 도로가 험난한 것으로써 관방을 삼는다는 말은 아직 듣지 못하였다. 임진왜란 때의 적(賊)은 다 새재〔鳥嶺〕를 경유하였다. 어찌 그 길의 험준함이 부족해서 그러했겠는가. 거마(車馬)와 상인들이 통행하지 못하여 물화를 정체시키고 서로 교역할 수 없게 되는 것은 다 도로를 다스리지 아니한 탓이다."

다산의 도로에 대한 정사(政事)는 《경세유표》 2권 동관공조의 전궤사(典軌司)에 참고할 만한 내용이 있다. 전궤사란 수레를 관장하는 관청을 말한다. 다산은 '나라가 여위어지고 백성이 가난해지는 것은 모두 수레가 없는 까닭이라 말한다. 고을 관원이 모두 말과 가마를 사용하니 사람이 고달파지고 말도 지쳐서 비용이 많이 들고, 이것을 빙자해서 부세를 더 거두니 해(害)가 백성에게 돌아간다'라고 진단한다.

그래서 다산은 수레를 사용할 것을 주장한다. 별도의 한 관청인 전궤사를 설치하여 공사간(公私間)에 소용되는 수레를 모두 전궤사에서 제작할 것을 제안한다. 전궤사의 핵심 업무는 수레의 바퀴 사이를 같게 하는 것이다. 그 이유를 다산은 이렇게 설명한다.

"두 바퀴 사이가 넓기도 하고 좁기도 해서, 수레가 어떤 것은 크고 어떤 것은 작아서 싣는 짐의 무게도 다를 것이며, 따라서 그 값이 어떤 것은 많고 어떤 것은 적으며, 그 삯도 혹 높기도 혹은 낮기도 한데, 이런 천백 가지 병통이 모두 바퀴 사이가 같지 않은 데에서 일어나게 된다. 바퀴가 이미 같으면 수레의 크기가 같아지고, 싣는 짐의 무게도 같으며, 그 값과 그 삯도 서로 같지 않음이 없게 된다. 이와 같은즉 일정(日程)을 계산해서 이익을 따지게 되며 공장은 값을 요량하고 이익을 셈할 때, 눈에 환하게 되어 다시 의심하거나 머뭇거릴 필요가 없게 된다."

이렇게 수레바퀴 사이를 기준으로 정해서 나라 안 서울의 도로는 바퀴 일곱 너비로 하고, 성문 밖의 길은 바퀴 다섯 너비로 하며, 교관(郊關) 밖 길은 바퀴 세 너비로 하여 12성(《경세유표》에 있는 다산의 행정구역 개편안, 8도를 12성으로 개편)에 통하도록 함이 마땅하다는 것이다. 혹 길을 침범해서 경작한 자는 전궤사에서 살펴서 죄를 물으며, 경성(京城) 안에도 술(酒)과 장(漿)을 파는 작은 저자에 의려(倚廬: 임시 거처하기 위해 지은 집이나 천막 따위)를 지어서 길을 침범한 것을 전궤사가 살펴서 죄를 물어야 한다고 하는 등 도로관리청의 기능도 말하고 있다. "이처럼 한 다음이라야 비로소 넉넉하게 수레가 다닐 수 있을 것이다."라고 덧붙이고 있다.

## 6. 장작(匠作)

장작은 모든 공산물의 제작, 활용, 관리 등을 말한다.

공산물과 관련하여 다산이 먼저 경계하는 것은 목민관의 탐욕이다. 수령이 탐욕을 부리면 아래에 있는 아전들이 어찌할 것인지는 뻔하다. 당시 수령들의 풍토가 탐욕스러울 뿐만 아니라 비루함이 극에 달한 시기다. 구리로 그릇을 만들어도 예전 것보다 3배는 두껍게 만들고 서적을 만든 종이의 두께도 이전 것보다 배는 된다. 가난할 때 내다 팔 것을 대비한다고 하니 그 천박함이 이 지경이었다.

마땅히 수령된 자는 부임하자마자 여러 공인(工人)을 불러 이렇게 약속해야 한다고 말한다. "지금부터 관에서 제조하는 동기(銅器)는 반드시 인첩(印帖)이 있어야 제조할 수 있고, 받은 원가는 너희가 손수 기록하여 증빙하도록 하라."

사치품은 이렇듯 경계하지만, 농기구를 만들어 백성의 경작을 권장하고, 직조 기구를 만들어 부녀자들의 길쌈을 권장해야 함을 강조한다. 농사일에 있어 다산이 먼저 권장하는 건 수레를 만드는 일이다. 전거(田車: 수레)를 만들기가 매우 쉽건만 백성들은 아직 이것을 보지 못하여 만들지 못하는데 만들기 어려운 이유가 바퀴살과 바퀴통 때문이라고 다산은 진단한다. 또 직조 기구는 연암의 《열하일기》에 나온 중국의 소차(繅車: 고치실을 뽑는 기구)를 자세히 소개하고 있다. 이렇듯 '신기한 기물과 교묘한 용구가 뒤에 나온 것일수록 더욱 정교한데 유독 우리나라의 백성들만 까마득하게 듣지도 보지도 못하고 있다고 다산은 한탄한다' 마땅히 목민관은 정사하는 여가에 옛 방법을 고증하고 창의력을 발휘해서 농기구·방직기구들을 제작하여 백성에게 가르쳐 노력을 덜어 줘야 한다고 강조한다.

## 기술개발청의 설치와 기술관료의 우대

이와 같은 각종 기구 제작을 위해 다산은《경세유표》에서 이용감(利用監)을 설치할 것을 주장한다. 일종의 기술개발청이라 볼 수 있다. 이용감과 관련된 다산의 글을 보자.

"진실로 기예가 정교한 자에게 그 늠록(廩祿: 지금의 연봉)을 증가하면, 사방에서 기교(機巧)한 사람들이 풍문을 듣고 모여올 것이다. 농기가 편리하면 힘을 적게 들여도 곡식은 많고, 직기(織機)가 편리하면 힘을 적게 들여도 포백(布帛)은 풍족하다. 배와 수레의 제도가 편리하면 힘을 적게 들여도 먼 지방 물화가 정체되지 않으며, 인중(引重)·기중(起重)하는 법이 편리하면 힘을 적게 들여도 대사(臺榭)·제방(堤防)이 견고해질 것이다. 이러한 방법은 말하자면 온갖 공장을 오도록 하여 재용(財用)이 넉넉하게 됨을 의미한다. 그러나 온갖 공장의 교묘한 기예는 모두 수리(數理)에 근본한 것으로서, 반드시 구(句)·고(股)·현(弦)의 예각·둔각이 서로 들어맞고 서로 어긋나는 본리(本理)에 밝은 다음이라야 이에 그 법을 깨칠 수 있을 것이니, 진실로 사부(師傅)에게 배워서 많은 세월을 쌓지 않으면 끝내 습취(襲取)할 수 없을 것이다."

여기서 말하는 사부는 당시 중국이다. 다산은 규장각 근무 시절 박제가의《북학의》, 박지원의《열하일기》를 보았는데 '거기에 기록된 중국 기구(器具)의 제도는 보통 사람의 의견으로서 능히 추측하지 못할 만한 것이 많았다' 라고 기록하고 있다. 그래서 이용감을 설치하고 수리에 밝고 익숙한 자를 택해 해마다 북경에 보내어, 돈으로 그 방법을 구하거나, 넉넉한

값으로 그 기구를 매입할 것을 주장하고 있다.

이용감을 '농업기구개발을 위한 조직' 등으로 설명하는 분들이 있는데 이용감의 범위를 농업에 한정하지 않는다.

"무릇 구들 놓기, 벽돌 굽기, 수레 만들기, 그릇 만들기, 쇠 불리기, 구리 불리기, 기와·벽돌·자기(磁器) 굽기에서 무거운 것을 끌어당기기, 무거운 물건 들어올리기, 나무 켜기, 돌 켜기, 맷돌·방아·물방아 찧기, 바람으로 맷돌 돌리는 법과 홍흡·학음(虹吸·鶴飮: 일종의 흡수기) 따위 제도와 모든 농기구·직기·병기·화기·풍선·물총[水銃]에서 천문역법에 소용되는 의기(儀器)·측기(測器) 등 실용에 관계되는 모든 기구는 전습(傳習)하지 않는 것이 없도록 하여 돌아와서 본감(本監)에 바치면 본감에서는 솜씨 있는 공장을 모으고 그 법을 상고하여 시험 삼아 제조한다. 그리하여 성과가 있는 자는, 제조와 공조판서가 만든 것을 고찰하고 으뜸으로 된 자는 감목관(監牧官)이나 찰방(察訪)을 제수하거나 현령이나 군수를 제수한다. 그리고 큰 공이 있는 자는 승격(陞格)해서 남·북한 부사(南北漢副使)로 삼으며, 그 자손을 녹용(錄用)한다."

진실로 기예가 정교한 자에게는 급료를 풍부하게 주어야 하며, 성과가 특이한 자는 현령이나 군수를 제수한다는 것이다. 권농 조에서 6과를 설치해서 농사를 잘 짓는 농민에게 재상의 자리를 주어도 무방하다고 주장하는 바와 같은 맥락이다.

"이와 같이 하면 10년을 넘지 않아서 반드시 성과가 있을 것이며, 나라

가 부유해지고 군사도 강해져서 다시는 천하의 비웃음을 당하지 않을 것
이다."라고 다산은 자신하고 있다.

**제11편**

# 진황
## 賑荒

진황 편은 수령으로서 흉년에 굶주린 백성들 구호하는 데 필요한 모든 정책을 시작부터 끝까지 서술한 내용이다. 처음의 부임 편과 마지막의 해관 편과 더불어《목민심서》열두 편 중 수령의 고적지법에 포함되지 않는 세 편 중 하나다. 수령의 고적법에 해당하지 않는다고 해서 중요성이 덜한 건 아니다. 다산은《목민심서》서문에서 '첫머리의 부임(赴任)과 맨 끝의 해관(解官) 두 편을 제외한 나머지 열 편에 들어 있는 것만 해도 60조나 되니, 진실로 어진 수령이 있어 제 직분을 다할 것을 생각한다면 아마도 방법에 어둡지는 않을 것이다' 라고 말한 바 있다. 다만 수령의 고적법에 포함하지 않는 이유는 진황에 나오는 주요한 내용이 앞 편에서 한 번씩은 나왔던 내용이기에 중복을 피한다는 이유라 짐작된다.

## 1. 비자(備資)

### 구휼을 대비한 정사

백성을 구제하는 기본적 방안은 다음의 12가지로 대략 나눌 수 있다.

《주례(周禮)》에, 대사도(大司徒)가 황정(荒政) 12조로써 만민을 안집(安集) 하였으니' 라는 내용이 있는데 그 조항은 다음과 같다. 1은 산리(散利) ―종자와 식량을 꾸어 주는 것― 요, 2는 박정(薄政) ―조세(租稅)를 경감(輕減)해 주는 것― 이요, 3은 완형(緩刑) ―형벌을 너그럽게 용서하는 것― 이요, 4는 이력(弛力) ―부역을 면제해 주는 것― 이요, 5는 사금(舍禁) ―산택(山澤)의 금령(禁令)을 해제해 주어 백성이 소식(蔬食)을 취하도록 하는 것― 이요, 6은 거기(去幾) ―시장을 사찰하지 않는 것― 요, 7은 생례(眚禮)― 길례(吉禮)와 빈례(賓禮)를 간소하게 하는 것― 요, 8은 쇄애(殺哀) ―흉례(凶禮)를 간소하게 하는 것― 요, 9는 번악(蕃樂) ―악기를 저장하고 쓰지 않는 것― 이요, 10은 다혼(多昏) ―예식(禮式)을 갖추지 않고〔不備禮〕 성혼(成婚)하는 자가 많게 하는 것― 이요, 11은 색귀신(索鬼神) ―폐지한 제사를 찾아서 제사 지내는 것. 《시경(詩經)》〈대아(大雅) 운한(雲漢)〉에 '어느 신 안 섬겨 제사하였으며, 어느 것 희생(犧牲)으로 안 드렸으리' 하였다― 이요, 12는 제도적(除盜賊) ―기근이 들면 도적이 많다— 이다.

《주례》는 유학의 주요 경전이고 다산이《경세유표》의 제도적 기반으로 삼은 책이다. 이 내용이 그간《목민심서》여기저기서 거론한 내용이다.

다시 다산의 말을 들어 보자.

"궁결(宮結)에서 남는 것을 가져다가 민결(民結)에 골고루 펴면 —호전(戶典) 전정조(田政條)에 보인다— 이것을 산리(散利)라 할 것이요, 민고(民庫)와 잡역(雜役) 중에서 감할 만한 것을 감하면 이것을 박정(薄政)이라 할 것이요, 굶주려서 얼굴빛이 누렇고 쭈그러진 사람에게 매를 때리지 않으면 이것을 완력(緩力)이라 할 것이요, 노예를 차출해 보내는데 그 수고로움을 생각하면 이것을 이력(弛力)이라 할 것이요, 사제(私祭)에 짐승을 잡지 않고, 고을을 순력(巡歷)할 적에 아첨하지 않으면 —반찬을 감하는 것— 이것을 생례(眚禮)라 할 것이요, 기생을 물리치고 음악을 폐지하며 놀고 즐기는 일이 없으면 이것을 번악(蕃樂)이라 할 것이요, 시장에 세금이 없어서 장사꾼이 모여들게 하는 것은 사시(司市)의 정사요, 반찬을 감하고 음식을 간소하게 하여 진제(賑濟) 하는 것을 돕는 것은 선부(膳夫)의 의리이니, 고례(古禮)를 오늘날에 행할 수 없다고 누가 말하겠는가?"

이렇게 앞서 거론한 내용이 많음에도 불구하고 다시 별도의 1편(篇)으로 서술했다는 건 호전(戶典)이 어렵고, 군정(軍政)도 어려우니 이것만이라도 꼭 하라는 당부일 수도 있다. 또 그 당시 백성들의 상태가 급히 구제하지 않으면 안 될 정도로 급박했음을 상기한다면 진황의 중요성을 강조하는 의미로 받아들일 수 있다.

## 자연재해의 대비

첫 조인 비자(備資)의 내용은 진휼에 필요한 자금과 곡식을 미리 대비
한다는 것이다. 다산은 송나라 시대의 문신인 여조겸의 말을 빌려 황정에
대한 정사의 대체적 중요도를 얘기하고 있다.

"대체로 황정(荒政)은 선왕(先王)이 예비한 정사가 있었으니 그것이 으
뜸이요, 이회(李悝)의 정사를 닦는 것이 그다음이요, 축적된 곡식을 고루
나누어 줄 만한 곳이 있으면 이것을 유통하게 해서 백성을 옮기고 곡식을
옮기는 것이 그다음이요, 이것저것 다할 수가 없어서 미음과 죽을 쑤어
주는 것이 최하이다."

선왕의 예비한 정사는 '왕정의 일인 만큼 한 고을의 영으로는 할 수 없
는 일'이라고 말하고 있는데, 국가 차원의 곡물 저장 및 유통에 대한 것을
말한다. 그래서 국가 차원의 제도적 개혁을 전제로 하느니만큼 '일개 수
령이 어떻게 하겠는가?' 반문하고 있다. 전국시대의 인물인 이회의 정사
는 상평의 제도를 말한다. 상평의 본래 기능은 흉년을 대비하는 데 목적
이 있다. 이는 다산이 《경세유표》에서 명확하게 거론하고 있다. '상평이
라는 것은 흉년을 구제하는 정사이니, 진휼(賑恤)하는 정사도 상평관(常
平官)에게 붙이는 것이 마땅하다. 상평청과 진휼청을 원래 서로 분리하지
않은 것도 이 때문이었다' 선왕의 예비한 정사나 이회의 정사 모두 국가
차원의 일이다.

백성을 옮기고 곡식을 옮긴다는 건 여조겸의 말이다. 선왕의 예비한 정사, 상평의 제도, 그리고 곡식을 옮겨 오는 것도 못할 때 하는 일이 미음과 죽을 쑤어 주는 것이다. 정치를 잘못해서 백성들이 굶주리므로 눈앞의 허기만 면하게 하는 것에 급급하기에 최하라는 의미다.

이 내용이 국가 차원의 일이라도 목민관이 그 뜻을 이어 흉년을 대비하는 일을 마땅히 해야 한다. 다산은 그 방법을 두 가지 얘기하고 있다. 하나는 곡식을 사들이는 일이요, 또 하나는 포흠(逋欠) 낸 곡식을 거두어들이는 일이다. 곡식을 사들이는 것은 상평의 법처럼 하고, 아전의 포흠은 마땅히 풍년에 조사해서 곡식 값이 천할 때에 그 포흠 낸 곡식을 모두 거둬들여 창고를 채우고 그 법에 있어서 저장해 두어야 할 곡식을 모두 실제 수량대로 채우면 비록 흉년이 들더라도 근심할 것이 없을 것이라 말한다.

수령이 곡식을 사들이는 일을 해야 하는 이유를 다산은 이렇게 설명하고 있다.

"국조(國朝)의 창고 제도를 내가 일찍이 상고해 보니, 무릇 환곡(還穀)을 창설할 때에는 진제(賑濟)하는 것을 명목으로 삼지 않은 것이 없었는데, 평상시에는 내버려 두어 아전들이 다 도둑질해 먹어 버리고 졸지에 흉년을 만나면 부고(府庫)가 텅 비게 되었으니, 이들을 죽이려 해도 이루 다 죽일 수가 없다. 그래서 흙이 섞인 수백 석의 곡식을 현령에게 떼어 주어서 수만 명의 주린 백성을 구제하게 하니, 현령이 어떻게 이들을 구제하겠는가. 만일 평소에 사사로이 사들인 곡식이 없으면 오직 손을 묶고 서서 구경할 뿐이니 어찌 애달프지 않겠는가. 그러므로 풍년이 들 때에 사사로이 사들이는 것을 아니할 수 없다."

법에는 진휼에 관한 규정이 잘 구비 되어 있다. 다산이 《목민심서》에서 거론한 것만 하더라도 상진곡, 군자곡, 보환곡, 교제곡, 제민곡, 산산곡 등은 국가가 진휼을 위해 설치한 항목이고 감사가 대비한 영진곡이 있고 또 수령이 대비한 사비곡도 있다. 국가나 지방자치단체가 제 역할을 못 하기에 이 창고들이 다 비어버린다. 수령이 스스로 곡식을 마련하지 않을 수 없다.

당대에는 같은 해(年)라도 지역에 따라 풍 · 흉의 상황이 많은 차이가 있다. 그래서 호전(戶典) 곡부(穀簿)에서 본 것처럼 관찰사가 관할지역 내에 곡가의 차이를 이용해 이무(移貿), 입본(立本)으로 이익을 수탈할 정도였으니 나라 전체로 본다면 그 차이는 더욱 확연할 것이다. 그래서 다산은 수령이 진휼을 대비함에서 풍년에 곡식이 쌀 때 비축하라는 것도 있지만, 풍년이 들어 곡가가 싼 곳에서 사 오는 것도 강조한다. 교제곡, 제민곡 등이 이러한 풍 · 흉의 차이를 대비한 창고들이다. 경상도에 있는 교제곡은 강원도와 함경도 2도를 구제하고, 함경도의 교제창은 강원도와 경상도를 구제하게 하는 식이다.

법에는 이렇게 교제(交濟: 서로 구제함)의 법이 있으나 이것으로는 백성을 고루 구제하기 어렵다고 말한다. 그런 연유로 수령이 사적(私糴: 수령이 사들이는 곡식)이 있어야 고을 백성을 구제할 수 있을 것이다. 그러나 당시 이웃 고을 간 곡식의 매매를 막는 것이 일반적인 풍습이라 감사의 결재를 얻어야 시행할 수 있었다고 하니 이런 풍습은 경계해야 한다고 더불어 말하고 있다.

## 역사상 최고의 재해라는 경신대기근

흉년을 대비한 정사가 어떤 효과가 있는지는 《목민심서》에 잘 나타나 있다. 우리 역사상 최대의 자연재해라는 경신대기근의 시기, 앞서 율기(律己) 편 청심(淸心)에서 소개한 홍처량의 경우다. 당시의 참상은 조선왕조실록에도 자세하게 나와 있다.

전라감사 오시수(吳始壽)가 치계하였다.

"기근의 참혹이 올해보다 더 심한 때가 없었고 남방의 추위도 올겨울보다 더 심한 때가 없었습니다. 굶주림과 추위가 몸에 절박하므로 서로 모여 도둑질을 하고 있습니다. 그리하여 집에 조금이라도 양식이 있는 자는 곧 겁탈의 우환을 당하고 몸에 베옷 한 벌이라도 걸친 자도 또한 강도의 화를 당하고 있으며, 심지어는 무덤을 파서 관을 빼개고 고장(藁葬)을 파내어 염의(斂衣)를 훔치기도 합니다. 빌어먹는 무리들은 짚을 엮어 배와 등을 가리고 있으니 실오라기 같은 목숨은 남아 있지만 이미 귀신의 형상이 되어 버렸는데, 여기저기 모두 그러하므로 참혹하여 차마 볼 수 없습니다. 감영(監營)에 가까운 고을에서 얼어 죽은 수가 무려 190명이나 되고, 갓난아이를 도랑에 버리고 강물에 던지는 일이 없는 곳이 없습니다. 죄가 있는 자는 흉년이라 하여 용서해 주지 않는데 한 번 옥에 들어가면 죄가 크건 작건 잇따라 얼어 죽고 있어서 그 수를 셀 수 없고, 돌림병이 또 치열하여 죽은 자가 이미 670여 인이나 되었습니다."

이보다 더한 경우도 허다하다. 백성의 참상이 이러한데 조정의 구휼미로는 다 구제할 수가 없다. 그래서 이런 주장을 하는 대신도 생겨난다.

"눈앞에 죽어가는 자를 살리고자 하면 곡식이 먼저 다 없어져서 삼사월(三四月) 사이에는 살아남는 백성이 없을 것이니, 다만 그들이 죽는 것을 보더라도 지금 있는 곡식을 굳게 지켜야 한다. 그래서 죽는 자는 죽고 사는 자는 살게 하였다가 삼사월 사이에 비로소 곡식을 내어 진휼하면 살아남은 백성은 혹 살 수가 있을 것이다."

그냥 죽으라는 얘기나 다를 바 없다. 삼사월까지 견디지 못하는 백성이 누구일지는 뻔하다. 가난하고 힘없는 백성들이다. 그 결과가 인구의 근 10분에 1에 달하는 100만 명의 인명피해다.

그저 불쌍한 것은 가난한 백성들이다.


## 2. 권분(勸分)

권분은 말 그대로 권하여 분배한다는 말이다. 즉, 수령이 관내의 부자들에게 권해 굶주리는 백성을 구제하는 일이다.

### 권분에 대단히 부정적인 다산

다산은 권분에 대해 매우 부정적으로 말하고 있다.

첫 번째 이유는 앞서 비자에서 말한 바대로 관에서 준비하는 구휼미가 적은 것이 아님에도 불구하고 모두 수령이나 아전이 훔쳐 먹고 한번 흉년을 만나면 권분하는 것만 능사로 여기는 것이다. 국가가 제 할 일을 제대로 못 하고 민간에 책임을 떠넘기고 있으니 부정적으로 바라보는 건 당연한 일일 것이다.

두 번째로는 권분이라 함은 권해야 하는데 권하는 게 아니라 강탈이나 다름없기 때문이다. 이를 다산은 이렇게 표현하고 있다.

"우리나라의 법은 백성들에게 백납(白納)하게 하여 백성 중에 따르지 않는 자가 있으면 엄한 형벌과 세찬 매로 도적을 다스리듯 한다. 한 번 흉년을 만나면 부민이 먼저 곤경을 당한다. 그러므로 남쪽 지방 백성들의 말이, '사는 것이 죽느니만 못하고 부자가 가난하기만 못하다'."

세 번째로는 권분을 시행하면서 한 약속을 이행하지 않기에 조정의 신뢰가 떨어지는 일이다.

"기사년(1809, 순조 9) 기근에 상격(賞格)으로 이르고 백성에게 곡식을 나누어 먹도록 권하였다. 남원(南原)에 사는 권창언(權昌彦)은 사족(士族)이었다. 곡식 수천 석을 내어 진제(賑濟)하였는데, 진제가 끝나는 날 조정에서는 상 주는 일을 잊어버렸다. 그 뒤 5년이 되던 갑술년(1814)에 또 큰 기근이 드니, 조정에서 그제야 그 신용을 잃은 것을 뉘우치고 그에게 주부(主簿) 벼슬을 주고서 또 수천 석을 내도록 권하였다. 그러나 진제가 끝나는 날 또다시 잊어버렸다. 어떤 사람이 말하기를 '이 뒤에 또 큰 기근을 만나야만 권창언의 벼슬이 승진될 것이다' 하였다. 조정에서 이처럼 신용이 없으니 어떻게 백성에게 권하겠는가."

이렇게 강탈한 곡식을 또 수령과 아전이 도둑질하고 있으니 애초 권분이란 것에 부정적일 수밖에 없다. 그럼에도 불구하고 당장 눈앞에 백성이 굶주리고 있으니 권분을 시행하지 않을 수도 없는 노릇이다. 다만, 부자들이 까닭 없이 빼앗기는 일을 방지하고 수령과 아전이 빼돌리지 않도록 해야 할 뿐이다.

### 민주적 의견수렴 절차 – 공의(公議)

먼저 권분의 대상자를 선정해야 하는 데 다산은 요호(饒戶: 넉넉한 집)를 뽑는 것이 기호(饑戶: 굶주리는 집)를 뽑는 것보다 어렵다고 말한다. 기호는 본래 가난하므로 혹시 지나치게 뽑더라도 모두 안면으로 연유한 것이요, 뇌물을 쓰지는 않을 것이나 요호는 재산이 있기 때문에, 요행히 면하려는 자는 널리 부탁하여 뇌물을 쓰기 때문이다.

이런 사유로 요호를 뽑는 과정은 대단히 공정하게 공의(公議)를 채택하도록 안내하고 있다. 각 고을의 대표자를 선정함에 있어 평소 향청이나 향교를 출입하는 자들(대부분 간사한 백성이다)은 배제하고 조용히 살며 글을 읽고, 집을 다스리고 농사에 힘써서 성시(城市)에 들어가지 않고 송사하는 관정(官庭)에도 들어가지 않는 자라야 순박해서 그 양심을 보존하여 그 논의하는 바가 공정할 것이라 당부한다. 이렇게 선정된 요호를 대상으로 권분을 권하는 데 권분은 세 가지 방식으로 권한다.

상등의 요호에게는 진희(賑饎)를 권한다. 진희는 값을 받지 않는 것이다. 대신 벼슬을 준다. 소위 말하는 공명첩이다. 상등은 대개 200석 이상으로 정하는데 진휼사목(賑恤事目)에 주부(主簿: 종 6품 관직)와 판관(判官: 종 5품 관직)의 벼슬을 얻을 수 있으니 이미 관첩을 받고 또 곡식 값을 받는 것이 부당하다는 것이다. 만일 모두 원하지 않는다면 진대(賑貸)하더라도 무방할 것이다.

중등의 요호에게는 진대(賑貸)를 권한다. 진대란 가령 권분(勸分)한 곡식 1천 석을 요호(饒戶)에게서 받아 가난한 집에 나누어 주었다가 추수 때에 이르러, 도로 가난한 집에서 거두어 요호에 갚는 것이요, 간색미(看色米)·낙정미(落庭米)·모미(耗米)·타석미(打石米)는 논하지 않는다. 가을에 본래의 곡식만큼만 받는 것이다.

하등의 요호는 진조(賑糶)를 권한다. 시가보다 싸게 곡식을 내게 하는 것이다.

## 진정한 마을공동체의 의미

권분을 실시함에 있어서도 다산은 향촌 사회에서 스스로 할 수 있는 것은 스스로 하도록 권유하고 있다.

"요호(饒戶)에는 저마다 형제가 있고 인척(姻戚)이 있고 이웃 동네가 있으나, 마침 그 성품이 인색하여 주휼(賙恤)하기를 즐겨하지 않는다. 그러므로 관에서 이를 권면해서 곡식을 내게 하는 것이니, 이것을 권분이라

한다. 그 재물을 강제로 빼앗아 초월(楚越; 초나라와 월나라처럼 원수지간을 말한다)처럼 아무 상관없는 사람에게 주는 것이 어찌 사람이 즐겨 할 바이겠는가. 옛날 권분은 반드시 그렇지 않았으니, 명분을 돌아보고 의리를 생각하면 반드시 옛날의 도리에 합함이 있을 것이다."

일종의 공동체 책임제라 할 수 있다. 한 마을에 부잣집이 100석을 권분할 수 있다면 친척이나 이웃의 기구(飢口)를 이 부잣집에 붙여 곡식을 분배하게 하는 것이다. 물론 요호의 선정과 기구의 선정은 공의에 의해 선정한다. 권분에 응한 요호에 대한 상(賞)은 다른 권분의 예와 마찬가지로 시행한다.

이렇게 하면 관과 민 모두에게 이득이다. 첫째 마을에서 자체적으로 구휼하니 관의 부담을 덜 수 있다. 둘째 곡식이 관을 경유하지 않으니 비용을 줄일 수 있고, 백성의 시간도 절약할 수 있으며, 무엇보다 아전이나 수령의 포흠을 방지할 수 있다. 부자들로서도 자신의 친척과 이웃에 공덕을 쌓는 일이니 결코 손해만은 아니다. 어차피 관에 내야 하는 곡식인데, 같은 수량의 곡식을 관에 바치고 누가 혜택을 입었는지 모르는 것보다는 백배 낫다.

이를 다산은 이렇게 말하고 있다.

"우리 동방의 권분(勸分)하는 법은 먼 데 사는 부자로 하여금 돈을 바치게 하므로, 부자는 자기 집 곡식을 내어 돈으로 바꾸어 관에 바치면, 관에서는 이 돈을 받아서 곡식을 사들여 기민에게 준다. 이렇게 하면, 기민은 부자의 이웃에 사는 자라도 읍에 가서 진조(賑糶)를 받게 되니, 돌아가고 기구한 것이 이와 같다. 차라리 진장을 외촌(外村)에 많이 설치하고 부자들이 직접 그 곡식을 진장에 내도록 하여 기민들이 각각 가까운 진장에서 곡식을 가져가게 하는 것이 낫지 않겠는가."

## 정 3품 첨지가 흔해 빠진 이유

권분을 시행하는 주요한 수단 중 하나가 공명첩의 발행이다. '이 제도는 임진왜란 중에 나타난 것으로, 군공을 세운 사람 또는 납속(納粟: 흉년이나 전란 때에 국가에 곡식을 바침)을 한 사람들에게 그 대가로 주어졌다'고 한다. 법에는 '공명첩(空名帖)의 발급은 일체 막는다. 비록 큰 흉년을 당하여 영(營)에서 진휼하여서 부득이 허락하더라도 동지중추부사, 첨지중추부사, 찰방 등의 직첩은 또한 일절 허락하지 않는다'라고 되어 있다.

큰 흉년이란《만기요람》에 의하면 1도(道) 전체의 흉년이라고 되어 있는데 각종의 기록을 보면 이 원칙이 지켜지지는 않은 것 같다. 또 첨지(원래 정 3품의 벼슬)는 지금도 나이 든 사람을 지칭하는 말로 사전에 나와 있을 정도임을 보면 얼마나 남발했는지 알 수 있다.

다산의 공명첩에 대한 말은 쓸데없이 높은 직첩만 남발하지 말고 죽으면 신주(神主)에 쓸 수 있도록 하고, 현손(玄孫: 고손)까지는 군역을 면하게 해야 한다고 주장한다. 유수원은 한 걸음 더 나가 평상시 진휼미를 모집할 때 무슨 품(品), 무슨 직(職)을 주라고 얘기하고 있다.

못난 국가를 대신해서 굶주린 백성을 구제한 사람들에게 당연히 해야하는 일이란 판단이다.


## 3. 규모(規模)

규모(規模)란 기민 구호의 전체적인 계획을 말한다.

### 구호 대상자의 선정

다산은 권분의 대상으로 요호를 공의로 뽑았듯이 구호 대상인 기구(飢口)도 공의에 의해 그러나 좀 더 세밀하게 뽑는 방법을 기술하고 있다.

"기호(飢戶)를 가리는 법은 목민관이 요호(饒戶)에 점을 찍는 날에 제향(諸鄕) 사람들을 잠자코 살펴서 이들과 더불어 일을 의논하고, 백성들의 사정을 물어서 이로써 그 인품의 높낮음을 시험한다. 매양 1향(鄕)의 4인 중에 마음속으로 2인을 고르되, 상족(上族)에서 1인, 중족(中族)에서 1인을 골라 성명과 거주지를 알아 둔다.

이에 다른 날에 비밀히 상족에게 심복(心腹)을 보내어 기호(飢戶)를 뽑도록 부탁하여, 그 본향(本鄕) 안 여러 동리의 기구를 비밀히 뽑아 적되 본인들이 알아차리지 못하게 하고, 그 향(鄕) 사람이 지정하지 못하게 한 다음, 아무 집 몇 식구는 마땅히 상등에 들어가서 진희(賑饎)를 받아야 하고, 아무 집 몇 식구는 마땅히 중등에 들어가서 진대(賑貸)를 받아야 하고, 아무 집 몇 식구는 마땅히 하등에 들어가서 진조(賑糶)를 받아야 한다는 것을 적도록 하고, 상족의 문부(文簿)가 이미 도착하면, 또 중족의 집에 심복을 보내어 기호를 뽑아 성책하기를 위에서 한 것과 같이 한다.

이에 체문(帖文)을 본향에 보내어 본향 사람 4명과 그 밖의 명망 있는 사람 6명 ―모두 10명― 이 한 곳에 함께 모여 공론으로 기호를 뽑기를 위의 법과 같이해서 성책하여 보고하게 한다.

이에 세 가지 문부 ―비밀히 만든 문부 두 가지와 현재 가지고 있는 문부 하나― 를 가지고 그 넣고 뺄 것을 참고하고 또 침기표(砧基表)를 가져다가 그 허실을 살피면 기호를 뽑는 것이 이에 정해질 수 있다."

비밀히 일을 진행하는 건 안면에 의해 구호 대상의 명부가 혼란스러워지는 것을 걱정하기 때문이다. 상족, 중족 그리고 공의에 의한 문건 세 가지, 수령이 마을의 허실을 모두 기록한 침기표를 대조하니 기구를 뽑는 것에 정확성을 기할 수 있다.

또한 '기구를 뽑는 것에는 기민의 많고 적음을 볼 것이요 먼저 한계를 두어서는 안 될 것이다' 라고 말한다. 그러나 저축한 것이 적다면 어쩔 수 없을 것이다. 곡식을 헤아려 기민(飢民)을 선정할 수밖에 없다. 더불어 기민을 선정할 때 형식적인 형평성을 배제해야 한다고 말한다. 어느 고을은 몇 명이요, 어느 고을은 몇 명이라는 것에 구애될 필요가 없다는 말이다. 가난한 선비와 궁한 백성으로 온 집안이 모두 어렵고 위급하면 한 집에 열 식구를 모두 기록한다 하더라도 안 될 것이 없고, 부촌(富村)과 요호(饒戶)는 온 집안이 근심이 없으면 한 동리 백 식구를 몽땅 뺀다 하더라도 안 될 것이 없다.

다산이 형식적 형평성을 경계하는 데에는 이유가 있다. 흉년을 만나면 가장 고통스러운 건 농사짓는 백성들이다.

"아전은 흉년을 만나면 겉으로는 근심하는 체하나 속으로는 즐거워하며, 장사꾼은 흉년을 만나면 때를 타서 이익을 취한다. 대체로 읍성(邑城)의 백성이나 창촌(倉村)의 백성, 시장의 백성, 부촌(富村)의 백성은 곡식을 팔기도 하고 소금을 사기도 하고 나무를 베어서 이익을 얻기도 하고, 재화(財貨) —포백(布帛)과 기용(器用) 등을 말한다— 를 모아 때를 기다리기도 하고 술과 단술을 만들기도 하고 떡을 만들기도 하여, 눈앞의 삶을 얻을 뿐만 아니라 생전의 생활 걱정이 없게 된다." 그러므로 고을마다 기구의 숫자를 공평하게 한다면 진휼 재원이 한정된 속에서 농사짓는 백성을 제외될 수밖에 없게 된다.

요호는 재산이 많은 자가 상등이지만 기구는 굶주림이 급한 것이 상등이다. 상등인 사는 그 목숨이 위급해서 진희(賑餼)해야 할 자이고,
중등인 자는 그 정상이 급하기는 하나, 봄에 잠시 살려주면 가을에는 곡식을 낼 만하므로 진대(賑貸)해야 할 자이다.
하등인 자는 그 정상이 급하기는 하나, 오히려 약간의 돈과 포목이 있으므로 진조(賑糶)해야 할 자이다.

## 무능력한 조정

수령이 걱정해야 하는 대상이 더 있다. 먹을 것이 없어 떠돌아다니는 유민(流民)들이다. 다 같은 나라의 백성으로 마땅히 목민관이 된 자는 구

휼해야 함이 마땅하지만, 현실은 그렇지 못하다. 이웃 고을에 큰 기근이 들면 감사라는 자가 변방(해당 도의 변방) 고을에 신칙해서 유민을 받지 못하게 한다. 그래서 우리 동방에서는 한 번 거지가 되면 죽음이 있을 뿐이라고 다산은 한탄한다.

《문헌비고》에 있는 이와 관련하여 기록된 내용을 보자.

" '다른 도에 유랑하여 들어가는 자들도 더군다나 얻어먹을 곳이 없고 또 다른 도의 사람들은 쇄환(刷還: 유민을 잡아 해당 고을로 돌려보냄) 명령을 귀찮게 여겨 아무도 받아들여 주려고 하지 않으니 슬프게도 우리 백성들이 도로에서 잇대어 죽을 것입니다. 해도(該道)의 감사(監司)에게 명하여 각 고을을 사문(査問)하게 하여, 무릇 북도의 백성들이 경내에 유리해 들어오면 마음을 다하여 진구(賑救)하고, 재력이 부족하면 수령이 감사에게 보고하여 딴 미곡을 내어 그들의 생명을 구하게 하는 것이 마땅하겠습니다' 하니 주상은 이르기를, '계사(啓辭)가 매우 옳으니 그대로 시행하라. 다만 의지할 곳이 없는 백성들이 이런 소식을 듣고는 참고 있던 자들도 모두 나오게 되면, 변방이 반드시 텅 비게 될 것이니, 지금은 아직 걸식하도록 내버려 두라' 하였다."

이 일은 1638년 함경도에 큰 기근이 들어 함경도 백성들이 인근의 평안도, 강원도로 유리걸식할 때의 일이다. 신하는 유리걸식하는 백성을 받아들여 구제하자고 상소하고 있는데 임금 된 자가 국경이 빌 우려가 있으니 그대로 내버려 두라는 명령을 내리고 있다. 국경이 비는 것이 우려된다면 다른 방법이 얼마든지 있는데 임금이라는 자가 저런 명령을 내리고 있으니 그저 백성이 불쌍할 뿐이다. 저 임금이 인조다.

## 교조적인 성리학적 태도의 폐해

감사가 다른 고을 백성을 받아들이지 않는 이유 중 하나로 다산은 경서(經書)의 해를 꼽고 있다. 흉년이 들어 곡식을 옮기고 백성을 옮기는 정사란《맹자》양혜왕에 나오는 내용이다.

"양혜왕(梁惠王)이 하내(河內)에 흉년이 들면 그 백성을 하동(河東)으로 옮겨 그 곡식을 먹게 하고, 옮겨가지 못하는 늙은이와 어린이는 하내로 곡식을 옮겨다가 나누어 주며, 하동에 흉년이 들면 역시 그렇게 하였는데, 그것만으로 백성을 위해 마음을 다하였다고 생각하고 자기 나라의 백성이 더 많아지지 않는 이유를 묻자, 맹자는 왕도(王道)를 행하지 않고 작은 은혜로 백성을 다스리는 것은 말단에 불과하다고 지적하였다."

해석하면 가장 중요한 일은 백성들이 농사를 잘 짓도록 어진 정치를 하는 게 우선이다. 곡식과 굶주린 백성을 옮기는 일(이민과 이속)은 본질적인 것이 아닌 작은 일이다. '이민과 이속은 다른 나라 왕들이 하는 바와 다를 것이 없다' 라는 맹자의 말이다. 다산이 비판하는 바를 보면 고지식하게 원론만 강조하여 현실과 동떨어진 성리학의 태도가 현실에서 백성에게 어떤 피해를 주고 있는지를 구체적으로 보여 주고 있다.

앞서 봉공(奉公) 편에서 다산이《목민심서》전체를 통해 중국의 고사를 많이 인용하는 이유를 설명한 바 있다. 특히, 진황 편에서는 주자(朱子)에 대한 인용이 많다. 진황 편의 인용은 다른 편의 경서나 중국 고사를 인용하는 것과는 차이가 있다. 대부분의 중국 고사가 정당성을 부여하는 원론적 차원의 인용이었다면 주자에 대한 인용은 정당성이 아닌 현실에 바로 적용하는 실용적인 내용이 대부분이다. 특히 진휼과 관련해서는 다산이 '나는 살피건대, 전적(典籍)을 두루 상고해 보니 무릇 진제법(賑濟法)은 주자(朱子)의 조례(條例)보다 더 자세한 것이 없다'라고 말할 정도다. 진황 편뿐만 아니라 봉공(奉公) 문보(文報) 조(條)에서도 말한 바가 있다.

"요즈음 사람들은 주자의 글을 읽되, 오직 편지에서 성리(性理)의 설만 보고 그중에서 한 구절을 따서 대책(對策)에 쓰려 할 뿐이요, 주자 학문의 출처가 공이(公移)의 제편(諸篇)에 있는 줄을 모른다. 무릇 수령이 된 자는 주자의 공이(公移)를 가져다가 책상 위에 놓아두고 때때로 외고 읽어 그것을 본뜬다면, 속리(俗吏)는 면하게 될 것이다."

이 밖에도 다산은 호전 편에서도 주자를 많이 거론하며 실용적인 방안을 현실에 적용한다. 그 대표적인 것이 '어린도(魚鱗圖)'이다. 우리가 흔히 알고 있는 주자는 성리학을 집대성한 송나라의 유학자요, 성리학으로 인해 동양사회의 발전이 막혔다는 막연한 인식에 사로잡혀 있었는데(필자만 그랬는지는 모르겠다) 다산이 《목민심서》에서 소개하는 주자는 대단히 현실적이고 실용적인 내용들이다. 역시 잘못은 후대, 후학들에게 있다.

맹자의 글을 해석하는 다산의 태도 역시 실용적이다. 이민(移民)과 이속(移粟)은 맹자의 말대로 작은 일이다. 그래서 맹자가 다른 왕들이 하는 정책과 비교해 오십보백보(五十步百步)라고 빗대어 말한 바 있다(여기서 '오십보백보'라는 말이 나온다). 오십보백보가 뭔 상관이 있겠는가? 백성을 구제하는 수단이면 못 할 바가 없다.

"백성을 구제하는 것에 큰일 작은 일이 없다. 어진 사람이 진휼하는 데는 불쌍히 여길 뿐이다. 다른 곳에서 들어오는 자는 받아들이고 이곳에서 나가려는 자는 머물게 하여 내 고을이나 남의 고을이나 다름없이 해야 한다."


## 4. 설시(設施)

설시(設施)는 진제(賑濟)에 관한 일을 계획하고 시행하는 것이다

### 반드시 키질해야 하는 이유

구휼에 있어서 가장 중요한 건 곡식이다. 곡식이 얼마만큼 있는지 정확하게 가늠하지 못하면 자칫 진휼하는 정사에 낭패를 볼 수 있다. 곡식은 이웃 고을에서 사 온 것, 권분으로 받은 것, 그리고 수령이 자비로 마련한 것 등이 있다. 그리고 나라에서 공적으로 주는 곡식(公下之穀)이나 감영에서 떼어 주는 곡식이 있다.

가령 위의 곡식이 각각 1,000석씩 있다고 치면 장부상 5,000석이 된다. 그러나 이를 기준으로 진휼 계획을 세워서는 안 된다. 이속이나 사비로

마련한 것, 권분으로 마련한 곡식은 모르겠으나 공하지곡(公下之穀)이나 감영에서 주는 곡식은 태반이 겨뿐이라 쓸데가 없다. 그래서 수중에 있는 곡식은 모두 까불어서 먼지와 겨를 날려 버린 실지 수효를 가지고 진휼 계획을 세워야 한다. 언뜻 보면 간단해 보이지만 일을 담당하는 수령으로서는 시행하기가 대단히 어려운 일이다. 나라와 감영에서 온 곡식을 까불면 왕겨, 쭉정이, 모래 등이 섞여 있어 반드시 상당수 석수(石數)가 줄어들 수밖에 없다. 장부에는 2,000석이라 돼 있지만 실지의 수는 한참 부족하다. 나라나 감영에 더 요청할 수도 없는 노릇이고 백성으로부터 거둬들일 수도 없는 노릇이다. 해당 고을의 수령이 부족분을 채우는 수밖에 없다. 부족분을 채우지 못한다면 당해 수령이 횡령한 것이 된다. 그래서 까부는 게 쉬운 일만은 아니라는 것이다.

이 실지의 수효를 기반으로 계획을 세워야 일이 어긋나지 않는다. 만일 비축한 바가 미치지 못하면 먼저 진조(賑糶)할 인구(기구 중 하등)를 줄이고, 다음으로 그 날수를 감하며 혹은 거지를 줄인다. 요컨대, 이것은 수입을 헤아려 지출하도록 한 것이다. 만일 비축한 바가 넉넉할 때는 헤아려서 범위를 넓힐 수 있지만, 또한 수입을 헤아려 지출하도록 해야 한다고 강조한다.

곡식을 나누어 줄 때는 4호(戶)를 연합해서 대표자가 받아가게 한다. 연합하는 이유는 대략 10일의 희미(饎米)를 나누어 준다면 많은 자는 5승이요, 적은 자는 3승이다. 이 물건을 받기 위하여 만민이 다 동원되어 늙은이를 부축하고 어린이를 이끌며, 병을 무릅쓰고 어린애를 업고 수십 리 길을 가서 차가운 죽 한 사발을 얻어먹고 언 땅 위에 한나절을 기다리는 고통을 없애기 위해서다.

## 도량형의 통일

이를 위해서는 먼저 해야 할 일이 있다. 관에서 나눠 줄 때의 말이나 되와 마을에서 나눠 줄 때의 말과 되(두와 승)가 같게 해야 하는 일이다. 연호(聯戶)로 희미를 받아 돌아가서 나누는데, 공사(公私)의 말(斗)이 다르면 의심과 비방이 일어날 것이니, 그 되와 말이 같아야 한다. 마땅히 모든 면과 마을에 신칙해서 각각 관식에 의하여 되와 말을 만들어 관에서 낙인을 받아 각기 그 마을에 두도록 해야 할 것이다. 이렇게 해야 연호의 대표로서 희미를 받은 자가 돌아가서 쌀을 나눠도 말썽이 없다.

쌀을 계량하는 단위인 두와 승 그리고 포의 길이를 재는 자의 단위가 달라서 나타나는 문제는 호전이나 첨정 그리고 《경세유표》 등에서도 다산이 거론한 바가 있다. 《경세유표》의 해결책은 양형사(量衡司)라는 도량형을 관장하는 부서를 신설하는 것이다. 《목민심서》에서의 해결책은 공전(公典) 장작(匠作)에 나와 있다. 수령이 온 나라의 것은 고칠 수 없더라도 한 고을의 것은 고쳐야 하는데 이것도 쉬운 일이 아니다. 반드시 정치의 교화가 백성들에게 흡족하게 된 뒤라야 비로소 할 수 있는 일이지, 새로 부임해서 서두르면 오직 소란함을 더하고 백성의 마음을 의혹시킬 뿐이라 말하고 있다. 온 마을의 것을 다 통일하지는 못하더라도 반드시 일치시켜야 하는 곳이 있다. 바로 창고(관의 창고, 각종 세금을 거둬들이는 곳을 말함)와 시장의 것은 일정하게 해야 한다고 말한다. 나라의 실정이 이러니 진휼미를 나눠주기 전 마을의 두와 승을 일치시키는 건 작은 일이 아니다. 그러나 반드시 해야 하는 일이다.

이 이외도 다산은 곡식을 준비하는 과정부터 나누어 주는 과정까지 자세하게 정리하고 있다. 또 이를 정리해서 —진제조례라 부름— 여러 마을에 나눠준다. 이렇게 백성들이 일의 전모를 알아야 일을 진행하는데 효율성을 높일 수 있고, 무엇보다 아전이나 향갑(鄕甲)의 도둑질을 방지할 수 있다.


## 5. 보력(補力)

보력(補力)은 흉년에 진휼하는 정사 이외 백성들의 생활에 도움이 될 수 있는 일을 말한다.

그 방법으로 대파(代播: 다른 곡식을 파종함), 각종 공사를 일으키는 일, 구황작물을 정리하고 알리는 일, 도둑을 없애는 일, 술을 금지하는 일, 그리고 부세를 가볍게 하고 민고의 잡역과 저리의 사채도 너그럽게 완화하는 일이다.

### 대파(代播)

대파는 가물어서 모를 심지 못한 논에 다른 곡식을 심는 것을 말한다. 당시의 농사법은 직파(直播)와 이앙법(移秧法) 두 가지가 혼재하고 있는데 이앙법이 소출이 많고 김매는 노동력을 획기적으로 줄일 수 있기 때문에 이앙법이 일반적인 농법이었다. 이앙법의 단점은 모를 옮겨 심을 시기

가뭄이 들면 한 해 농사를 망친다는 단점이 있다. 그래서 조정에서도 수리(水利) 시설이 갖춰지지 않은 곳에는 이앙을 금지하는 명령을 내리는 경우가 있다. 그러므로 대파는 당대 수령의 중요한 업무 중 하나라 할 수 있다. 벼 대신 심는 곡식의 종류는 차조(黏粟), 메밀(蕎麥), 호맥(晚麰) 세 종류를 권하고 있다. 밀, 보리를 권하기도 하는데 이는 다음 해까지 수확을 기다려야 하는 것으로 이 세 곡물과는 차이가 있다. 권하는 작물은 심어서 가을에 추수할 수 있는 작물들이다. 대파할 논에는 미리 조세 면제를 허락해야 백성들이 즐겨 따를 것이니 조세 면제의 명을 분명히 해야 한다고 다산은 당부한다.

구황작물은 식량을 대신할 수 있는 것을 말한다. 《목민심서》에서 거론한 구황작물로는 솔잎, 도토리, 칡 등이 있다. 현대의 인식으로 보자면 구황작물 하면 고구마, 감자, 옥수수가 떠오르나 당시에는 고구마, 감자, 옥수수 농사가 아직 일반화 되지 못한 것으로 보인다.

당시 거론된 내용을 보면,

"오곡 이외에 초목(草木)을 먹는 방문(方文)으로는 솔잎만한 것이 없습니다. 신이 듣건대, 임진왜란 뒤 계사년(1593)에 죽을 쑤어 기민들을 먹일 적에, 솔잎 가루 10분에 쌀가루 1분을 섞어서 죽을 쑤어 먹였다고 합니다."

"금년 같은 큰 흉년은 옛날에도 없던 바이다. 흉년의 구급책으로는 도토리만한 것이 없으므로 ……."

"칡뿌리를 캐서 가루를 만들어 먹으면, 곡식을 끊고서도 주림을 잊을 수 있다."

맨 위의 내용은 경신대기근 때 좌승지의 상소(上疏)이고, 두 번째는 1695년의 숙종의 교서이고, 마지막은《구황본초》에 있는 내용이다.

대파는 당연히 목민관으로 해야 할 일이겠으나 정치도 제대로 못 하고, 구휼미와 진황의 정사로도 백성을 구제하지 못한 결과이니 구황의 일은 구차한 측면이 있다. 그래서인지 다산도 이를 목민관들에게 하라고 하지 않는다. 학궁의 유생이나 고을의 선배에게 하라고 권할 뿐이고, 수령이 명령을 내려 백성들의 비방을 받아서는 안 될 것이다라고 말하고 있다.

## 뉴딜 정책의 실시

다산은 보력 조에서 이렇게 또 말을 하고 있다.

"봄철 날이 길어지면 공사를 일으킬 수 있으니, 관사(官舍)가 허물어져 고쳐야 할 것은 이때 수리해야 한다."

이 내용만 본다면 공전 선해 조에 포함해야 할 내용이지만 보력 조에 포함하는 이유가 있다.

당시의 주장을 살펴보면 왜 흉년에 대규모 토목공사를 하는지 잘 나타나 있다. 송나라 학자인 조극로가 편찬한《자경편(自警編)》에 이렇게 말하였다.

"보양(莆陽)의 한 절에 큰 탑을 세우는 데 공비(工費)가 여러 만 냥이 들었다. 어떤 사람이 진정중(陳正仲)에게 고하기를, '이러한 흉년을 당해서 이로움이 없는 토목공사를 일으키는 데, 공(公)은 어찌하여 고을에 아뢰어서 이것을 금하지 않소' 하니, 진정중은 웃으면서 말하기를 '중[僧]이 스스로 탑을 만들 수 있겠는가. 모두 나라 사람들을 고용하는 것이다. 부잣집의 돈을 거두어서 빈궁한 자들에게 흩어주는 것이니, 이는 소민(小民)들은 이 때문에 먹을 것을 얻고 탑 하나를 얻게 되는 것이다. 이러한 흉년을 당해서 오직 중들이 탑을 만들지 않을까 염려할 뿐이다' 하였다."

《정요(政要)》에 이렇게 말하였다.

"송(宋)나라의 법에 모든 재해를 입은 지방에 공사(工事)를 일으켜 사람을 모집할 수 있는 것으로서, 농전(農田)의 수리(水利)나 성황(城隍), 도로, 제방의 토목공사와 나무를 심는 등의 일을 감사(監司)는 미리 품값의 전곡(錢穀)의 수효와 이해를 계산하여 갖추어 위에 보고하게 되었다. 효종(孝宗) 때에 절동(浙東)에 크게 기근이 드니, 주자(朱子)가 제거(提擧)되어, 기민(飢民)을 모집하여 수리(水利) 공사를 일으키기를 청했다. 조정 의논이 이를 난처하게 여기자 다시 청하기를, '해마다 한재가 들어 국가에서 창고를 열어 진휼(賑恤)했으니, 만일 그 숫자 외에 조금만 더 보태서 백성을 모집하여 공사를 일으킬 자금을 만들면 이재민을 구제하고 수리(水利)를 일으키는 데 한 번에 두 가지 일이 다 이루어질 것입니다. 신(臣)이 가는 곳마다 들판을 보니, 눈에 보이는 것이 모두 쓸쓸하되 오직 못이 있는 곳은 곡식 싹이 무성하고 잘 여물어 풍년 든 해와 다름이 없습니다. 그래서 더욱 수리(水利)를 일으키지 않을 수 없음을 알았습니다. 만일 마을마다 보(保)마다 모두 각각 못이 있게 하면 민가에는 떠돌아다니고 주려 죽는 근심이 없을 것이고, 국가에서도 역시 조세를 감하고 진조(賑糶)하여 구제하는 비용이 들지 않을 것입니다' 하였다."

《자경편(自警編)》의 글은 부자들의 소비를 유도하는 한 방식이고, 《정요(政要)》의 논리는 대공황 때 뉴딜 정책의 일환이었던 대규모 사회간접자본의 확충 논리다. 다산이 관사의 수리를 진황(賑荒)에서 다시 거론하는 이유다.

실제 우리 역사에서 흉년에 가난한 백성을 위해 대규모 토목공사를 실시한 예가 영조 때의 청계천 준설과 위에서 거론한 수원화성이라고 할 수 있다. 두 공사 모두 백성들을 부역시킨 것이 아니라 보수를 주고 어려운 백성을 고용해서 마친 공사들이다.

이미 18세기에 뉴딜 정책을 실시한 내용들이다.


## 6. 준사(竣事)

### 아전의 농간 방지

준사(竣事)란 진휼(賑恤)을 완료함을 말한다. 일을 잘 마치기 위해서는 아전의 농간을 방지해야 한다. 다산은 이를 오도(五盜)·오닉(五匿)·오득(五得)·오실(五失)이 있으니, 이것으로써 스스로 살피면 죄를 범하는 일이 없을 것이다."라고 말한다.

오도, 오닉, 오득, 오실을 그중 하나씩 예를 들어보면 다음과 같다.

"권분(勸分)하는 날에 붉은 곤장은 바람이 일고 붉은 피〔紅酒〕는 샘처럼 솟아오르는데, 위협하기도 하고 달래기도 하여 그 높은 곳집을 헐어 관청에 옮겨오면 반은 사사 주머니로 돌아간다. 또 혹시 비밀히 뇌물을 받고 밖으로부터 빼어내어, 그 뇌물 받은 것으로 사람을 보내어 팔게 한다. ─이 같은 경우 부자의 돈은 본래 고을로 들어가지 않는다.─ 이는 권분에서 도둑질하는 것이다. (오도)

부자(父子)가 서로 잡아먹어도 관에서는 이를 숨기고, 송장을 파헤치고 사람고기를 먹어도 관에서는 이를 숨긴다. 한길에는 죽은 사람이 여기저기 흩어져 있는데, 비장(裨將)이 온다는 소문이 있으면 두어 걸음을 옮기고, 수의사자(繡衣使者)가 온다는 소문이 있으면 곧 구렁에 집어 던진다. 그리고서 상사(上司)에 보고하는 데는 거짓으로 꾸며 헛말을 만들어, 관에서 봉급을 내어 법대로 거두어 매장하였다 한다. 이는 아사(餓死)를 숨기는 것이다. (오닉)

기구(飢口)를 거짓 기록하고, 스스로 준비한 것을 거짓 기록해서 감사(監司)는 표창하여 위에 아뢰고, 비국(備局)에서는 등분을 나누어 아마(兒馬)와 활을 은총으로 주는 것이 성하게 되니 이는 상(賞)을 얻는 것이다. (오득)

재결(災結)을 도둑질하고 기한을 연기하는 것〔停退〕을 이미 막아 놓아, 오도(五盜)와 오닉(五匿)이 우리 만민의 목숨을 잔해(殘害)하므로, 가슴이 미어지고 이가 갈려 배반하는 자만 있고 따르는 자는 없다. 이는 인심을 잃는 것이다. (오실)"

그 결과가 오실의 마지막이다.


"어사가 출도(出道)하여 그 지방의 비밀스러운 나쁜 일을 들추어낼 적에 오도와 오닉을 비록 다는 들추어내지 못하고 백에 하나만 들추어내더라도 그 죄가 중한 법을 범한 것이므로, 부(府)의 하인이 별똥이 떨어지듯 급히 달려가서, 뾰족모자와 쌍고리를 앞에 몰고 성으로 나가면 만민이 모두 기뻐한다. 그래서 중한 자는 귀양 보내고 경한 자는 벼슬을 삭탈한다. 이는 관직을 잃는 것이다.

목민관은 고요한 밤잠이 없을 때 그가 한 바를 생각해서, 능히 이 20가지 조목에 하나도 범한 바가 없어야만 옳다."


그래서 다산이 강조한다.


"상사(上司)와 군부(君父)는 속일 수 있어도 백성은 속일 수 없다."

**제12편**

# 해관
解官

　해관을 목민관이 관직을 마칠 때의 마음가짐과 대처해야 하는 방안을
적을 글이다.

　제1편 부임, 제11편 진황과 더불어 다산이 말한 수령의 고적법에 포함
되지 않는 세 편중 하나다. 그러나 앞서 진황 편에서 본 바와 같이 진황 편
의 내용은 다른 편에 녹아 있는 사항이 많으니 실질적으로는 부임 편과
더불어 '도덕적 권장 사항'이라고 할 수 있다. 1. 체대(遞代), 2. 귀장(歸
裝), 3. 원류(願留), 4. 걸유(乞宥), 5. 은졸(隱卒), 6. 유애(遺愛)의 여섯 개 조
항으로 구성돼 있다.

## 1. 체대(遞代)

### 벼슬을 끝마치는 스무 가지 경우

체대(遞代)는 수령의 자리에서 교체됨을 말하며 다산은 이를 모두 스무 가지로 정리하고 있다.

"첫째 과체(瓜遞): 6년·3년의 과기(瓜期)가 차는 것. 둘째 승체(陞遞): 현(縣)에서 군(郡)으로, 부(府)에서 목(牧)으로 승진하는 따위. 셋째 내체(內遞): 경관(京官)으로 옮기는 것. 넷째는 소체(召遞): 삼사(三司)와 각(閣)·원(院)의 직으로 임금의 소명(召命)을 받는 것. 다섯째는 환체(換遞): 다른 고을과 서로 바꾸는 것이니 이 다섯 가지는 순체(順遞)라고 이름한다.

여섯째는 피체(避遞): 상관(上官)과 친족·인척(姻戚)의 관계가 있어서 피하는 것. 일곱째는 혐체(嫌遞): 상관과 선대(先代)에 혐의(嫌疑)가 있는 것. 여덟째는 내체(來遞): 신관(新官)이 갑자기 외직(外職)에 전보(轉補)되어 오는 것. 아홉째는 소체(疏遞): 소(疏)를 올려 체임하기를 빌어서 윤허(允許)를 받는 것. 열째는 유체(由遞): 말미를 받아 집에 돌아와서 임지에 돌아가지 않는 것 이니 이 다섯 가지는 경체(徑遞)라고 이름한다.

열한째는 폄체(貶遞): 고과(考課) 때에 하등(下等)을 맞는 것. 열두째는 출체(黜遞): 장계(狀啓)로 파면되어 쫓겨나는 것. 열셋째는 박체(駁遞): 대각(臺閣)에서 탄핵(彈劾)하는 것. 열넷째는 나체(拿遞): 전의 일이나 혹 공죄(公罪)로 잡혀 와서 파면되는 것. 열다섯째는 봉체(封遞): 암행어사(暗行御史)가 봉고파직(封庫罷職) 시키는 것이니 이 다섯 가지는 죄체(罪遞)라고 이름하는 것이다.

열여섯째는 사체(辭遞): 상사(上司)가 예로 대접하지 않음으로 인하여 글을 올려 인퇴(引退)하는 것. 열일곱째는 투체(投遞): 상사(上司)와 다투고 인수(印綬)를 던지고 지레 돌아가는 것. 열여덟째는 병체(病遞): 신병이 실지로 깊은 자. 열아홉째는 상체(喪遞): 부모의 상사를 당한 것. 스무째는 종체(終遞): 관(官)에서 죽는 것이니 이 다섯 가지는 불행하여 체임되는 것이다."

다섯 번째까지는 정상적으로 임기를 마치는 경우다. 열 번째까지는 임기 중 공사(公私)적으로 사정이 생겨 갈려 가는 것이다. 조선시대의 상피제(相避制)는 대단히 상세하게 규정되어 있는 것이 현재 관료제도와 비교해 특징적이다. 아무래도 벼슬을 하는 인원이 한정된 시대의 분위기 때문이라 보인다. 선대와 혐의(嫌疑)가 있어 바뀌는 것도 마찬가지로 보인다.

열한 번째부터 열다섯 번째까지는 수령 노릇을 못하거나 죄를 지어 파면당하는 것이다. 나머지 다섯 가지는 개인의 사정이 원인이라 할 수 있겠으나 다산은《목민심서》에서 누누이 말한 백성에게 피해가 가는 걸 상사가 독촉한다거나, 도저히 집행할 수 없는 조정의 명령이 떨어진다거나 하면 투체(投遞)하고 병체(病遞)하라고 말하고 있다. 벼슬을 헌신짝처럼 버리라는 게 여기에 해당한다.

떠날 때도 백성을 생각해야 한다

다산이 《목민심서》에서 수령으로 발령 나고 처음 마을에 내리는 명령이 신관쇄마가(新官刷馬價)를 걷지 말라는 것이었다. 떠날 때도 마찬가지다. 쇄마가를 걷어서는 안 된다고 강조한다. 신영쇄마가는 나라에서 주는 것이 있는 데도 또 걷는 건 백성을 수탈하고 나라를 속이는 것이라 경계하는 것이고, 구관(舊官)의 쇄마가는 나라에서 주는 게 없더라도 걷으면 안 된다는 것은 풍족한 수령의 봉록에 이런 비용이 다 들어가 있는 데 왜 걷어 들여 백성을 어렵게 하냐는 의미다.


## 2. 귀장(歸裝)

귀장(歸裝)은 돌아가는 행장이 가벼워야 한다는 의미다. 관에서 만든 물건을 물론 휴대해서는 안 되고 특히 토산물(지역 특산물)을 절대 가져가면 안 됨을 강조하고 있다. 공전 편 산림 조에서 말한 바 있다.


## 3. 원류(願留)

원류(願留)는 수령이 유임되기를 백성이 원하는 것을 말한다. 수령으로서 대단히 영광된 일이다. 그래서 아전이나 간악한 백성과 짜고 유임하기를 청하는 경우도 있으니 수령으로서는 또 경계해야 할 일이다.

## 4. 걸유(乞宥)

### 누명 쓴 수령을 위한 백성들의 호소

걸유(乞宥)란 수령이 법에 저촉된 것을 백성이 불쌍히 여겨 서로 임금에게 호소하여 그 죄를 용서하기를 바라는 일이다. 백성을 위한 정치를 하는 게 쉬운 일이 아니다. 아래위로 다 좋은 상사와 아전을 만나면 모르겠지만 그렇지 않은 경우가 태반인 현실에서는 더욱 그렇다. 다산은 걸유조에서 안협현감 이영휘의 경우를 들고 있다.

"이영휘(李永輝)가 안협현감(安峽縣監)으로 있을 때 죄 없이 파면을 당하였다. 온 고을이 깜짝 놀라 서로 모여 도사(都事)에게 억울함을 호소하며 말 머리를 막고 가지 않았다. 이영휘가 고을을 떠날 때 부로(父老)들이 수레를 붙잡고 울며 전송하였는데, 수레를 따라 고을 경내를 나간 자가 수백 명이나 되었다."

이영휘의 경우는 법에 저촉된 게 아니다. 여기서도 누가 왜 죄 없이 파면을 했는지(나쁜 짓을 했는지) 이유가 《목민심서》에는 없다. 위와 관련된 기록은 다른 곳에 자세하게 나와 있다.

"그 당시 관찰사가 관내(管內)에서 처상(妻喪)을 치르느라 군읍(郡邑)에 요구하는 것이 매우 많았는데, 다른 군읍에서는 앞다투어 명을 받들어 봉행하였다. 그러나 공은 '상관(上官)'의 신분으로 하관(下官)에게 사사로이 토색하는 것은 저의 행위가 이미 의(義)가 아니다. 그런데도 하관의 신분으로 상관을 잘 섬긴다면 나의 섬김이 곧 아첨이 될 뿐이다. 그러나 저가 상례(喪禮)를 내세워 요구하니, 거절할 수는 없다'라고 하고는, 재물을 간략하게 하여 대응하였다. 이에 관찰사가 격노하여 고의로 행전도사(行田都事)에게 부탁하여 재상(災傷)의 죄를 적용하여 파직시켜 버렸다. 훗날 도사도 이를 깨닫고는 관찰사에게 속은 것을 자탄(自歎)하였다. 공이 부당한 죄로 파직당하자, 온 현민(縣民)들이 경악한 나머지 우르르 모여들어 도사에게 억울함을 하소연하며 말 머리를 에워싸고 떠나지 않았다. 공이 현을 떠날 당시에는 부로(父老)들이 수레를 부여잡고 통곡하며 경내 밖까지 전송한 이들도 수백 명이나 되었다."(박세당의《서계선생집》9권, 임천군수 이공 묘지명)

앞의 이전(吏典)에서 거론한 해남현감 이복수가 아전들 심기를 불편하게 만들었다면 이영휘는 관찰사의 심기를 불편하게 만들었을 뿐이다. 박세당의 글에서도 해당 관찰사의 기록은 나오지 않는다. 여러 기록을 종합해 보면 해당 강원도 관찰사는 정익이다. 정익을 설명한 민족문화대백과사전의 내용을 보자.

"이후 병조참지, 형조참의, 호조참의 등을 거쳐 원양(原襄: 강원도의 이전 일부 명칭)감사로 나가 도내 재해 처의 제반 신역의 탕감과 면세를 요구하고, 금강산을 유람하면서 민폐를 많이 끼치는 경평군(慶平君) 늑(玏)의 소환을 요청하였다. 1670년 내직으로 옮겨 승지, 예조참의, 병조참판을 지냈다."

정익이 강원도 관찰사로서 많은 선정을 베푼 것으로 나와 있다. 다산의 인용이 틀렸다고 주장할 수도 있는데 조선왕조실록의 기록을 보면 명확하게 나타난다. 왕조실록에 주요 대신 등이 사망했을 때 인물평인 졸기(卒記)를 적어 놓는데 정익에 대한 것은 이렇게 되어 있다.

"전(前) 참찬(參贊) 정익(鄭榏)이 졸(卒)하였다. 정익은 사람됨이 용렬(庸劣)하고 혼암(昏暗)하여 젊어서부터 사류(士類)들이 비루하게 여겼다. 간당(奸黨)들이 뜻을 얻음에 미쳐서는 오정창(吳挺昌)의 처부(妻父)로서 졸지에 청로(淸路)를 차지하여 참찬에 제배(除拜)되기에 이르니, 놀라지 아니하는 사람이 없었다. 일찍이 남(枏)과 함께 청나라에 사신(使臣)으로 갔다가 같이 '신하가 강하다[臣強]'라는 무설(誣說)을 알았으므로 경신년에 나문(拿問)당하였으나 말만 이리저리 늘어놓고 명백하게 납공(納供)하지 아니하였다. 귀양 갔다가 풀려나 이에 이르러 졸하니, 나이 예순일곱이었다."

물론 민족문화대백과사전의 정익을 소개하는 글 말미에 '졸기(卒記: 실록에 죽은 뒤에 기록한 인물평)에 인물이 용렬하고 권력에 아부하여 참찬에까지 올랐다는 악평이 있다'라고 소개하고 있기는 하다. 반면, 이영휘에 대한 검색은 아직 되지 않는다.

《목민심서》에는 알려지지 않는 좋은 목민관들이 많이 등장한다. 다산이 《목민심서》에서 주장하는 정책들을 앞서 실천한 목민관들이다. 백성의 부세를 감경하고, 상관의 부당한 명령에 저항하고, 아전의 포흠을 단속하고, 청렴하고 능력 있는 목민관의 명부(名簿)다. 그 가치를 제대로 알아보지 못하는 건 못난 후손들 탓이다.

## 5. 은졸(隱卒)

재임 중 임소에서 죽어 백성들이 슬퍼하는 걸 은졸(隱卒)이라 하는데 다산의 부친인 정재원이 여기에 해당한다. 다산은 《목민심서》 서문에서 선친께서 목민관을 여러 차례 지냈는데 모두 치적이 있었고, 따라다니며 보고 깨달은 바가 있다고 쓰고 있다. 이는 채제공이 지은 정재원의 묘갈명(墓碣銘)에도 잘 나타나 있다.

"군(君: 다산의 부친을 말한다)이 진주(晉州)에서 병이 들었는데, 좌우에 의지할 만한 사람이 없었다. 세 아들이 중로에서 분곡(奔哭)하여 여러 아전의 문부를 보니, 두서가 없이 혼란하여 어찌할 바를 몰랐다. 마침 베갯머리의 작은 상자에서 손수 기록한 종이 하나를 얻었는데, 각 방(房)에서 포흠하고 남은 것을 하나하나 조목조목 나열하여 놓았다. 저것과 이것을 대조하여 각각 보완하게 하였으므로 그대로 시행하였더니 하나도 남고 부족한 것이 없었다. 그 벼슬살이하는 규모가 끝까지 삼가고 정밀함이 이와 같았다."

진주목사 본인이 사망하였음에도 불구하고 일을 정리하는 것에 하나도 어려움이 없었다니 평소의 면모를 볼 수 있다.


## 6. 유애(遺愛)

유애(遺愛)는 죽은 뒤에 백성이 사모하여 사당을 세우고 선정비를 세우는 일을 말한다. 죽은 뒤에 세우는 건 좋은 일이긴 하지만 살아서 사당을 세우고 선정비를 새기는 것은 부끄럽지 않기가 어려운 일이라 쓰고 있다. 더러 목비(木碑)를 세우는 경우가 있는데 세우는 대로 없애고 여러 부락을 엄하게 단속해서 두 번 세우지 못하도록 해야 한다고 강조한다.

# 맺음말

지금까지 본 바와 같이 다산이 백성을 구하는 방안으로 제시한 것이 '균(均)'으로 대표되는 공정의 가치다. 이 공정의 가치를 실현하기 위해 다산은 다양한 백성의 이해와 의견을 수렴하고 중요한 정책결정 과정에 백성이 직접 참여하는 방식을 취한다. 그리고 결정된 정책에 대해서는 문권으로 남겨 후세의 법으로 삼으라고 말한다. 결코 인자한 수령의 성품에만 기대는 것이 아니라 제도적인 틀을 말하고 있다.

다산은 《목민심서》의 서문에서 '심서(心書)라 한 것은 무슨 까닭인가? 목민할 마음은 있으나 몸소 실행할 수 없기 때문이다'라고 말을 하고 있지만, 이는 겸손한 표현이다. 실제 책에 등장하는 백성을 구제하는 다양한 정책은 거의 대부분 다산이 곡산부사 때 실행한 정책들이다. 요즘 식으로 바꿔 말하면 지방자치의 현장에서 탄생한 생생한 정책대안이라는 말이다. 다산이 심서라고 한 명확한 뜻이 이런 좋은 정책을 실행하지 못하는 아쉬움이다. 이것이 다산이 심서라고 책의 이름을 지은 본뜻이다.

《목민심서》는 40만 자에 달하는 방대한 분량이고 당시 서구문명을 비롯한 다른 나라에서 경험하지 못한 1천 년 관료사회의 총화가 담겨 있는 책이다. 그만큼 이 속에 담긴 가치는 무궁무진하다. 누구는 여기에서 공정행정의 원리를 찾을 수 있고, 지방자치의 원리를 볼 수 있고, 의회민주주의의 정신을 찾을 수 있고, 천 년 관료사회의 정화를 찾을 수 있고, 적극행정의 사례를 찾을 수 있고, 청렴한 수령의 모습을 볼 수도 있으며, 우리 조상이 무엇을 먹고 살았는지, 하루에 소 몇 마리를 잡았는지 등도 알 수 있다.

들여다보는만큼 다양한 가치를 얻을 수 있는 책이 《목민심서》다. 이를 몰라보는 건 제대로 읽지 않는 후손들 탓이다.

그러나 필자의 책은 청렴이라는 기존의 논리와 그 간 《목민심서》를 해석하면서 간과했던 향리의 월급문제, 수령의 고적법을 중심으로 해석을 했다는 한계를 갖고 있다. 원고를 마치는 시점에서 생각해보면 다산이 《목민심서》에서 말한 다양한 가치의 극히 일부분만을 다룬 책이라는 아쉬움이 남는다. 이런 한계를 갖지만 지금까지와는 다른 시각으로 《목민심서》를 해석함으로써 다산이 심서(心書)라고 표현했던 아쉬움을 조금이라도 덜어내고 '위대하지만 아무도 읽지 않는 고전'이라는 평을 바꾸는 데 미력하나마 도움이 되고 싶다.

# 정부기관의《목민심서》에 대한 오류

● 한국학중앙연구원의 한국민족문화대백과사전 '목민심서' 해설
에 대한 오류

《목민심서》가 워낙 방대하고 내용도 현대인이 읽기에 쉽지 않은 책이
다. 가장 위대한 고전이라고 하지만 '아무도 읽지 않는 불우한 고전'이라
는 평가를 동시에 듣는 책이다. 시중에 나와 있는 책도 다산연구회 선생
들께서 번역한 창작과비평사의《역주 목민심서》이외는 원전에 충실한
책도 거의 없다.

이럴 때 가장 많이 참고하는 것이 인터넷의 검색이다.《목민심서》에 관
한 검색을 하면 여러 결과가 나오는데 요즘 사람들이 많이 참조하는 위키
백과 혹은 다음백과에 실려 있는 건 한국학중앙연구원의《한국민족문화
대백과사전》에 있는《목민심서》의 내용이 기반이다. 그러므로《한국민족
문화대백과사전》의 내용이《목민심서》를 설명하는 가장 중요한 자료라
는 말과 다름없다.

한국학중앙연구원은 '한국 문화의 심층 연구 및 교육을 수행하는 정부

출연 연구기관'이다.[1] 《한국민족문화대백과사전》은 한국학 관련 최고의 지식 창고로서 우리 민족의 문화유산과 업적을 학술적으로, 체계적으로 집대성한 한국학 지식 백과사전[2]이라고 스스로 밝히고 있다.

정부 출연 연구기관이니 그 권위가 상당하다. 그런데 여기서 설명하는 내용이 오류투성이다. 필자가 정말 화가 나는 건 오류는 있을 수 있으나 그 오류의 종류라는 게 역사를 공부하지 않는 사람이 봐도 이상하고, 권위 있는 기관에서 서술한 것이라고 보기에는 너무나 부족한 내용이 많고 또 출처도 불분명한 용어를 사용하는 등 이해할 수 없는 수준이 한두 개가 아니다.

하나씩 오류를 보자면 다음과 같다.
먼저, 《한국민족문화대백과사전》의 오류 내용은 〈 〉 안에 밑줄 친 부분으로 서술하고, 이하는 그에 대한 설명이다.

1. 〈…… 뿐만 아니라 직접 **찰방(察訪) · 부사 등의 목민관**을 지내면서 지방 행정에 대한 산 체험을 경험하였다. 따라서 그는 **근민관(近民官)** 으로서 **수령의 임무가 얼마나 어려운가를 알리기 위해 이 책을 저술하는 것**이라 하였다. ……〉

1) '찰방, 부사 등의 목민관을 지내면서'라고 설명하고 있는데 찰방을 목민관으로 분류하는 것은 부적절하다. 《경국대전》 이전(吏典) 조에 찰방 역시 외관직으로 분류하기는 하지만 외관직이 모두 목민관은 아니다. 찰방의 일은 역참(驛站)을 관리하는 일이다. 목민과는 무관하다. 다산도 《목

민심서》를 설명하면서 곡산부사의 경험, 부친을 따라다니면서 배운 것, 그리고 유배 와서 생생하게 보고 들을 것을 참조했다고 하고 있다. 다산이 금정찰방으로 있을 때(1795년) 주로 한 일 또한 유학 경전에 대한 것이 주였지(서암강학기, 가례질서 교정 등) 목민의 일이 아니었다.

2) 근민관(近民官)이라는 표현은 부적절해 보인다. 근민이라는 용어는 필자도 여기서 처음 접해 본다. 사전의 뜻을 보면 '이웃 나라의 백성'이다. 다만, 일본어로는 '부근의 백성'이라는 뜻이 있다고 나와 있다. 다산의 《목민심서》, 《경세유표》, 《여유당전서》 어디에도 '근민관'이라는 용어는 없다. 뿐만 아니라 한국고전번역원에 있는 모든 문서를(조선왕조실록, 일성록 등도 포함) 검색해도 근민관이라는 표현이 없다. 여기서 이런 말을 쓰고 있으니 이걸 참조하는 사람들이 다산이 이런 말을 사용하고 우리 고유의 표현인 줄 안다.

3) 이어 '수령의 임무가 얼마나 어려운가를 알리기 위해 이 책을 저술하는 것'이라 하고 있다. 물론 수령의 임무는 쉽지 않다. 근본적으로 수령의 업무가 어려운 것은 수령으로 나가는 선비들이 현실과는 동떨어진 학문을 하는 탓이다. 그 결과 아전을 단속할 줄 모르고 아전들이 백성을 침탈하는 것을 막지 못해 백성이 고통받게 되는 것이다. 이렇듯 다산은 수령의 임무가 막중함을 얘기하고 있지만 결코 어려운 것을 알리기 위해 책을 저술한다고 한 적이 없다. 책을 저술한 목적과 관련하여 크게 두 가지를 들 수 있는데 첫째는 《목민심서》의 서문에 있고, 둘째는 〈자찬묘지명〉에 있다. 책의 서문에서 다산은 '진실로 어진 수령이 있어 제 직분을 다할 것을 생각한다면 아마도 방법에 어둡지는 않을 것이다'라고 말하고 있

고, 〈자찬묘지명〉에서는 '목민(牧民)이란 무엇인가? 오늘날의 법을 인하여 우리 백성을 다스리는 것이다. (……) 한 백성이라도 그 은택을 입는 자가 있기를 바라는 것이 용(鏞)의 마음이다' 라고 서술하고 있다. 즉, 다산이 《목민심서》를 서술한 목적은 백성을 구제하기 위함이지 결코 수령의 업무가 얼마나 어려운가를 알리기 위함이 아니다.

2. 〈…… 나아가 수령의 본무는 민중에 대한 **봉사 정신**을 기본으로 하여 **국가의 정령(政令)을 빠짐없이 두루 알리고** ……

'봉사 정신' 이라는 표현도 다산의 시대와는 맞지 않는 표현이다. 이 용어의 사용도 검토해 봐야 한다. 이어서 '국가의 정령을 빠짐없이 두루 알리고' 라는 건 다산의 《목민심서》에서 말한 내용이 아니다. 국가 정령과 관련해서 다산이 《목민심서》에서 반포해야 한다고 주장하는 건 '국가에서 재감(災減)이나 정퇴(停退)의 명령이 내려오면 아전들이 이를 숨기고 반포하지 않는다' [3]라는 표현이 있는데 이런 건 당연히 반포해야 한다. 백성들에게 혜택이 돌아가는 일이다. 당연히 백성들에게 직접(親口宣諭) 알려야 한다고 다산이 말하고 있다. 반대로 백성들에게 해가 되는 건 알려서는 안 된다고 누차 강조한다. 대표적으로 목민관 업무의 가장 기초가 되는 호적(戶籍)에 대한 일과 전정(田政)에 대한 일을 보자.

1) 무릇 호적 사목(戶籍事目)에 관한 것으로 순영(巡營)에서 관례적으로 내려오는 관문(關文)은 민간에 포고해서는 안 된다. 호적 사목은 법전(法典)에 갖추어 실려 있어 —호전 제2조— 아무 죄는 장(杖) 1백, 아무 죄는 도(徒) 3년 등으로 되어 있으나 이것은 모두 시행되지 않고 있는 법이다.

시행되지 않는 법을 민간에 포고한다면 한갓 백성들로 하여금 조령(朝令)을 불신케 하고 국법(國法)을 두려워하지 않게 하는 결과만 가져올 뿐이니, 접어 두고 발표하지 않는 것이 또한 옳지 않겠는가.[4]

2) 개량(改量)이란, 전정(田政)의 큰일이다. 진전(陳田)이나 은결(隱結)을 조사해내어 별일 없기만을 도모할 것이다. 만일 부득이할 경우에는 마지못해 개량하되 큰 폐해가 없는 것은 모두 예전대로 따르고 아주 심한 것은 개량하여 원액(原額)을 채울 것이다.[5]

백성들 삶의 가장 기초가 되는 호적에서 이렇게 말하고, 전정에서 조정의 명령을 따르지 말라고 하고 있다. 지키지도 않는 법을 반포하면 백성이 아전의 먹잇감이 될 뿐이다. 전정까지 읽지 않더라도 상관의 부당한 명령이나 조정에서 따를 수 없는 명령이 내려오면 벼슬을 그만두라고 봉공 조에서도 말하고 있다.

3. 〈 ……제2편의 율기는 칙궁(飭躬: 몸을 삼감)·청심(淸心)·제가(齊家)·**병객(屛客: 손님 접대)**·절용(節用)·**낙시(樂施: 즐거이 베풂)**의 6조로 구성되었다.……〉

1) 사실 이 내용을 보면 어이가 없다. 이는 책의 내용은 차치하더라도 한자 해석마저 틀린 경우다. 병객은 한자 그대로 해석하면 손님을 물리치라는 의미다. 屛 자가 병풍의 뜻도 있으니 병풍을 치고 손님을 맞이하라는 말인지는 모르겠지만, 다산이 직접 병객의 뜻을 이렇게 말했다. 문객을 물리치는 것이다. 지금 풍속은 문객을 데리고 와서 쌀·소금 따위 회

계를 맡기는데, 온갖 폐단이 생기니, 금단함이 마땅하다. 또 고을 사람이 거나, 이웃 고을 객(客)으로서, 문사(文士)와 술객(術客)은 모두 접견함이 불가하다.[6] 본뜻이 청탁을 금지해야 한다는 내용인데 이렇게 설명하는 건 정말 이해하기 어렵다. 손님 접대와 관련된 내용은 예전(禮典) 빈객(賓客)에 나와 있다.

2) 낙시(樂施)를 '즐거이 베풂'이라고 풀이하는 건 직역으로는 맞다. 그러나 낙시가 수령의 기본 업무 중 하나인데 뜬금없이 '즐거이 베풀어라'고 한다면 이상하다. 의역하면 아껴서 주변의 어려운 사람을 도우라는 의미다. 다산은 청렴 전에 검약을 얘기하고 있고 청렴한 사람들의 폐단으로 각박한 정사를 얘기하고 있는데 이에 대한 대안으로 얘기하는 것이 낙시다. 즐거이 베풂이 틀렸다고 할 수는 없지만, 오해의 소지는 충분하다고 생각한다. 청렴과 절약으로 생긴 재물을 주변의 어려운 사람을 위해 쓰라는 내용이다.

4. 〈제3편의 봉공은 **첨하(瞻賀: 우러러 축하함)**·수법(守法)·예제(禮際: 예로 교제함)·**보문(報聞)**·공납(貢納)·왕역(往役)의 6조이다〉

《목민심서》의 봉공의 각 6조는 1조 선화(宣化), 2조 수법(守法), 3조 예제(禮際), 4조 문보(文報), 5조 공납(貢納), 6조 왕역(往役)이다. 한국민족문화대백과사전에서 분류한 첨하, 수법, 예제, 보문, 공납, 왕역은 1902년 광문사에서 펴낸 《목민심서》의 분류체계이고 또 《경세유표》 제4권 고적지법에 있는 다산이 수령의 고적평가 항목 54개 조 중 예전의 여섯 항목으로 제시한 내용이다. 《경세유표》의 54개 조목과 《목민심서》의 54개 조는 대체로 비슷하지만 약간의 차이가 있다. 다른 편의 조에 대한 '사전'의 서술은 모두《목민심서》에 각 편에 있는 조항과 일치하는데 여기 봉공의 설명만 잘못돼 있다. 보문과 문보, 선화와 첨하는 내용에서는 큰 차이가 없다. 그러나 여기서 설명하는 것처럼 첨하가 '우러러 축하함' 은 절대 아니다. 선화의 본래 뜻은 임금의 교화를 백성들에게 알리는 것이고 첨하는 공경하게 봉행함이다. 이 조의 내용은 망하례(望賀禮)·망위례(望慰禮)를 행하는 절차, 국기일(國忌日)에 지켜야 할 일 등인데 이걸 '우러러 축하함' 이라고 하고 있다. 망하례야 축하할 일이지만 망위례는 국상이 났을 때 수령이 행하는 의식인데 수령이 '우러러 축하하면' 당시 상황으로 목이 온전할까 모르겠다. 큰일 날 소리다.

5. 〈제6편 **호전은 농촌(農村) 진흥(振興)과 민생 안정을 큰 전제**로, 전정·세법을 공평하게 운용하고 호적의 정비와 부역의 균등을 잘 조절하며 **권농·흥산(興産)의 부국책(富國策)**을 효과적으로 이끌어갈 것을 내세우고 있다.〉

1) 농촌 진흥이라는 말은 이 사전에서《목민심서》를 설명한 단어 중 가장 부적절해 보인다. 호전은 전정, 세법, 곡부, 호적, 평부, 권농의 여섯 개 조항이다. 즉, 공평한 세금의 부과로 백성을 구제하는 것이 가장 중요한 주제라고 할 수 있다. 당시 사회를 농촌과 도시로 구분하는 시도도 그렇지만 설사 도시와 농촌으로 구분할 수 있더라도 세금부과 문제를 도시와 농촌으로 나눈다는 발상은《목민심서》를 설명하는 데 대단히 부적절한 용어선택이다. 호전에서 다산이 말하는 것이 무엇인지 안다면 이런 표현을 할 수가 없다고 본다.

2) '興産의 부국책' 운운하는 내용 역시 마찬가지다. 흥산이라는 말이 당시대는 거의 '~의 산지'라는 의미로 쓰지 현시대와 같이 '산업을 일으킴'이라는 의미가 아니다. '부국책'이라는 표현은 더 부적절하다. 《목민심서》는 국가를 부강하게 하는 방안을 논하는 책이 아니다. 국가를 개혁해 부강한 국가를 지향하는 건 《경세유표》의 몫이다. 호전 6개 조항 중 군이 분류하자면 권농이 흥산의 부국책에 해당한다. 그러나 권농의 내용도 부국강병을 위한 것이 아니라 세금이 무거워서 토지가 황폐해지는 걸 방지하고, 농기계 등을 제작해서 농사를 권장하는 것이다. 세금감면 등이 핵심 사안이지 부국책이라기에는 내용이 걸맞지 않다. 다산이 《목민심서》를 왜 썼는지만 이해해도 이런 설명은 할 수 없다고 본다.

6. 〈병전은 특히 당시 민폐가 가장 심했던 **첨정·수포의 법을 폐지**하고 **군안(軍案)을 다시 정리**하며 **수령은 앞장서서 평소부터 군졸을 훈련시킬 것** 등을 강조하였다.〉

1) 이 문단은 다산의 주장과 완전히 반대되는 얘기를 하고 있다. 다산은 첨정·수포의 법을 폐지하자고 한 일이 없다. 병전의 내용 중 '군정을 뽑고, 수포를 거두는 법은 (……) 이 법을 고치지 아니하면 백성은 모두 죽게 될 것이다'라고 한 것을 근거로 하는 듯하다. 이는 고친다는 것이지 폐지한다는 게 아니다. 법을 폐지한다는 건 존재 자체를 없애는 것이다. 다산은 병전 첨정에서 군포를 균등하게 배분하는 방안을 열 개의 주제를 가지고 설명하고 있는데 첨정·수포의 법을 폐지하면 군포를 거둘 일이 없게 된다. 그렇다면 다산이 첨정을 쓴 이유 자체가 없게 되는 논리다. 다산이 주장한 것은 호포법이다. (호포계, 공전은 논외로 하더라도) 백성들

에게 균등하게 부과한다는 것이지 폐지한다는 게 절대 아니다. 《경세유표》의 서문에 '罷軍布之法'이라는 표현이 등장하나, 《경세유표》의 주장과 《목민심서》의 주장을 동일시할 수는 없다.

2) '군안을 다시 정리'하라는 것도 다산의 주장과 정면으로 배치된다. 군안을 정리하는 걸 첨정이라고 하는데 다산은 병전(兵典) 첨정(簽丁) 조에서 첨정하지 말라고 누차 주장한다. 첨정하면 백성들은 죽어나고 아전들 살판만 열리기 때문이다. '포목을 거두었으면 됐지 형식을 따져서 무엇 한단 말인가? 그런 까닭에 군정을 잘 다스리는 자는 아예 군정을 다스리지 않고, 첨정을 잘하는 자는 아예 첨정을 하지 않는다. 헛이름을 조사하고 죽은 것을 밝혀내어 그 결원을 보충하며 대신할 것을 문책하는 것은 아전들의 이익만 되는 일이므로 착한 목민관은 하지 않는다'라고 말하고 있다.[7] 다산이 대안의 하나로 얘기하는 척적(尺籍)은 첨정과 무관한 일이다. 척적은 군역 대상 장정을 뽑는 명부가 아닌 군포를 호별로 고루 배분하는 명부다.

3) 또 다산이 '수령은 앞장서서 평소에 군졸을 훈련시킬 것'을 말한 바가 없다. 정반대의 말을 하고 있다. '오늘날에 이른바 군사훈련이라는 것은 모두 헛된 일이다. 첫째는 속오군, 둘째는 별대, 셋째는 이노대, 넷째는 수군인데, 이에 대한 법이 갖추어지지 못한 터이라 훈련해도 소용이 없고 단식 형식뿐이니, 구태여 요란하게 훈련할 필요가 없다'[8]라고 쓰고 있다. 훈련을 바라는 건 이를 기회로 백성을 수탈하는 아전들뿐이다. 또 다산이 열심히 하라는 건 수령의 관할이라 할 수 있는 이노(吏奴)의 훈련일 뿐이다.

또 설사 상부에서 군대를 점검한다는 공문이 내려오더라도 이렇게 하라고 안내하고 있다. 봄과 가을에 군대를 점검한다는 공문이 내려오면 목민관은 향갑(鄕甲)을 불러 면유(面諭)하여 각자 돌아가 다음과 같이 효유하게 한다. "흉년을 거듭한 나머지 민호(民戶)가 흩어지고 대오(隊伍)에 궐액이 생겼으나 새로 뽑으려고는 하지 않는다. 무릇 도망한 자가 있으면 모두 마을에서 그 사람을 찾아서 보내고, 만약 찾지 못하거든 곧 사실대로 보고하여 대신 채우도록 할 것이며, 복장이 떨어지고 기계가 부서진 것이 있으면 모두 마을에서 힘을 합하여 서로 도와 각각 완전하게 갖추도록 하라."

군사를 점검하는 날에는 은밀히 친근한 장교에게 타일러서 모든 궐실(闕失)을 다 덮어두고 들춰내지 말아서 무사하게 하며, 번거롭고 요란스럽게 하지 말기를 기약하게 한다.[9]

그래서 이렇게 결론을 내린다. "이미 헛일인 것을 알았다면 그냥 아무것도 하지 말고 문서대로 숫자만 갖추면 될 것인데, 어찌 헛된 기세를 올려 군무를 담당한다 하겠는가."[10]

병전 역시 군사문제라기보다는 첨정 등으로 백성이 수탈받는 상황을 고쳐나가는 것이지 군사문제를 거론하는 것이 주제라기에는 무리가 있다.

7. 〈제9편의 형전은 청송(聽訟) · **단옥(斷獄: 중대한 범죄를 처단함)** · 신형(愼刑: 형벌의 신중함) · 휼수(恤囚) · 금폭(禁暴: 폭력의 엄금) · 제해(除害: 해가 되는 일을 덜어 버림)의 6조 구성되었고 …….〉

단옥은 중대한 범죄를 처단하는 게 아니다. 이 해설은 사전에서 단옥을 검색했을 때 나오는 설명이다. 《목민심서》에서 말하는 바는 아니다. 《목민심서》에서 단옥(斷獄)은 모든 옥사의 판결에 대해 면밀하게 하라는 말이다. "사람의 죽고 사는 것이 내가 한 번 살피고 생각하는데 달렸으니 어찌 밝게 살피지 않을 수 있겠으며, 또 신중하게 하지 않을 수 있겠는가?"[11]라고 다산이 말하고 있다. 군이 구분하자면 범법(犯法)의 경중을 가리는 건 신형 조에 나오는데 '민사(民事)는 상형(上刑)을 사용하고, 공사(公事)는 중형(中刑)을 사용하고, 관사(官事)는 하형(下刑)을 사용하며, 사사(私事)는 형벌이 없는 것이 옳다'[12]라는 말이다. 상형을 사용하는 민사는 백성들 관련된 전정, 부역, 군정, 곡부의 내용이다. 이를 중대범죄라고 표현한 것이라면 완전히 잘못된 표현은 아니다. 그럼에도 불구하고 단옥을 이렇게 해석하는 건 《목민심서》의 뜻과는 맞지 않는 일이다.

8. 〈공전은 **산림 · 산택 · 영전의 합리적 운영방안을 제시한 것**으로, 주로 **산업 개발과 관련된 행정 문제**를 다루었다.〉

공전은 산림, 산택, 영전의 합리적 운영방안을 제시한 것이라는데 산택은 천택(川澤)을 잘못 쓴 것으로 보이고 영전은 어디서 나온 말인지 모르겠다. 영전이라는 말은 공전 조는 물론 《목민심서》에도 없는 말이고 《경세유표》에도 없다. 영전이 뭘 말하는지 필자도 정말 궁금하다. 또 '산업 개발과 관련된 행정 문제를 다루었다'라고 하는데 공전의 어떤 내용을 산업 개발이라고 하는지 궁금하다. 《목민심서》가 어떤 산업을 육성하고 나라를 부강하게 하는 그런 책이 아님은 앞서도 말했다.

9. 〈진황의 항목은 비자(備資: 자본이나 물자를 비축함) · 권분(勸分: 수

령들이 관내의 부유층에게 권해 극빈자들을 돕게 함)·규모(規模)·설시(設施)·**보력(補力: 도움이 필요한 사람들을 힘으로 도움)**·준사(竣事: 사업을 마침)의 6조로 편성되었다.〉

진황의 보력을 '도움이 필요한 사람들을 힘으로 도움'이라고 쓰고 있다. 진황 편은 흉년에 백성을 구제하는 내용인데 도움이 필요한 사람은 굶주린 백성들일 것이요 이 사람들을 힘으로 돕는다는 건데, 구휼미 가지고 갈 때 들어주라는 말인지는 모르겠다. 보력은 백성들 힘을 북돋아 주는 일이다. 그래서 그 내용은 대파(代播: 흉년이 들어 벼농사가 안 될 것으로 판명이 나면 다른 작물 심기를 권유하는 것), 구황작물을 정리해서 알려 주고, 토목공사를 일으켜 백성들에게 일자리를 제공하고(일종의 뉴딜 정책), 도둑을 제거하고, 부세를 경감하는 일 등이다. '도움이 필요한 사람들을 힘써 도움'이라고 했다면 모르겠으나, 힘으로 돕는다면 어떻게 도우라는 의미인지 알 수가 없다.

10. 〈해관은 **체대(遞代: 서로 번갈아 교체함)**·귀장(歸裝: 돌아갈 차비를 함)·원류(願留: 고을 사람들이 전임되는 관리의 유임을 청하는 일)·**걸유(乞宥: 관직에서 물러날 것을 왕에게 청함)**·은졸(隱卒: 임금이 죽은 신하에게 애도하던 일)·유애(遺愛 :고인의 仁愛의 유풍)의 6조로 이루어졌다.〉

체대는 관직이 교체되는 일을 말한다. 다산이 해관 편 체대 조에서 말한 관직이 교체되는 경우는 스무 가지이다. 위에서 말한 서로 번갈아 교체하는 경우는 환체(換遞)라고 한다. 걸유는 위의 뜻과 완전히 다르다.

'宥' 자는 너그럽다. 용서하다의 뜻이다. 그러므로 걸유는 직역하면 용서를 구한다는 뜻이요, 여기서는 목민관이 억울한 일에 연루돼 고을을 떠나게 됐을 때 백성들이 임금에게 호소하는 등의 일이다. 그만큼 선정을 베푼 목민관이라는 의미로 아름답게 여기는 일이다. 관직에서 물러날 것을 왕에게 청하는 건 '소체(疏遞)'라고 한다.

이상이 《목민심서》와 관련하여 한국학중앙연구원의 한국민족문화대백과사전에서 설명한 《목민심서》에 대한 오류 내용이다. 《목민심서》와 관련한 오류는 아니지만, 다산이 강진 유배 생활 19년간이라는 표현도 있다. 다산이 1801년 유배를 가서 1818년에 해배되었으니 정확히 18년 동안이다. 19년으로 말하는 건 잘못된 기록이다.

다른 곳도 아닌 한국학중앙연구원의 자료가 이렇게 되어 있다. 이 사전을 집필할 시 참조한 자료를 보면 1992년의 자료까지 있는데 그 당시의 상황을 고려하더라도 이건 이해할 수 있는 수준이 아니라고 생각한다. 《목민심서》를 가장 정확하게 해석한 것으로 평가받는 다산연구회의 《목민심서》 해석본이 완간돼 나온 것이 1985년이다.

《목민심서》를 단 한 번만이라도 읽어 봤다면 절대 위와 같은 서술은 있을 수 없다. 이러고도 국가기관이라 할 수 있는지 한심할 뿐이다. 다산의 말로 그야말로 장약지하(將若之何?)다.

● 국민권익위원회의 공무원 교육자료 '공직자를 위한 신목민심서' 의 오류

앞서 본 바와 같이 한국학에 가장 권위 있는 한국학중앙연구원의 《목민심서》에 대한 설명도 오류투성이이니 다른 정부기관에서 이 책의 가치를 제대로 알아본다는 게 처음부터 불가능한 일이다. 《목민심서》를 교육하는 기관으로서는 국민권익위의 청렴연수원을 꼽을 수 있다. 일반직 공무원들에게 교육은 진급을 위한 필수사항이다. 연간 일정 시간 이상 교육을 수료하게 되어 있다. 비교적 쉽게 교육을 이수하고 시간을 채우는 방법이 권익위의 나라배움터를 이용하는 것이다. 즉 우리 공무원, 특히 하위직 및 신입 공무원들이 가장 많이 이용하는 교육콘텐츠라 할 수 있다.

여기서 교육하는 '공직자를 위한 신목민심서' 라는 과목이 있다.
2014년부터 교육을 시작해서 지금까지 총 14만 5천여 명이 이 교육을 수료했다고 한다. (2021년 10월 기준)

그 내용을 보면 기본적 사실이 틀리고 역사 상식에 맞지도 않는 내용이 줄줄이 나온다. 이런 자료를 대한민국 전체 공무원을 대상으로 교육자료로 쓰고 있는 권익위도 문제지만, 이 교육을 받고 별다른 문제를 제기하지 않는 공직사회를 보면 우리가 《목민심서》를 이해하는 수준을 알 수가 있다. 그 오류 내용을 보자.

## 1. 배경 화면으로 사용하는 책자가 《목민심서》가 아니다.

처음 교육에 들어가면서 '공직자의 귀감이 되고 있는 《목민심서》를 통해' 라는 멘트와 함께 배경 화면으로 '戶典之屬 一曰. 核戶丁. 戶口者. 有國之所重. 一邑之大政' 이라는 내용의 한문으로 된 책이 등장한다. 매 단원이 넘어갈 때 또한 배경 화면으로 등장한다. 그러나 이 책은 《목민심서》가 아니다. 홍양호의 '목민대방' 이다. 이는 필자가 2019년 3월 22일 권익위의 청렴연수원에 오류를 지적한 바가 있다. 신고 내용은 이렇다.

"(……) 구체적으로는 耳溪外集卷十一/牧民大方 戶典之屬(이계외집권십일 목민대방 호전지속)입니다. 언뜻 보기에는 《목민심서》로 혼동할 수 있으나 전혀 별개의 책입니다. 업무에 참고하시기 바랍니다."

그래서 이런 답변을 들었다.

"홍양호의 목민대방으로 확인되었습니다. 대단히 감사합니다."

그러나 현재(2022년 6월)도 역시 같은 홍양호의 목민대방 호전지속이 배경 화면으로 사용되고 있다.

## 2. 심정의 문란을 설명하면서 백골징포를 이렇게 설명하고 있다.

'환정(還政) −백골징포− 죽은 자에게까지 세금을 부과'
환정과 백골징포는 별개의 영역이다. 삼정의 문란을 구체적으로는 모르더라도 백골징포가 군정(軍政)의 폐해임을 대부분이 알고 있는 내용이다. 그리고 환정을 설명하면서 세금을 징수한다는 건 원론적으로 맞지 않는 표현이다. (이는 전문적 영역이라 할 수 있으니까 넘어갈 수도 있다.)

### 3. 이계심의 난과 관련하여

장면 1. 정조가 다산을 곡산부사로 보낸 것이 이계심의 난에 대한 진상조사를 하라는 명을 내린다.

장면 2. 이계심이 다산 앞에 나와 말한다. '혹시 이번에 새로 부임하신다는 다산 정약용 부사님 아니신지요?'

장면 3. 다산이 전임 곡산부사를 앞에 세워놓고 말한다.
 - 나라의 법에서는 군포 대금을 200냥 받도록 되어 있는데, 너는 올해 들어 군포 대금을 900냥으로 올려 징수한 적이 있느냐?
 - 저 곡산 수령을 곧장 파직하고 투옥하렸다!

첫 번째 장면: 먼저 정조가 다산을 곡산부사로 임명하는 부분부터 살펴보자. 다산이 곡산부사로 임명되는 것과 관련해서는 《목민심서》와 〈자찬묘지명〉에 그 내용이 실려 있다.[13] 《목민심서》의 내용은 정조가 다산에게 '가서 잘하여 추천한 나에게 부끄러움을 주지 말라' 는 일반적 내용이다. 〈자찬묘지명〉의 내용은 '곡산은 한가한 고을이니, 가서 그 찬주를 산정하라' 는 내용인데, 한가한 고을이니 가서 사기찬주(찬주는 모아서 설명한다라는 의미)를 완성하라는 말이다. 이계심이 등장하지 않는다. 영화 〈자

산어보〉에서 정약전이《목민심서》를 거론하고, 영화 〈왕이 된 남자〉에서 광해가 대동법을 적극적으로 실시하는 것으로 나오는데 다 역사적 사실과는 다른 내용이다. 그러나 영화는 상상의 세계, 가상의 세계이지 사실을 다루는 분야가 아니다. 반면, 공직자를 대상으로 하는 교육은 사실의 영역이다. 굳이 없는 사실을 들먹여 오해를 사는 일이 없어야 한다고 본다. 또 임금이 거론할 정도로 이계심의 난이 큰 사건이었다면 다산이 마음대로 그를 석방하고 칭찬하기에도 쉽지 않은 일이다.

두 번째 장면: 이계심이 다산에게 '다산 어른'이라고 호칭한다. 여기뿐만 아니라 다른 곳에서도 다산이라는 호칭이 많이 등장한다. 다산이 다산이라고 불리기 시작한 것은 유배지인 다산초당에 기거할 때부터이다. 1808년 이후의 일이란 뜻이다. 중요한 문제는 아니지만 아쉬운 부분이다.

세 번째 장면: 먼저 군포 대금과 관련해서다. 군포 대금을 200냥, 900냥 운운하고 있는데 실제로는 2냥을 9냥 받은 것이다. 다산이《목민심서》에 친절하게 9냥이라고 주(註)까지 달아 놨다. 문제가 되는 건 여기서 후임 부사인 다산이 전임 부사를 꾸짖고 '곧장 파직하고 투옥하라'고 명령을 내리는 장면이다. 사실에 맞지도 않을뿐더러 있을 수 없는 일이다. 후임 수령이 전임 수령을 파직하고 투옥하라는 게 있을 수 없는 일이라는 건 대다수 국민들도 알고 있는 상식(常識)이라고 생각한다. 어처구니가 없는 서술이다. 전임 곡산부사는 다산이 부임하기 전에 이미 강등된 것이 역사적 사실이기도 하다.[14]

4. **다산이 고위 관직을 심사(審査)한다**는 내용도 등장한다. 그런데 심사

시 영의정, 좌의정을 비롯한 삼정승이 일종의 승진 청탁을 해서 다산이 '다시는 시험관 따위는 하지 않겠다'고 엄포를 놓는다.

먼저, 중앙관직의 심사는 이조(吏曹)의 고유한 권한이다. 또 다산은 이조에 근무한 기록이 없다. 그러므로 역사적 사실과 다른 내용이다. 다산이 시험관과 관련된 기록은 두 가지가 있다. 1792년 홍문관 수찬으로 있을 때 남인(南人) 가운데 사간원, 사헌부의 관직을 이을 사람을 채제공과 상의한 일과 1795년 회시일소(會試一所)의 동고관(同考官)이 된 일이 있다. 회시일소의 동고관이 돼서 오히려 남인을 사사로이 뽑았다는 혐의를 받은 적이 있고, 혐의를 벗고 다시 대독관을 한 일이 있다. 시험의 대독관을 한다는 것과 고위 관직의 심사를 한다는 건 천양지차의 사실이다. 그리고 당시 삼정승 모두 인사 청탁을 했다고 한다. 시기를 특정하지 않았으니 저 삼정승이 누구인지는 알 수 없다. 그러나 자칫 다산을 높이 세우려다 죄 없는 삼정승을 인사 청탁이나 하는 좋지 않은 관료로 만들고 있다. 그 정승이 다산의 정치적 스승인 채제공일 수도 있다. 다산을 돋보이게 하려는 것은 좋은데 엄한 사람을 못되게 만드는 꼴이다. 이래서 역사를 다룰 때는 반드시 사실에 근거해야 하는 것이다.

5. **거중기를 거론하는 부분**에서도 아쉬운 것이 있다. '다산은 수원성을 설계하는 것에 그치지 않고 더 나아가 백성의 수고를 덜고 일의 능률을 올릴 수 있는 거중기를 고안' 했다고 '적극행정'으로 설명하고 있다. 그러나 앞의 수성(修城)에서 봤듯이[15] 거중기는 정조가 관련 책자를 주며 고안하라고 영(令)을 내린 것이다. 거중기가 백성의 노고를 덜고 재정을 아끼는 데 큰 공을 세웠지만, 다산의 독창적 사고는 아니다. 적극행정을 설

명하는 내용으로 부적합할 뿐만 아니라 본의 아니게 정조를 홀대하는 결과를 불러온다.

6. **또 봉공 6조**에서 이렇게 설명하고 있다.

"봉공 6조, 요역(徭役) 上司差遣, 竝宜承順. 託故稱病, 以圖自便, 非君子之義也"

봉공 6조에 요역이라는 조항은 없다. 내용상 왕역(往役)을 잘못 쓴 것이다. 왕역은 수령이 일상적인 업무 이외에 시험관, 감독관, 검시관 등으로 차출되는 일을 말한다. 요역은 국가가 백성의 노동력을 무상으로 징발하던 수취 제도를 말한다. 전혀 다른 의미다. 그리고 요역의 뜻을 모르는 사람이 교육자료를 만든 것이 아닌지 의구심을 가질 수밖에 없다.

더 세밀하게 따지면 오류로 볼 만한 내용이 많이 있으나 객관적으로 분명하게 얘기할 수 있는 부분만을 들어 설명을 했다. 다시 한번 말하지만, 역사와 관련된 교육은 사실에 기초해야 한다. 그리고 나라배움터는 모든 공무원이 이용하는 콘텐츠다. 여기에 나오는 내용을 교육을 받는 처지에서는 역사적 사실로 인식한다.

공직자의 바른 몸가짐을 얘기하는 칙궁(飭躬)을 얘기하면서 이런 멘트가 나온다.

"한밤중에 산속을 홀로 걷는 자가 저절로 무서워지는 것은 산속에 호랑이가 있는 것을 알기 때문이다.

　오후에 묘지를 홀로 걷는 자가 기약 없이 두려움을 느끼는 것은 묘터에 귀신이 있음을 알기 때문이다.

　또한 어두운 방에 홀로 앉은 군자가 나쁜 생각을 하지 않음은 하늘이 지켜보는 것을 알기 때문이다.”

　다산이 이런 말을 했다는 말도 없고《목민심서》에 있다는 설명을 하지도 않는다. 그러나 배경 화면은 다산의 얼굴이다. 그러니 이런 글이 인터넷이나 언론에 돌아다니게 된다.

　어느 일간지에 공직자가 쓴 글이다.

　다산 정약용 선생은《목민심서》에서 다음과 같이 말씀하셨다.

　‘廉者 牧之本務 萬善之源 諸德之根 不廉而能牧者 未之有也.’ (염자 목지본무 만선지원 제덕지근 불렴이능목자 미지유야) 청렴은 공직자의 기본이요, 모든 선과 덕의 원천이며 근본이다. 청렴하지 않고 공직을 맡을 수 있는 자는 없다. 또한 ‘한밤중에 산속을 홀로 걷는 자가 저절로 무서워지는 것은 산속에 호랑이가 있음을 알기 때문이며, 어두운 방에 홀로 앉은 군자가 감히 나쁜 생각을 품지 못하는 것은 하늘이 내려다보고 있음을 우리가 알기 때문이다.’ 따라서 모든 공직자는 청렴한 마음가짐과 올바른 행동을 하며 마치 하늘이 지켜보고 있다는 생각을 염두하고 스스로를 갈고 닦아야 할 것이다.

　‘한밤중에’ 이후의 문장은《목민심서》에 나오는 글도 그리고 다산이 이런 말을 한 기록도 찾을 수 없다. 저 공직자는 정부 부처의 교육에서 다산의 얼굴의 배경 화면으로 나오는 '신목민심서'라는 과목에서 공부한 것이니《목민심서》에서 다산이 이런 말을 했다고 쓸 수 있다. 공식기관의 영향력이란 이런 것이다. 이 과목을 수강한 공직자가 조선시대에는 후임 수령이 전임 수령을 파직하고 옥에 가두는 일이 가능했다고 주장할 수도 있는 일이다. 대한민국 공무원을 대상으로 교육하는 기관에서 그렇게 가르쳤기 때문이다.

## ●《목민심서》를 통해 본 한국민족문화대백과사전의 오류
   (부제: 고구마, 감자, 옥수수)


고구마, 옥수수, 감자는 한자로 고구마는 감저(甘藷), 감자는 북저(北藷), 옥수수는 옥촉서(玉蜀黍, 玉蜀黍)라 한다. 세 작물 모두 원산지가 아메리카대륙이다.《경세유표》에는 고구마가 한 차례, 옥수수가 한 차례 등장한다. 감자는 기록에 없다.《목민심서》에는 세 가지 작물 중 감자만 한 차례 등장한다. 그러나 문헌에 나타난 감자의 전래 시기는 대체로 다산이 《목민심서》를 집필한 이후인 1824년 이후로 알려져 있다. 목민심서에 등장하는 '藷 감자 저' 자는 '감자'로 번역하고 있는데, 지금은 감자의 뜻으로 쓰고 있지만, 당시만 해도 고구마의 뜻으로 쓰이는 것이 일반적이었다. 고구마를 남저로 감자를 북저로 구분해서 쓰고 있고, 고구마는 다산 이전의 기록에서도 보인다. 고구마로 해석하는 것이 맞다고 생각한다.


《목민심서》에 세 가지 작물을 거론하지 않다는 말이 뜬금없이 들릴 수 있으나 세 작물이 주요 작물로 취급되지 않는다는 사실을 통해 우리가 얻을 수 있는 내용이 무엇인지 살펴보는 것도 우리가《목민심서》에서 발견하는 못한 또다른 가치를 얻을 수 있는 방법 중 하나라는 생각이 들기 때문이다.


지금까지 살펴본 바와 같이《목민심서》는 지방행정의 지침서요, 각 조항이 수령의 고과평가 항목이다. 즉 여기에 등장하는 일이 수령의 업무 범위에 포함되어 있다는 말이다. 수령의 업무 범위에 포함되어 있다는 것을 현대식으로 표현하면 지방행정사무에 포함되었다는 것이다. 즉, 전국적으로 일반화가 된 내용이라는 말이다. 바꿔 말하면《목민심서》에 고구마, 감자, 옥수수가 등장하지 않는다는 것은 다산이《목민심서》를 저술하던 1818년 즈음에는 농민들에게 있어서 중요 작물이 아니었다는 말도 된다. 고구마의 경우는 약간의 차이가 있다.

수령의 업무에 포함되었다는 의미를 이앙(移秧, 모내기의 방법)의 내용을 통해 살펴보자. 한국학중앙연구원의 한국민족문화대백과사전(이하 사전)에 이앙법을 이렇게 설명하고 있다.

"1698년(숙종 24)과 1838년(헌종 4)의 기록을 보면 관에서 수리 조건이 불비한 곳의 이앙법을 금한 사실에 비추어 우리나라의 이앙법은 적어도 15세기 이전에 비롯되었으나, 그 보급은 구한말까지도 부진하였던 것 같다.
따라서 우리나라의 벼농사에서는 20세기에 이르러 수리 조건이 개선됨에 따라 이앙법이 널리 보급되었다. 이앙기는 지방의 기후, 지력, 병충해의 발생, 품종 등을 고려하여 결정하게 되며, 수리(水利) 및 윤작(輪作)의 관계 등에 의해서 좌우되기도 한다."

즉 이앙법이 일반화된 것이 20세기가 되어서라는 결론이다. 반면, 다산은《목민심서》곳곳에서 이앙에 대한 수령의 역할을 얘기하고 있다. 이앙을 빨리하도록 권유하고 그 결과에 따라 농민에게 상·벌을 주고 있다. 이앙이 일반적인 농법이 아니라면 이렇게 수령의 업무로 규정할 수가 없다. 과연 어느 것이 올바른 서술일까?

'사전'에서 말한 것처럼 숙종 때나 헌종 때 이앙을 금지한 기록이 있다. 비단 이 시기뿐만 아니라 조선시대 전체에 걸쳐서 이앙에 대해 금지하는 내용이 있다. 이앙을 반대하는 이유는 간단하다. 직파법과 다르게 이앙법은 이앙 시기에 가뭄이 들면 가을에 추수할 것이 전혀 없기 때문이다. 그래서 위 사전에서 말한 바처럼 이앙을 금지하는 논의는 '수리 조건이 불비한 곳'이라는 전제 혹은 '가뭄'이라는 자연재해를 전제하는 논의가 대부분이다. 사전에서도 이를 알고 있다. '수리 조건이 불비한 곳'의 이앙을 금한다고 말하면서도 결론은 엉뚱하게 구한말까지도 보급이 부진했다고 내리고 있다. 역사적 사실은 차치하더라도 논리적 사실만을 따져보더라도 수리 조건이 불비된 곳도 이앙이 실시될 만큼 광범위하게 이앙법이 광범위하게 실시됐다는 말로 봐야 한다.

정부에서 금지하고 있음에도 불구하고 농민들이 직파(直播)하지 않고 이앙을 하는 이유는 무엇일까? 당연히 이득이 많기 때문이다. 동일한 '사전'에 나와 있는 이앙법의 장점을 보자.

"첫째, 직파법에서는 4, 5차의 제초 작업이 필요하고, 작업도 대단히 어려워 많은 노동력이 필요하였다. 이에 비해 이앙법은 2, 3차로 족하고, 또 그 작업이 상대적으로 편해 비교적 적은 노동력으로도 가능하였다. 둘째, 이앙법의 단위 면적당 생산량이 직파법보다 훨씬 높았다. 셋째, 이앙법에서는 벼농사를 추수한 뒤에 보리를 경작하는 이모작이 가능하였다."

'사전'의 결론대로 한다면 우리나라의 이앙법은 일제강점기 때 비로소 전국화됐다는 말이 된다. 농민들에게 이 정도 이득이 있는 이앙법을 일본이 보급했으니 일본이 많은 혜택을 베푼 셈이 된다. 물론 일제는 쌀의 수탈을 위한 목적이 근본이었겠지만 그럼에도 우리 민족은 이앙법도 제대로 모르는 농업 후진국이 돼 버린다.

'사전'의 논리는 사실관계의 왜곡이다. 조정에서 이앙법을 금한 사실이 있다는 것을 이앙법이 일반화되지 못했다는 결론을 내리는 것은 논리의 비약이다. 또 사실과 부합하지도 않는다. 헌종 시기 이앙법을 금지하는 조정의 논의가 있었던 것도 맞지만 당시의 논의를 보더라도 '사전'의 사실이 얼마나 비논리적인지 알 수 있다. '당시 논농사에 있어서 전체를 10분이라고 하면 모내기가 그 7, 8분이 넘습니다'라는 말이 순조 시기 기록돼 있다. 또 조정에서 금지하는 내용은 이앙법 자체라기보다는 가뭄이나 수리 조건이 없는 곳이라는 전제가 있다. 70~80%의 비율이면 이미 일반적이라는 말이다. 이앙이 일반적인 농법이었음은 《목민심서》를 통해 잘 알 수 있다.

다산은 《목민심서》에서 이앙에 대해 여러 차례 말하고 있다. 수령이 이앙이 잘됐는지 파악하는 건 쌀 생산량의 증대 목적만은 아니다. 이앙하지 못하면 가을에 추수할 것이 없게 된다. 이앙의 최대 단점이다. 이 이앙을 못 한 논이 재감(災減)의 대상이 되는데, 여기에 또 향리나 고을 수령이 농간이 있기 때문이기도 하다. 순조 9년(1809년)과 순조 14년(1814년)에는 가뭄이 너무 심하여 이앙하지 못한 것이 근 3분의 1이나 되었다고 하는데 이때 아전들이 적게는 10결, 많게는 60여 결을 훔쳐 먹었다고 다산은 기록하고 있다.

즉, 재감의 주대상에 미이앙된 논을 포함시킨다는 건 정부에서도 이앙에 대해 일반적인 농법으로 인정하고 있다는 말이다. 결코 '사전'의 말처럼 20세기에 이르러 일반화됐다는 결론이 나올 수 없다. 이앙을 금지하는 조정의 논의는 특정 시기 특정 지역에 한하는 것이라 할 수 있다.

필자가 《목민심서》를 보면서 고구마, 감자, 옥수수를 떠올린 건 진황편 보력(補力) 조 구황식물에 관한 내용 때문이다. '현재 우리가 알고 있는 대표적인 구황식물인 세 작물이 구황의 글에 없었고, 만약 세 작물이 있었다면 농민들이 굶주림을 면하는 데 많은 도움을 됐을 텐데'라는 아쉬운 생각이 들었기 때문이다.

세 작물 모두 아메리카가 원산지지만 우리나라에 전래된 시기는 각각 다르다. 다산도 고구마와 옥수수의 존재는 알고 있었지만, 감자의 존재는 몰랐던 듯하다. 옥수수에 대한 기록은 찾기가 힘들고 감자는 순조 24~25년간 들어왔다는 기록이 있다. 고구마는 이보다 훨씬 전인 1763년에 들어온 것으로 나와 있다. 《만기요람》을 지은 서영보에 의하면 농민들이 고구마 농사를 짓지 않는 이유가 사나운 관리의 수탈 때문이라 하고 있다.

다산은 《목민심서》 권농 편에서 밭에 심는 과일과 채소의 종류를 일일이 나열하고 있다.

"원전(園廛)에 아홉 가지의 조항을 둘 것이니, 대추·밤·배·감·매실·살구·복숭아·오얏·호두로 아홉 가지의 과일을 삼아 그 성적을 고과하되, 나머지 여러 과일은 각각 토산(土産)에 따라 혹 출입이 있을 수 있다. 능금 · 빈파(頻婆) ―방언에 사과라고도 한다― · 앵두 · 석류 · 귤 · 치자 · 모과 등은 그 토의(土宜)에 따를 것이다.

포사(圃師)에 아홉 가지의 조항을 둘 것이니, 파 · 부추 · 마늘 · 생강 · 오이 · 박 · 배추 · 겨자 · 무로 아홉 가지의 채소를 삼아 그 성적을 고과하되, 그 나머지 여러 채소는 비슷한 종류에 포함시키기도 하고 ―참외 · 수박은 오이에 포함시키고, 호박 · 동아는 박에 포함시킨다― 혹은 토의에 따라 서로 출입이 있을 수도 있다. ― 아욱 · 상치 · 감자 · 토란 등"

고구마와 옥수수는 없고 감자도 중요작물로 분류하지 않고 있다. 즉, 행정의 영역에 포함되지 않았다는 것이다. 그만큼 세 작물(감자는 별도)의 농사가 일반화되지 않았던 것의 반영이라고 할 수 있다. 이는 실제 세 작물에 대한 기록을 보면 대체로 19세기 초반을 벗어나서 전국적으로 재배가 이뤄졌다는 기록과 일치 한다. 다산이 《목민심서》를 저술한 이후이다.

《목민심서》는 들여다보는 만큼 새로운 가치를 발견할 수 있는 민족의 보고다. 다산이 모을 수 있는 최대한의 자료를 모아 편찬한 책이다. 여기서 나오는 예들은 모두 역사적 근거가 분명한 것들이다. 야사(野史)의 경우는 다산이 따로 표기했을 정도이다. 조선시대의 모든 생활이 여기에 담겨 있다. 단지 청렴과 목민관의 도리만을 말한다면 보물을 보고도 제대로 알아보지 못한다 할 수 있다.

1) 한국민족문화대백과사전

2) 한국민족문화대백과사전

3) 목민심서 권3 봉공 6조 선화 每見綸音之來, 草草翻謄, 以授風·約. 若其中有違詔不行者, 吏與風·約, 隱而不宣. 如稅穀停退, 還穀蕩减之等, 德音十降, 而隱之者八·九矣.

4) 목민심서 권6 호전 6조 호적 戶籍事目, 備載於法典, 【〈戶典〉第二條】某罪杖一百, 某罪徒三年, 皆是不行之法. 不行之法, 布告民間, 徒使百姓, 不信朝令, 不畏國法而已. 格而不頒, 不亦可乎?

5) 목민심서 권4 호전 6조 전정 改量者, 田政之大擧也. 査陳覈隱, 以圖苟安. 如不獲已, 黽勉改量, 其無大害者, 悉因其舊, 釐其太甚, 以充原額.

6) 경세유표 4권 천관수제 고적지법 六曰屛客. 今俗, 携客, 令掌米·鹽會計, 百敝敝以生, 宜禁之. 又凡邑子·鄰邑之客, 文士·術客, 皆不可引接.

7) 목민심서 권8 병전 6조 첨정 : 隊伍名也, 米布實也. 實之旣收, 名又奚詰? 名之將詰, 民受其毒, 故善修軍者不修, 善簽丁者不簽. 査虛覈故, 補闕責代者, 吏之利也. 良牧不爲也.

8) 목민심서 권8 병전 6조 연졸 今之所謂練卒, 虛務也. 一曰束伍, 二曰別隊, 三曰吏奴隊, 四曰水軍, 法旣不具, 練亦無益, 應文而已, 不必擾也.

9) 목민심서 권8 병전 6조 연졸 春秋軍點關到 牧面諭鄕甲, 使各歸諭曰:"荐飢之餘, 民戶散亡, 隊伍有闕, 不欲新簽. 凡有逃故, 咸自里中, 覓人起送, 如不可得, 乃以實報, 俾卽塡代. 服裝有敝, 器械有缺, 咸自里中, 並力幫助, 使各完備."○ 軍點之日, 密諭親校, 凡有闕失, 咸庇無發, 順且無事, 期勿煩擾.

10) 목민심서 병전 6조 연졸 旣知其爲虛務, 唯應拱手闔眼, 應文備數而已, 豈可枉發虛氣, 擔當軍務?

11) 목민심서 권10 형전 6조 단옥 斷獄之要, 明愼而已. 人之死生, 係我一察, 可不明乎? 人之死生, 係我一念, 可不愼乎?

12) 목민심서 권10 형전 6조 신형 牧之用刑, 宜分三等, 民事用上刑, 公事用中刑, 官事用下刑, 私事無刑焉, 可也.

13) 목민심서 권1 부임 6조 사조 《紫筠菴漫筆》云:"昔余爲谷山都護, 【嘉慶丁巳七月】辭朝之日, 入對于熙政堂. 上曰, '古法律, 守令貪婪不法, 及罷頓不勝任者, 銓官有罪. 故中批除授者, 益加愼畏, 謂不可歸罪於銓官也. 予以中批屢逢愧悔, 今又不戒, 添書落點.【時銓曹三以他人注擬, 自上添書余名】無異於中批矣. 其往善做, 毋貽予羞.'臣惶惶汗浹背, 至今不敢忘此諭也."

여유당전서 문집 권16 묘지명 자찬묘지명(집중본) 先是上令金履喬·履載·洪奭
周·金近淳·徐俊輔等諸臣, 爲《史記選纂註》, 旣進, 病其煩贖, 思欲刪正. 至是上曰: "谷
山, 閑邑也. 其往爲之." 鏞受命而退, 每簿書有暇, 覃精硏栝. 書旣成, 因內閣進之,

15) 여유당전서 문집 권16 묘지명 자찬묘지명(집중본) 會谷山都護使貶遞, 上以御筆書鏞名
以授之, 鏞陛辭.

16) 여유당전서 문집 권16 묘지명 자찬묘지명(집중본) : 주상이 또《고금도서집성(古今圖
書集成)》·《기기도설(奇器圖說)》을 내려 인중법(引重法)·기중법(起重法)을 강구하
도록 하였다.

● 저자 소개

## 하종삼

저자는 성균관대학교에서 역사학을 전공했다. 이후 도봉구의원, 서울시의원, 국회 행정자치위원장 보좌관, 강동구청 감사담당관 등을 역임하며 법과 행정, 관료사회에 대한 폭넓은 이해를 갖출 수 있는 다양한 경험을 쌓아왔다. 특히, 지방자치가 실시되던 초창기부터 지방재정 분야의 최고 전문가로 평가받아 왔다.

저자는 이런 경험을 바탕으로 《목민심서》를 청렴이라는 개인의 도덕적 관점보다는 법과 행정, 재정, 관료사회, 지방자치의 관점에서 새로운 해석을 제시한다. 이를 통해 공정가치에 기반을 둔 공정행정 실천이야말로 다산이 《목민심서》에서 말하는 백성을 구제하는 근본 방안임을 증명하고 있다.

현재는 목민심서연구소를 개설하여 《목민심서》에 담긴 지방자치와 공정하고 적극적인 행정, 청렴의 가치를 알리는 다양한 활동을 하고 있다. 저자의 다양한 의견은 블로그 '목민심서 연구소' 에서 확인할 수 있다.

# 목민심서, 청렴을 넘어 공정을 말하다

**초판 1쇄 발행일** 2022년 06월 30일

**지 은 이** | 하종삼
**발 행 인** | 최원필
**발 행 처** | 심산출판사
**주　　소** | 서울시 은평구 불광로 13가길 18, 101호
**전　　화** | 02-357-0633
**팩시밀리** | 02-357-0631
**E-mail** | simsan21c@hanmail.net
**등록번호** | 제1-2114호(1996년 11월 28일)

ISBN　978-89-94844-78-7　03300